快乐作文

金 晖 / 主编

复旦大学出版社

封面题字 / 王荣华

主编单位
《新民晚报》"星期天夜光杯/快乐作文"专栏
上海市教育发展基金会英盛教育基金

主　编 / 金　晖
副主编 / 叶良骏

封面插图 / 沈洛亿
封底插图 / 周　晨

本书由上海市教育发展基金会资助

内容提要

"快乐作文"是《新民晚报》的老牌栏目,也是每周日"星期天夜光杯"中的品牌版面。秉承"兴趣是动力,快乐是载体,生活是源泉"这一"快乐作文"栏目的主旨,本书选登了近年来在"快乐作文"专版发表的中小学生优秀作文175篇,分为十二个版块:快乐时光、有感而发、人物素描、我爱我家、时光隧道、幸福列车、家有萌宠、童话故事、吾爱书海、街头即景、诗情画意、思绪飘零,较为全面地展示了小作者们快乐写作的成果,记录了"快乐作文"栏目成长、发展、逐步壮大的脚步。

本书可供中小学生作为写作范文进行参考,也对中小学语文教师的语文教学、作文教学具有借鉴作用。

人間清品如荷趣
學者靈懷與竹同

歲次丁酉冬日十歲吳宓書於申城

吴宓 上海市杨浦区回民小学 五(4)班

雨過琴書潤
風來翰墨香

七歲葛瑩琦書

葛瑩琦　上海市浦明师范学校附属小学东城校区 一（3）班

吴子轩　上海市世界外国语小学 5A 班　　丁琬珈　上海市虹桥中心小学 五(5)班

杨晓璇 上海市风华初级中学 七(4)班

我和祖国共成长

贵益清 上海市民办盛大花园小学 四(1)班

静观风雨变幻
杜雨宸　上海市澄衷高级中学　高二(5)班

母子情
马敏隽　上海市世界外国语中学
　　　　IB-MYP　九(3)班

仙　鹤
郝炳程　上海师范大学第三附属实验
　　　　学校　一(5)班

我是小画家
刘凯儿　上海市民办盛大花园小学 五(7)班　　指导老师：蒋　婷

回音花　　　　　　　　　　　　　　　**动漫·萝云**
周茂楠　上海市南洋初级中学 八(1)班　　张妙菡　上海市比乐中学 预备(9)班

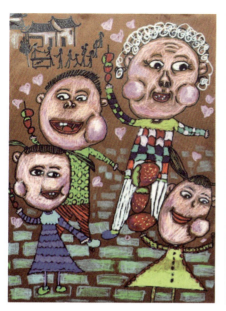

冰糖葫芦

王乐加　上海市爱菊小学 二(2)班

科　幻

庄子妍　上海市民办桃李园实验学校
八(2)班　指导老师：褚建伟

太空里的泡泡

徐菀彤　上海耀中外籍人员子女学校(浦西)Y4D班

玛尼墙
李少清　华东师范大学第四附属中学 九(1)班

美人蕉
段荟钧　上海市德州一村小学 三(4)班

红　掌
姜知安　上海市闸北实验小学 三(3)班

黑夜警察"猫头鹰"
孔梓心 上海市建青实验学校幼儿部 小(4)葡萄班

斗眼虎
黄雯涵 杭州市卖鱼桥小学 文澜校区 三(1)班

花仙子和美人鱼
李悦欣 徐州市民主路小学 五(9)班

放眼看世界

孙嘉婧 上海市田林中学 初二(1)班

希 望

李蕾阳 上海市徐汇中学 初一(2)班

水边的家

程烁妍 上海市共富实验学校 五(5)班

运动，我快乐
吴宇翱　上海市民办桃李园实验学校 六(7)班

新春快乐
方紫予　上海市静安区第二中心小学 二(1)班

全家福
王晶莹　上海市黄浦区第一中心小学 三(4)班

草莓挞

陈泓睿 英国伯克姆斯特德学校（Berkhamsted School） 13(A)班

梨

金芳乐 上海市逸夫职业技术学校美术绘画一(1)班

飞进梦想里

杜雨宸 上海市澄衷高级中学 高二(5)班

有支快乐灵动的笔

于漪老师说:"语文就是人生,陪伴人的一辈子。"语文太重要了,它包含文史哲、知情意,几乎涵盖了我们生活的全部内容。求学时,语文是所有学科的基础,语文学得好,其他学科也不会差;成人后,语文所积累的人文情怀,直接影响到做人。语文水平的提高,是人的综合素养的全面升华。

语文教育很重要的一环,是让学生学会运用语言文字表达情意,也就是写作文。由于种种原因,现在中小学生怕写文章。拿起笔,写什么?怎么写?搜索枯肠无法成文,勉强交卷却无好文,日渐成为常态。即使是中考、高考的作文,真正出彩又符合要求的也不多。作文成了语文学习的"拦路虎"。

但在上海,却有一个地方,它天天收到数量众多的学生作文,从小学一年级到高三,令编辑欣喜不已,那就是《新民晚报》"星期天夜光杯"的"快乐作文"栏目。"快乐作文"与考试无关,只要题材新颖、细节生动、语言流畅,编辑就会挑选出来,刊在这个版面上,至今已办了十多年。多年来,许许多多青少年在"快乐作文"上华丽亮相,一大批文学新苗脱颖而出。"快乐"这一永恒的主题滋润了成千上万学子的心灵,"快乐作文"专版为孩子们的成长添上了浓墨重彩的一笔。

为何被中小学生视为畏途的写作文,在这里却是稿源滚滚而来?究其原因,是"快乐"二字。"热爱"是培养写作热情、激发写作冲动的基础。版面上的作文不命题，不批分，也不限时，倡导的是倾吐心声和对生活的体察入微。同学们没有拘束没有压力，变"要我写"为"我要写"，觉得快乐，便爱上了写作。我在"快乐作文"里看到许多天真烂漫和真情流露，他们夸自己很了不起，赞爸爸的能干，笑同学的恶作剧，哭狗狗的离去……自如挥洒，一泻千里。这里没有应试教育的功利，没有迎合长辈的拘束，也不无病呻吟，只有通过作文宣泄心胸的真实，让人们看到的是鲜活的灵魂。孩子们得到了运用语言文字表达心中真挚的感情、表达独特的感受与体验的自由，从中得到了有话要说、一吐为快的快乐。

有人说语文的差距是人生的差距，那么，写作的差距也许就是成败的差距。"快乐作文"专版为孩子们提供了自由写作的平台。它倡导的快乐作文，对语文教学、作文教学，也许可起借鉴作用。因为，语文学习、作文写作理应回到原点，它是人们获得幸福的源泉，而非其他。

观察世界，用心思考，勤写勤练，文章就会亮起来；拓展视野，打开心胸，持之以恒，就能水到渠成。以真心、真情、真知造就一支快乐灵动的笔，就能写出好文、美文，就能从中感悟、享受写作文的快乐。这就是我们编这本《快乐作文》的初衷。这本书也是"快乐作文"栏目成长、发展、逐步壮大的历程的展示。

这也是上海市教育发展基金会英盛教育基金与《新民晚报》"快乐作文"携起手来，继二〇一八年出品全国首套高中生"手绘红色戏剧"明信片之后，开展的第二个有着广泛影响力、为学子搭建展示才华的舞台的合作项目。

《快乐作文》这本书的主编金晖和上海市教育发展基金会理事叶良骏与我熟识，他们为该书的出版做了大量的组织编审工作。人民教育家陶行知最亲近、最爱也最崇拜的是"青年和小孩子",金晖、叶良骏坚持"向上、向善、向前、向美"的追求,是"青年和小孩子"们的知心朋友,做的是"挚爱祖国语言文字,弘扬中华优秀文化"的很有意义的事。

是为序!

王荣华

中国人民政治协商会议上海市委员会第十届副主席
上海市教育发展基金会理事长
国家教材委员会专家委员

目　录

一、快乐时光

篇目	作者	页码
"星星"会给夜空带来诗意	王静怡	003
茶色时光	李思聪	005
遇见英伦	孙晨旭	007
我欢喜上海闲话	石周晟	010
漫游南非克鲁格公园	张楚则	012
我和公园有缘	顾　峥	014
因为创新,世界才精彩	张业萌	016
游绍兴	林海倩	018
"上校"成长记	王海川	020
登长白山	刘竹暄	023
故乡的雪	黄子洋	025
老灶台	施德涵	027
我做的"晴天娃娃"	朱佳林	029
武术夏令营	马永坤	031
拔秧	孙慧敏	033
我在儿童博物馆做志愿者	刘怿畅	035
照片背后的故事	顾容宇	037
我烦恼,因为我是独生子	戴继铭	039

我真了不起	王若华	041
忘不了	朱也城	043
人蚊大战	尹子衿	045

二、有感而发

灯火阑珊处	陈建炀	049
街上幽幽的花香	沙润和	051
给鱼道歉	代诗琪	053
我与香椿的缘分	何远文	055
那只蛙叫的小闹钟	詹奕坚	057
当新春钟声响起的时候	石周晟	059
发现生活中的美	陆紫涵	061
精彩的瞬间	钮珈	064
再见了,我的母校	岑乐宜	066
收获	孙敏琪	068
浪花	张彦杰	070
感觉美好	吴一帆	072
"善"文化就在我们身边	叶偌宇	074
"进宝"来到我家乡	陈嘉烨	076
最令我难忘的一句名言	丁琬珈	078
我喜欢的季节	曲中乐	080

三、人物素描

我演周恩来	杜雨宸	085
轮椅上的芭蕾	吕思语	087
外婆的桑葚干	郑毅	089
窗外静悄悄	朱瑜淇	091

"神医"苏小胖	王伯韬	093
这个寒假有你	周天喻	095
成长路上,有你相伴	杨蕙嘉	098
那难以忘怀的味道	朱云昊	100
晚归	马力媛	102
外婆的红烧肉	陆佳骏	104
那一刻,我的心中春暖花开	林宇轩	106
地板上的印痕	周笑然	108
记忆深处的脚步	郑自迩	110
慢下来,也精彩	李书涵	112
那扇窗	刘友晴	114
妈妈的年货	孙慧敏	117
霸气的副班长	冯心妍	119
妹妹的游泳教练	戴宇嘉	121
看外婆炒菜	张艺稼	123

四、我爱我家

农村换新貌	田得骏	127
绿水青山,就是金山银山	何远文	130
写春联	戴中瀚	132
我的家乡已华丽转身	黄恩峤	134
温馨的年夜饭	汪　延	138
"马大哈"闹笑话	李　谦	140
抱作一团的快乐家庭	葛逸沁	142
苏州河夜景	徐瑞洋	144
多肉的小秘密	桂弘泽	146
快乐的漂流	柳宸悠	148

压岁钱的"进化史"	孙慧敏	150
我们家的"网上书店"	阮致远	152

五、时光隧道

我心中的桃花源	郑博文	157
等信的滋味	陈 静	159
我和二〇三五有个约	赵静怡	161
第二种生活	朱正郾	163
二十年后的上海	郝心榕	165
给自己的一封信	李克言	167
衷之诚	杨柏芸	169

六、幸福列车

驶向家乡的火车	李沅臻	173
戏里戏外	郭睿扬	175
养老模式的改变	左隽瑶	178
我的私人博物馆	何子钰	181
同一片星空下	张少石	183
我家的变化	孙佳逸	185
我们的少年时代	李心睿	187
我家的年味	郑自迩	190
中国铁路从落后走向腾飞	孙怡然	192
吹泡泡	苏天瑜	194
第一次得金牌	马永坤	196
我的作文发表了	姜知安	198
微笑的魅力	金钰媛	199
第一次当主持人	张循齐	201

军训的苦与乐 …………………………………	陈睿洋	203
游泳记 ………………………………………	杨海苓	205
别开生面的露天沙滩音乐节 ……………………	王　乐	207
特殊的一课 …………………………………	张开媛	209

七、家有萌宠

我家的锹甲 …………………………………	耿张图楠	213
等待青蛙回家 …………………………………	吕牧泽	215
这个活儿不好干 ………………………………	张恩兴	217
可爱的仓鼠 …………………………………	王　翔	219
我和嘟嘟在一起的日子 ………………………	韩　响	221
我的袋鼠邻居 …………………………………	王子安	223

八、童话故事

新龟兔赛跑 …………………………………	胡小川	227
井底之蛙新编 …………………………………	李宇宸	229
神奇的躲猫猫 …………………………………	石周晟	231
风筝 …………………………………………	胡天宁	233
阳光 …………………………………………	常嘉硕	236
我喜爱的卡通明星 ……………………………	严行知	238
穿越风雨的小鸟 ………………………………	吴芊华	239
小旺豆发芽记 …………………………………	张乐怡	240
森林诗词大会 …………………………………	曹以文	242
我走进了动物王国 ……………………………	沈哲楷	244
一颗小豌豆 …………………………………	王若谷	246
"错别字治疗所"奇遇记 ………………………	伍芊怡	248

九、吾爱书海

与书结缘	程梦真	253
最美的遇见	孙瑜孜	255
待事须有"三分生"	姜　涵	257
杏花微雨	沈子茜	259
寻秘古蜀	陈冠桦	261
《围城》读后感	陈子烨	263
一书一世界	董心诣	265
读出诗和远方	赵静怡	267
邂逅小西湖	包臻飑	269
我和书的故事	胡宇轩	271
顾诗书，醉倾城	周清晨	273
书香如风拂，小禾逢春长	陈思翰	275
代代相传的书缘	吕家溱	277
诗含成语味更浓	毛放飞	279

十、街头即景

老北京元素	季灵睿	283
来自陌生人的感动	李睿哲	285
这里也是课堂	胡宇轩	287
温暖	汤恺琳	289
窗前的麻雀	刘逸扬	291
人在旅途	钱如玉	293
不一样的推销员	王若谷	295
雨撒欢了	张弛笑宁	297
记忆中的爆米花	苗博涵	299

| 路边一课 | 王昱涵 301 |
| 一张相片 | 张仕祯 303 |

十一、诗情画意

这也是语文课	黄悠佳 307
看《秋思》	许书铭 309
月里凤凰	周逸莱 311
读雨	方科杰 314
苔花	苏　洋 316
纳木错的气息	王　轩 319
春风下的小树	吴一凡 321
山水遐思	黄奂宁 323
拾花·酿春	吕昕蓉 325
听雨	包臻飏 327
一次遇，一生暖	田炜钰 329
这才是我想要的	朱彦合 331
梅花	周映彤 333
黄鹤楼上秀书法	欧阳田融 335
水墨西湖	陈昱辛 337
充满童真的水墨画展	郝心榕 339

十二、思绪飘零

当青春年华染上一抹军绿	董心谐 343
生活点滴	杨成鑫 345
一部戏曲电影给我的启迪	叶哲梵 347
技与心	王欣怡 350
唯有努力	吴一菲 353

涅槃的落汤鸡	王　元	355
自立	杨衷浦	357
掌灯者的祝福	郑博文	359
走向未来的勇气	周　婕	361
就这样走进我心里	宦芸迪	363
北京的冬天	刘圣豪	365
最美的时光	杨佳琪	367
掌声	刘禹涵	369
打开一扇窗	卢学鹏	371
舞龙灯，中国情	张业萌	373
碎片化的日常生活	梁炘昊	376
我的"乡关"在哪里	戚陈诺	378
春自冬来	尹　璎	380
欲速则不达	江雨桐	382
神奇的手帕	杨欣晨	384
走在山阴路	叶芷君	386
眼神	俞奇铎	388
茶与戏	朱羽晨	390

附　录

个性化创意作文教学案例及反思	叶　玲	395
基于思维发展的初中生语言素养培育摭谈	张明友	400

后记　　　　　　　　　　　　　　　　　　　404

一、快乐时光

"星星"会给夜空带来诗意

王静怡

上海市澄衷高级中学 高一(6)班

自闭症又称孤独症,是起于儿童发育早期,但将伴随终生的先天性大脑发育障碍性疾病。自闭症患儿就像天上的星星,在遥远而漆黑的夜空中独自闪烁着。他们眼睛明亮,却对世界视而不见;他们耳朵灵敏,却对声音充耳不闻;他们嗓音脆亮,却不愿开口说话唱歌;他们很聪明,却不与人游戏玩耍。九月九日,老师带我们参加了由上海市教育发展基金会、复旦大学校友会和曹鹏音乐中心举办的"'99公益日'关爱自闭症儿童一起捐"的特殊公益活动。

当我第一次面对这样一群"星星的孩子"时,心里充满了不解与好奇。他们看上去似与常人无异,细看,却大不同,有的问而不答,有的反复地摸着头,有的一直傻傻地笑,还有人不停地动……看着他们,莫名的忧伤涌上心头,虽然他们离我很近,却感觉他们在另一个世界里。我很想靠近他们,但想起事前老师再三的叮嘱,她说,这是一群活在自己世界里的人,因无法沟通,稍有不慎就会伤害他们,要保持距离。我止步了。主持人请有两个"星星的孩子"的"秋爸""秋妈"上台,他们讲的故事,让我们了解到面对自闭症孩子需要有巨大的勇气和无比坚忍的力量。一首由这些孩子表演的合唱《让爱传出去》,将爱的气氛推向了高潮。他们举起双手,伴着音乐,脸上洋溢着笑容,似乎孤独已离他们悄然而去,快乐之门敞开了……《茉莉花》《雪绒花》等精彩的重奏和独奏回荡在舞台上,《相亲相爱一家人》《我爱我的祖国》等优美的歌声如春风般洒落在爱的空间。看着他们脸上的微笑,听着那爱的旋律,我想,正是父母的勇气和坚持,正是老师们对他们的倾心教育,正是社会对他们的关注,他们中有些人才慢慢变得与他人可以融合,渐渐打开心灵之窗,走近我们的世界。这是爱的奇迹。

现场组织了捐款活动,还特别安排了爱心墙、爱心气球和艺术扎染等爱心活动,我们都参加了。扎染是把布袋用橡皮筋扎起来再上色,我挑了几种鲜艳的颜色挤在每一"瓣"上。打开我的作品,不同的颜色交织在一起,形成美丽的漩涡,志愿者姐姐也说漂亮。我从来没想过扎染是这样的,能带给人这么多的惊喜。我学会了扎染,还献了爱心,心里很快乐。

互动所得善款全部捐赠给"自闭症儿童关爱计划"。"一份关爱,一份责任,只要人人都献出一份爱,世界将变得更加美好!"今天,我们携起手来,尽一份绵薄之力,把这份关爱之心传播出去。我希望有更多的人去关注、关心、关爱这些"星星的孩子"。相信在这份大爱之下,这片星空将不再暗沉!"星星"虽孤独,也会给夜空带来诗意。

茶色时光

李思聪

安徽省合肥市第四十五中学 八(19)班

　　兴许是受老妈的影响，自幼我爱上了饮茶。别人都说茶苦，可我觉得不是这样的。如果我说茶会说话，你们相信吗？

　　取一小撮绿茶放入透明的玻璃杯中，注入开水。看！这些可爱的小精灵受到了开水的洗礼，展露出俏皮的容颜。在杯中，她们肆意地荡漾、翻滚、沉浮，舒展着腰肢，犹如摆弄衣裙的江南俏女子。让我不由得想起了一句诗："娉娉袅袅十三余，豆蔻梢头二月初。"

　　这些香芽嫩蕊活动开了筋骨，她们不再沉睡，渐渐透出新绿色。看！她们飞舞起来了。像调皮的孩童，在奔跑，在嬉戏；像乘风的帆船，自由地在大海中破浪；更像调皮的音符，在欢快地弹奏着《铃儿响叮当》……

　　偶尔一两片绿瓣儿，不愿和她的小伙伴们一起闹腾，便独自在杯口踟躅，好似满怀心事的少女。

　　看着氤氲的水汽渐渐散去，你只需往杯口一嗅，不由得会觉得茶香扑鼻，心田和肺腑都受到了感染，整个人都变得舒爽起来了。

　　轻呷一口，淡淡的苦，微微的涩，哦，不！是甜，甘甜！带给了我淡然、回味和宁静。

　　嘘，你听到了吗？这些绿尖儿在诉说着什么……

品茗是不是犹如品味人生？不经历开水的冲泡，不经历高温的洗礼，茶叶不过是一堆枯枝，不要说释放她们的袅袅清香了，就连容颜都不能展露出来。

有了茶语的陪伴，我可以捧上一本汪曾祺的散文摩挲，也可以对着窗外悠然遐想，一转眼便能凝固时光。

在弥漫着茶香的房间里，整个人被芝兰之气包围着。轻呷一口，舌尖微甜，茶汤在口中荡漾，这茶香从鼻端渗到咽喉，而后缓缓流入肺腑。

透明的玻璃杯中泛着淡淡的浅绿，叶片们懒洋洋地躺在杯底打盹。继续抿一口，咂巴嘴，满口的芬芳甘冽，沁人心脾。看着她们整齐地排列着，犹如站岗的士兵，我不禁深思，"不经一番寒彻骨，哪得梅花扑鼻香"……

一个人就犹如一片茶叶，从出生就注定伴随着成长必要经历磨难，接受历练。谷雨前夕，在茶树上，这些绿油油的嫩芽被采茶工人摘下，装筐，而后忍受着炭火的烘烤，在铁锅中被无数次地翻炒。原先的新绿被隐去，丰满的身躯渐渐枯萎，最终变成了一枚茶叶干儿。这样就结束了吗？远远没有！要想重新展露俏丽的容颜、柔软的身姿，还要被沸水再次包裹。只有再一次地承受煎熬，这些叶片们才能升华，才能再一次地展现她们妙曼的身姿，吐露芳香，又一次迎来自己的谷雨季……这种磨难与洗礼不就是我们成长路上的绊脚石吗？没有羁绊，我们怎能长大？

每次喝茶都犹如成长了一次，每一杯茶水都赋予我不同的感受。在失意时，她们的陪伴显得格外意义非凡，似安慰，似鼓励；小有成绩时，她们又仿佛在暗示我，不要骄傲。

很庆幸我没有爱上可乐，没有爱上雪碧，而是独具一格地爱上了这赋予我不同意义的绿茶。指缝太宽，时间太瘦，有了这些绿尖儿的陪伴，我想我可以在时光中肆意地徜徉。

遇 见 英 伦

孙晨旭

北京市第 171 中学 初三(6)班

初夏时节,我与学校的老师同学一起,来到富有浪漫气息的英国,邂逅了一次不一样的研学之旅。

品味剑桥

"轻轻的我走了,正如我轻轻的来;我轻轻的招手,作别西天的云彩……"徐志摩用他温柔的文字,为我们讲述了一个他和康桥的故事。剑桥大学这样一座世界的顶级学府,在这位诗人的眼中,竟也变得温柔而多情了。

学院很大,与其说大学在城中,不如说城在大学里。走在街上,四周都是古老的欧式建筑,在蓝天白云的映衬之下,庄重中又平添了几分浪漫。楼上的大理石砖已经有些泛黄,却并不影响我们欣赏它的美。它们静静地站在那里,成为永恒。

我们坐上了梦寐以求的游船,听撑船的船夫讲述剑桥大学的历史,看着两岸的风景缓缓向后退去,消失在视线里。看着两岸毫不怕人的鸽子,自由自在地漫步。英国自由的气息,连动物都感受得到啊。

"寻梦?撑一支长篙,向青草更青处漫溯;满载一船星辉,在星辉斑斓里放歌。"在剑桥,我品尝了一份自由,种下了一份梦想。

寻宝

人类对于宝物,总是有着永恒的痴迷,所以就有了博物馆,而大英博物馆,更是其中的佼佼者。幸运的是,我来到了这里,能与来自世界各地的奇珍异宝邂逅,听他们讲讲人类的故事。

在导游的带领之下,我们走进了这座艺术气息极浓的殿堂。暖暖的阳光穿过玻璃天花板洒下来,照在宏伟的大理石柱上,十分美丽。

来到中国展厅,我的心情有些复杂。英国凭借自身强大的实力,从其他国家掠夺来不少奇珍异宝,让这些文物流落他乡。眼前掠过一个个华夏文明的结晶:琉璃佛像、瓷片蝴蝶装饰着的汉服……赞叹之余,又不禁有些心酸。它们静静凝视着我们,好像能够感受到它们思念家乡的淡淡愁思。

在大英博物馆,我探寻了一座宝库,也懂了一份心酸。"Come on! What are you waiting for?"我苦笑了一下,跟上伙伴的脚步。

运动的快乐

众所周知,我是出了名的不爱运动。不巧的是,英国人对于足球有着常人难以理解的狂热。这一次,我们寄宿家庭的小伙伴主动邀请我们参加她足球队的训练。盛情难却,我虽然有些不情愿,也只好同意了。

刚热身跑了几圈,我就有些吃不消了,小腹一阵阵难忍的绞痛，我只好退到场边，看着同伴们笑闹。我心里松了一口气，却又隐隐地失落。当教练再一次邀请我加入的时候，我咬咬牙，回答了坚定的"Yes!"他显得有点惊讶，转而露出了笑容，冲我竖起了大拇指，不知怎的，我心中的失落感倏地消失了。

伴着一阵阵凉爽的风，我们在阳光下尽情奔跑、欢笑，一下午的时光很快过去了。我看着天边的夕阳，突然觉得，真好。

在足球场上，我获了一份勇气，得了一种快乐，它们成了我奔跑的动力。

时间如白驹过隙，匆匆溜过，不知不觉中研学已经接近尾声。来时的风景好像没有什么不同，而车上的我们却已成长。在异国他乡，我们共同品赏文化，携手共度难关。这样的我们，是最好的我们；这次的旅行，正是我们的锦瑟华年，感动了时光，温柔了岁月。

我欢喜上海闲话

石周晟

上海市格致初级中学　预备(6)班

当梧桐叶铺满胜利街的时候,狗狗侠和小伙伴们到上海新世界玩耍。看着琳琅满目的商品,来来往往的客人,还有每天都有许多人参观的蜡像馆,他们都很开心。

坐上电梯,他们透过玻璃,看到闪着霓虹的电子大屏幕,这时上来一位老奶奶,说:"亲一亲鼻梁。"所有的小伙伴都呆在那里,他们不知道怎么办。老奶奶看他们没有动作,说:"小朋友,我要你们亲鼻梁,你们怎么没人帮我?"

狗狗侠对老奶奶说:"您让我们亲鼻梁是不卫生的。"老奶奶大笑起来,说:"小朋友们不会说上海闲话吧,我说的是请帮我按一下B2。"狗狗侠的脸一下子红了,周围的小朋友也都低下了头。

从此以后,狗狗侠下定决心要学会上海话,他每天起床就跟父母说上海话,美美鸡妈妈和羊大聪爸爸,虽然是土生土长的上海人,可自从上小学开始,就习惯说普通话了,因为学校里规定要说普通话。特别是上大学的时候,因为同学们来自五湖四海,所以他们已经习惯说普通话了,现在狗狗侠要学上海话,他们觉得也该把乡音练练好了,而且他们周围的许多新上海人也在非常认真地学习上海话,许多新上海朋友的上海话越讲越好。

一天,羊大聪爸爸拿回来一张报纸,上面介绍有上海话比赛活动,问狗狗侠愿意参加比赛吗？狗狗侠说不喜欢,原因是他学上海话是为了以后能听懂不会说普通话的老爷爷老奶奶的话,就能很方便地帮助他们了,而不是为了比赛,更不是为了拿奖。美美鸡妈妈竖起大拇指说:"我的儿子真值得我骄傲,懂得做事的目的是什么,没有急功近利,没有虚头虚脑,好诚恳的想法。""那好,我们就不参加了。"羊大聪爸爸也点头支持。

第二天下午到家,狗狗侠笑着对妈妈说:"我要参加上海话比赛了。"美美鸡妈妈眨巴着眼睛不明白,因为她最了解自己的儿子,一旦主意已定是很难改变的。狗狗侠接着说:"今天我们班进行了上海话比赛,我得了第一名,老师又要我到学校比赛,结果我进入了前五名,就要代表学校参加比赛,所以为了学校的荣誉,我要参加。"美美鸡妈妈当然很支持儿子的决定,爸爸更是高兴,因为这是他最希望的结果。

接下来的一段时间,狗狗侠学说上海话的时候更认真了,他吃饭的时候说,上洗手间的时候说,就连睡觉的时候也会说,有几次夜里,美美鸡和羊大聪听到狗狗侠连说梦话都是上海话。

比赛那天,狗狗侠说了"山浪有只庙,庙里有只缸,缸里有个小和尚,嗯呀嗯呀要吃绿豆汤"。他的上海话标准得简直比美美鸡还好,美美鸡正开心着,突然,评委出了一道很难的题目,要讲十个关于"子"的上海话,狗狗侠不慌不忙地说:"雌性蟋蟀三枚子、重磅黄金大条子、乞丐瘪三叫花子、门周框子门堂子、手指敲脑毛栗子、应酬赴宴赶场子、手腕手段手条子、瘦高个儿长条子、最小硬币硬角子、土里土气乡巴子、弹眼落睛眼乌子、看人情面卖面子,等等。最后我要说:我很欢喜上海闲话!"

在场所有的人都情不自禁地鼓掌,美美鸡和羊大聪也使劲地鼓掌,他们最清楚自己的儿子有多认真、多自觉、多懂事。

漫游南非克鲁格公园

张楚则

上海市美高双语学校　初二（C）班

七月中旬，我们一家去南非旅游，让我有机会比较深入地了解南非的历史文化，也感受到了这里奇异的自然风光，但给我印象最深的当数游克鲁格国家公园。

克鲁格国家公园位于南非德兰士瓦省东北部，是非洲最大的野生动物园，幅员辽阔，占地面积达两万平方公里，相当于中国台湾的三分之二土地。这里动物种类繁多，数量庞大，且全处于野生自然状态。

这里是南半球，为冬季。那天，大家起了大早，先坐着大巴来到公园门口，已是早上六点，太阳尚未升起，空气中弥漫着几分寒意，我不由得将头缩在衣领中。不一会儿，我听到几辆车"嘟嘟嘟"的鸣笛声，循声望去，惊讶地发现好几辆超大型敞篷越野车，正向我们缓缓驶来。开车者是一位黑人，用"您好"招呼我们上车，正式开始了游园。

我们的运气真好，刚进入园区，就看到了成群结队的漂亮的斑马，在悠闲地吃着带露水的嫩草，叫人非常地开心。导游告诉我，斑马身上的纹饰除了起隐蔽作用外，还能驱蚊呢，这让我长知识了。一路上，走走停停，看到了活泼好动的捻角羚、慢悠悠走路的鬣狗、身躯庞大的大象……途中还遇到一群小羚羊正在过马路，司机特意停车，让它们先行。多么暖心的一幕啊！

不久，我们便到了一号营地休息早餐。营地其实是一片林间空地。在那里，树枝上停着许多不知名的五彩斑斓的鸟儿，树与树之间偶尔会荡过一只金色的小猴子，它们丝毫不怕人，有的甚至站在桌子上或在人的脚边觅食。我不禁暗叹：动物和人类这么亲近，真是不可思议。

进园前，导游给我们打过了"预防针"说："这里的狮子、猎豹等食肉动物很难看到，如果没看到也别灰心。"万万没想到：我们刚离开营地，竟然就陆续看到了食肉动物。一堆乱石头旁休憩的狮子，躲在灌木丛后晒太阳的猎豹，可惜这些动物距离又远又极难发现，我也是借助了高倍望远镜才勉强看到的。

车子行驶到一个三岔路口时，我看到了有趣且难忘的一幕：一棵树后面有头灰色的疣猪，可能是跑得太快了，它的角卡在了树杈上，动弹不得。司机似乎也看到了，停下车，只见疣猪一边嚎叫，一边将自己的身体往后拉扯，片刻后终于成功挣脱，我替它感到高兴。已近中午，野生动物最佳的观测时间是上午，但我们还是看到了躺在水塘里懒散的大河马和张着大嘴的鳄鱼，实在是收获满满。

归途，面对这一望无际的大草原，我思绪万千。随着人类文明的进步、人口的剧增，动植物的生存空间越来越小。我生长在上海，很少看到这么多野生动物，即使在动物园，那些被圈养着的动物也非常可怜！在克鲁格国家公园看到这么多的野生动物，我感到十分新奇。人与动物本来就该和谐相处呀！

我和公园有缘

顾 峥

上海市第二十五中学 初二(2)班

成长的记忆往往随着一些事物而想起,成长的脚步往往跟随着长大中的种种烦恼,以及最后与短暂青春的告别……而我一次次踏进相同的地点——杨浦公园,我的脚印就一直在那里烙下了。

童年,记得我第一次到那里,还是爸妈牵着我的手。当时我就像挣脱缰绳一般奔到花花绿绿的草丛中,放肆地"撒野"。在那里,爸妈陪我一起喂鸽子,陪我堆沙子,陪我一起乘龙车。当时,我还嚷嚷着要乘好几遍龙车呢。

从第一次踏入公园以后,我就与它有不解之缘。在那里我学会了溜冰、打羽毛球……以及次次去那里我总要乘龙车,因为有起有伏,上上下下,现在想想和生活有几分相似;和一群小朋友堆沙子,看到老人们在打太极拳或者聊聊天,每次回到家总是感到意犹未尽。可自从升入初中开始,学习繁重,每到放假都要补课,再也没空去公园转转、散散心了。我甚至开始忘记公园的存在了……

直到那次,我又再次来到这个熟悉的地方……初一结束时,由于与我的朋友要分别,我们就决定最后在杨浦公园聚一聚。一踏入公园,还和当时景象一样,右边海盗船依旧在摇摆,船上发出尖叫声和嬉戏声。我和朋友手拉着手,谈着我们刚认识时的场景,聊着我们今后的打算。一边聊一边走,不知不觉我们来到我小时候堆沙子的地方。那里还是和旧时一样,有很多家长陪着小孩一起堆沙子,让我想起童年的那个场景。走累了,我和朋友来到放鸽子的地方,我们坐在凳子上,望着鸽子们低头吃着人们喂给它们的食物。它们也不怕人,和当时的鸽子一样,只要你在手掌放上几粒玉米,它们就会昂首挺胸地朝你走来,低下头一啄一啄地吃你手上的食物。

　　我们漫步在小道上,伴随着下雨后草丛中湿润的空气。在小道的当中,有一群蚂蚁陆陆续续地走出,团结有序地搬着路边的食物,一次又一次,不辞辛苦,它们是为了自己的家庭而忙碌着……嗯,又听到了熟悉的音乐声,一眼望去一群老人穿戴整齐地打着拳,虽然动作很慢,但每个动作都是有力度的。还有几个老人拎着鸟笼,彼此看看对方的鸟,就知道他们在聊些什么了。可曾想过,他们为什么来公园度过,因为他们的子女为事业奔波,而他们在这里寻找自己新的青春,希望他们的青春可以再次轮回……

　　我们手拉着手出了公园门,看见一对年轻夫妇带着他们的孩子有说有笑,那个孩子也和童年时的我一样期待着进入公园的时刻。啊,新的一轮又展开了!

因为创新,世界才精彩

张业萌

上海市枫叶国际学校 八(4)班

发展离不开创新,生活也因为创新而不断地充实,变得完善,世界更是因为创新而变得精彩,走向未来。

科技离不开创新。在爱迪生发明灯泡的十九世纪之前,照明用的是油灯、蜡烛。爱迪生下定决心向"电力照明"这个坚固的堡垒发起进攻,他翻阅了大量书籍,在一年后创造出了第一个安全方便的电灯。后来,他又用钨丝来改进,灯泡的质量又一次得到了提升。前前后后他总共用了二十六年时间,使人类彻底摆脱了黑暗的牢笼。

医学离不开创新。李时珍是我国历史上的名医,他出身于医学世家,他的父亲和爷爷均是名医。耳濡目染,李时珍从小就对医学产生了极大的兴趣。但他自小体弱多病,一直生病吃药。后来一次的"肺结核"更是坚定了李时珍当医生的理想。在阅览医学书籍的过程中他发现,很多药材能够医治疾病,但也有很多药材记载不齐全,不但不能缓解疼痛,反而加重了病情。为了不犯前人的过错,他决定四处游历,进行实地考察,并记载到书上,供他人参考,减少用药的错误。因此,他最终写出了《本草纲目》。

日常生活离不开创新。发明干洗剂的乔利·贝朗出生在巴黎一个贫民家庭,十三岁他就外出打工,却没有一个工厂愿意聘用他。在流浪几年后他终于找到了一个工作——在贵族家庭里当杂工。一天半夜,他在帮贵妇人烫衣服时,一不小心将煤油灯打翻,煤油洒在了衣服上。因此他为了赔偿衣服给贵妇人白打了一年的工。后来有一天他发现,那件衣服被油浸过的地方不但没脏,还把原来的污渍去除了。这个发现令乔利惊喜极了,他在煤油里添加了一些化学药剂,经过反复实验,研制出了干洗剂。从此短短几年他就获得了"干洗大王"的称号,而干洗店也遍布世界的每一个角落,改革了传统的洗衣方法。

　　个人发展离不开创新,生活完善离不开创新,民族繁荣离不开创新。就拿中国来说吧,五千年的悠久历史中沉淀了博大精深的优秀文化。造纸术、印刷术、指南针和火药等发明在历史中取得了卓越的成效。在二十一世纪的现代化进程中,我们必须懂得发现民族文化中的美,并用创新的思路在保存其精华的基础上不断完善它,使它与中国的现代化和谐社会建设相适应,才能使中华民族走向繁荣。

　　不管是个人、日常生活、民族还是遥远的未来,都离不开创新,因为创新,我们也为世界增添了一份精彩。

游 绍 兴

林海倩

上海市兴陇中学　预备(3)班

暑假,妈妈带我去了绍兴。语文课上有讲鲁迅的文章,我知道绍兴是这位大文豪的故乡,绍兴的古迹特别多,大多与鲁迅有关。

鲁迅小说我看了一些,很希望在这座城里遇见祥林嫂、阿Q还有闰土……最好能看见一片种满罗汉豆的田,让我可以像鲁迅小时候一样去偷豆,然后找个地方架起火来烤,这样的豆子肯定好吃。

河里有戴着毡帽的划船人,我问船夫,能不能划到鲁迅的外婆家,他说"勿弃!(不去)",原来书本上的风景,现在大多不存在了。导游要我们跟他走,他说,你不要东问西问,我会给你们安排的。他向我们介绍绍兴,说它是我国历史文化古城之一,出过许多名人,有卧薪尝胆、复国兴邦的越王勾践,有三过家门而不入的大禹,有教育界泰斗蔡元培……当然,绍兴最出名的人是文坛巨匠鲁迅。我们去了鲁迅故里,看到了课本上学过的"百草园"和"三味书屋"。"百草园"不大,种了菜,还有一些花草,不知小时候的鲁迅在园子里是否真的抓到了小虫子?现在的园子很干净,看不到一只虫子,连蜘蛛也没有,不大像农村了。鲁迅读书的地方很小,课桌椅是木头做的,很旧也很矮,比起我们差远了。可就是很简陋的教室里走出了一个闻名世界的大名家!可见不管学校是否有名,教室是否漂亮,人只要肯努力,都能成才的。

绍兴除了鲁迅,令我印象深刻的还有小吃,有好多家店卖臭豆腐,满街都是臭臭的香香的味道。我们在一家小店里坐下,一看价钱,十元钱可买三十块臭豆腐,个头还挺大,太便宜了。我和妈妈大吃特吃,吃了一份又点第二份。臭豆腐两面煎得金黄,皮脆脆的,里面火烫,味道鲜美,我们好不容易吃完六十块,肚子快要"爆"了!我问导游,鲁迅小时候,他吃过这么好的臭豆腐吗?导游被我问住了,搔搔头皮,很难为情地说"不知道"。绍兴之游,我见到了"鲁迅",听到了名人故事,还难倒了一个导游哥哥,收获真大呀!

"上校"成长记

王海川

上海市洵阳中学 七(3)班

我不是善于表达情感的人,甚至也不善言辞,很多时候我就是个"聊天终结者",但一切因为那场音乐剧而变得不同起来。

七年级下学期,随着拓展课进入尾声,我们要排《音乐之声》的音乐剧作为课程小结。

"什么?是我?我当上校?"我瞪圆双眼。

"是的,唉……"导演苦笑着,掩藏不了无奈。

坏消息总是传得很快。我还在说服自己接受事实,玛莉亚(女主角)来了,她一脸嫌弃地看着我,就像王子看着灰姑娘的姐姐,硬要削掉脚后跟往水晶鞋里塞。

我得承认我颜值真的一点都不高,脸皮还很薄——一想到剧中男主角的许多"肉麻"场景,就头皮发紧。记得开学之初角色分配,我只是连B角都不算的三分之一"上校"。然而随着课程推进,A角转学,B角被淘汰,我这个打酱油的成了唯一的选择。

好了,"上校",你得接受这个现实。我劝自己,尽管我真的不想。

"上校,你又背台了!""上校,你人呢?""上校……"整个舞台似乎都是为"上校"准备的。唉,当主角真不容易呀!每次排练我都在面对这样的情况：一天天高强度训练的汗，一夜夜挑灯背台词的苦，一回回被导演痛骂的泪。都说音乐剧美，可我实在看不出它美在哪儿。

单是苦倒也算了，更尴尬的还在后面。剧的最后是上校向女主角表白，台词是"我爱你！"每次表白时，女主角都耷拉着眉眼，一脸生无可恋的样子；我也眼神游离，不敢看她；而那帮群众演员却乱起哄"上校，亲一个吧！"他们伸长脖子瞪圆眼睛围观着我们，就像一只只被捏住脖子的鸭子；之后就传出一阵加了扩音器的海豚音一样的笑声。哄笑声中，玛莉亚狠狠地瞪我。而我这个打酱油的"上校"，像喝了一大瓶柠檬汁外加无糖黑咖啡般又酸又苦，还无处可逃。

音乐剧要公演了，我们迎来了最后的走台。道具、服装全部到位，我们带妆排练。上校穿着皮鞋，一站就是六个小时，在脚痛的折磨下还要带着感情地表演，简直是酷刑！时间就像沙子，从沙漏里艰难地析出，每一分每一秒都那么缓慢。尽管开着空调，我仍出了许多汗，整个脚底就像有火在烤。这是生理与心理的双重煎熬，是在我短短半年的训练中遭受过的最大困难，没有之一……

正式演出那天我竟然没有感到紧张，按部就班地完成了任务。我和玛丽亚已经褪去了初次合作的羞涩与嫌弃，玛莉亚不再冷眼相待，我也跨过了许多看似过不去的坎：像我这样没脾气的人能大声吼，像我这样脸皮薄的人也能当着这么多人的面大声喊出"我爱你"。演出顺利地结束了。当掌声响起的时候，我忽然有一种我就是上校的感觉。

我从来没有想到，令我烦恼不已的音乐剧能让我深感快乐，不只是表演完的成就感，还有融入其中的享受。经过这次磨炼，我开始有勇气尝试那些曾经敢想不敢做的事。原来，再难的事，只要去做,总有成功的可能。

　　终于,打酱油的三分之一"上校"走完了征程,成长为真正的上校。

　　指导老师刘欣荣点评:文章记叙了一段有趣的经历:本来抱着打酱油心情的少年,为形势所迫,登上了主角的舞台,从身到心经受了一番磨炼,成长为一名真正的"上校"。

　　文章有两个明显的优点。一是将少年的生活、感情写得真实自然。无论是开始时作为"聊天终结者"的应付差事,赶鸭子上架接受"上校"重任的无奈,抑或是被围观被起哄时的酸涩,感情戏时面对女主角的"眼神游离",都可圈可点;就连女主角的"嫌弃""生无可恋",旁观者叫嚷着"亲一个"的起哄也可谓精当。二是比喻新奇。作为初中生,语言开始有了感染力,这是值得肯定的。文中像"王子看灰姑娘姐姐一样"的玛莉亚、像"加了扩音器的海豚音一样的笑声"、像"柠檬汁外加无糖黑咖啡"的又酸又苦、像"从沙漏里艰难地析出"的一分一秒以及"像在火上烤着"的脚底,都给人留下了深刻印象。

登 长 白 山

刘竹暄

西北工业大学附属中学分校 初三(3)班

那个暑假,我第一次看到了真实的长白山。

不负我们五点起床坐上开往长白山的旅游车的辛劳,秀美的长白山西坡将我的睡意一扫而空。如果天气合适,从西坡山顶能看到与北坡全然不同甚至更加诱人的风景。

一路颠簸过后,我们到达了山腰台阶的起始处。从带有暖气的景点专车上下来,温差和高海拔的寒风激得我打了好几个喷嚏,风像刀子一般划过我的脸。我连忙翻出事先准备好的衣物套上。举目望去,穿着花花绿绿的登山服的人群将绵长的石阶淹没,其中几个难看的荧光粉色刺得我收回了目光。耳边司机絮叨地向我们介绍石阶多达一千四百四十二级,这个数字让我没来由地烦躁起来,只想尽早一看了事,扑回宾馆软软的大床上去。

三人的小队随着人流缓慢地向上移动着。如同海浪推着小舟,忽左忽右。我无心顾及两旁,只低头看着脚下灰色的石阶。景区贴心的管理在每五级台阶处都用醒目的红色标上了数字,时不时还有一两个标牌鼓励你勇敢地向上走。当人们小腿酸痛时总会有休息亭及时出现。这些温暖的细节让我的心绪平复下来,不知不觉中竟然已走过了三百多级台阶,人群也不像起点处那么拥挤了。

  我开始在登山的过程中欣赏栈道两旁的景物。周围环绕着的是一望无际的高山草甸,定睛一看还会有几朵杂色的花儿钻进视线给你一个惊喜,舒卷的云朵在草坪上投下淡灰色的花纹,如同绣上几只散步的绵羊。云缝中挤出的阳光给云纹镶上金边,好似披着金色头纱的恬静女郎在灰蓝色的石路上漫步。缤纷的野花中为数最多的是金色的雏菊,为草甸的绿色点上鲜亮而引人注目的一笔,令人联想到眼睛上那点不可或缺的高光。在别的野花对人类修建的石路敬而远之时,这些金黄色的精灵个个争先恐后地向栈道边上挤,鼓足了劲儿绽着灿烂的笑容给行人加油。她们将晨露捧在花瓣上,献给筋疲力尽的旅者,虽然微不足道,却是她们最晶莹澄澈的心意。

  随着级数的增大,绿地渐渐被灰岩替代。两色的交界处如同末日的断崖,荒凉破败。登山前穿上的外套已再度回到背包的底层,矿泉水和饼干却渐渐向上层游移。一块巧克力为我加满了能量,发酵的兴奋推动我不断加快速度,石阶上的数字也仿佛在回应我的急切,变为了一级一数。旁边下山人群那赞叹和满足的神情令我更加迫不及待——终点近在咫尺。

  从挨挨挤挤的人群中移动到围栏边缘,我总算看到了这不一样的天池。镜面一般平静,没有一丝波纹的侵扰;池水蓝得通透,像一块蓝色的水晶镶嵌在长白山顶上。靠岸的部分是深邃的深蓝,湖心是一片澄澈的浅蓝。我凝望着天池,渐渐平静下来的内心又泛起成就感的波澜。

  这就是真实的长白山。

故乡的雪

黄子洋
上海市西南位育中学　预初(8)班

我的故乡在沈阳,一到冬天就下起了雪。

雪就像一个个白色的小精灵,拉着手一起跳了下来,它们调皮地来回摆动着,纷纷扬扬地落在地上,挨在一起把整个院子都覆盖了。

再过不久,地上就积起了厚厚的雪,小朋友们玩的东西可就多了,一个小小的院子洋溢着欢乐的气息。那是我们在堆雪人、打雪仗,最后回来时个个小脸蛋都冻成了红苹果,小手冰冰凉,可心里却都暖洋洋的。

天气晴朗时,到街上走一走,看一看,整个一片洁白的世界。踏着厚厚实实的雪,会留下悦耳的沙沙声,仿佛在踩一个嘎吱乱叫的软木板,摘下手套挖一团放在手心,轻轻地抚摸,刚开始仿佛是团柔软的棉花团,用点力气一压,就会变成块"雪花饼"。逛久了,街边的雪会慢慢失去洁白的颜色,变得黑了,踩上去也成了硬邦邦的,玩雪的孩子就消失不见了。

四季轮回,入春时节前,街角的雪堆上开始出现一个个小小的洞,它们就像小娃娃,一点点长大,到最后,小黑洞会把所有的雪都挤掉,这时春姑娘就来到了,雪就都融化了。

现在我回到了上海,冬天在家里没有了暖气,也不能和姥姥、姥爷在一起,而且这里更没有雪,冬天就失去了许多乐趣。故乡的雪,故乡的亲人,都让我牵肠挂肚,我的眼前常常会浮现出儿时冬天玩雪的情景。

我爱雪,它存留了我许许多多幼时的欢乐,它伴我成长,给了我一个充满欢声笑语的童年,它在我的眼中不再仅仅是雪,而是变成了一个个小精灵。

每当冬天来临,窗外寒风呼啸,我就会又想起故乡的雪……

老 灶 台

施德涵

浙江省平阳县实验中学　初二(3)班

我的童年是在乡下老家度过的,那儿的老灶台遗留着我儿时的欢乐,常常勾起我的怀念。

小时候最爱帮外婆烧火,可不要小看这事,老灶台烧火还是有点儿门道在的!

灶台的火膛很大,可以放进很多木柴,但不能密密实实地堆放,而要像"井"字般搭起来,底下留出空隙,先塞点干枯的松叶,再点火,这样容易点燃柴火,能烧得很旺,很久。

外公说不同的柴火烧出不同的感觉,的确是这样。普通的木头烧起来,会发出"呼呼"的声音,火红火红的;刚砍下不久的木柴则比较难烧着,会冒出淡淡的白烟,一边烧着一边还会在一头"滋滋"冒出水汽;最有趣的是竹子,烧到中空处,便会"啪"地一声发出像鞭炮一样的炸响,吓人一跳,也就有了过年的错觉。

老灶台烧火,夏天和冬天是两样的。夏天,你在灶膛前烧火,"呼呼"的火声烧出了夏天的热劲道,脸上大汗淋漓,但一离开灶膛出来却倍感凉爽舒畅,有点冰火两重天的感觉;冬天,灶膛边总围着一群小孩,我们挤在一起靠近火膛取暖,那红红的火苗烤得我们暖烘烘的,一张张小脸红彤彤的,我们都赖在那里不想挪窝,一股"懒"意在心中荡漾。

离开老家到镇上念书,常常会想念那老灶台,尤其是冬天严寒时节。前年回了趟老家,想重温一下老灶台烧火的乐趣,谁知乡下的小山村居然也换上了崭新的煤气灶,抽油烟机,老灶台早就废弃了。尝试着用老灶台生火,却怎么也烧不起来,我的心里空落落的。

　　烧了几百年的老灶台不用了,升了几千年炊烟的小山村再也见不到袅袅的白烟,生活的变迁改变了很多东西,也改变了老祖宗留给我们的生活方式,但那些美好的记忆却一直留在心底。

我做的"晴天娃娃"

朱佳林
上海市虹口区第三中心小学　五(3)班

每当我看到阳台上的"晴天娃娃"我就会很开心,在我制作的各式各样的小手工中,让我觉得最满意的作品便是"晴天娃娃"了!

那天天气阴沉沉的,太阳早已被黑色云片埋葬了。"这个天多影响心情啊!"我不高兴地嘟囔着。我双手合十祈求着老天能够转晴,可似乎老天没给我这个面子,天空依旧灰蒙蒙的!妈妈看见我这副模样,走过来拍拍我的肩膀说:"还记得《一休哥》里的那个'晴天娃娃'么?据说它是个晴天和尚呢!"突然,我来了灵感,要祈祷天晴,不如自己做一个"晴天娃娃"!于是,我开始翻箱倒柜地找材料,湿巾纸(代替白布)、棉花、细绳、针线,开始我的创作。

首先,我打开了湿巾纸的外包装,可是这张纸湿乎乎的,怎么做呢?我急得像热锅上的蚂蚁团团转,这雨天又不可能晒干这块布料,难道等天气转晴么?我不经意地撸了撸头发。有了!我想到了一个能让湿纸巾马上干的办法。我用力挤掉了纸巾的水分,找来了我的吹风机用强风对着湿纸巾吹呀吹呀……"啊!终于吹干了!"我长舒了一口气。

刚解决完一个难题,后面又跟着来了。要为"晴天娃娃"做个圆溜溜的脑袋,这是个棘手的问题,要把棉花塞进湿巾纸里面,再用细绳包扎起来。可我塞了好几次,尽力做到最好,但是"晴天娃娃"的头却是凹凸不平的,完全不是想象中那样圆圆的脑袋。我有点泄气了,皱着眉头看着窗外,窗外已经开始下雨了,看上去一时半会儿是停不了的。不行,我一定要把"晴天娃娃"做好,它可是寄托了我对晴天的期盼呢!于是,我又小心翼翼开始包裹,我也不知道试了多久,经过无数次的失败总结后,终于,我做的"晴天娃娃"有了一个圆圆的脑袋,我小心翼翼地用细绳扎好,娃娃大致的雏形弄好了,心里别提有多高兴了,感觉外面灰蒙蒙的天气也亮了许多。

  最后就是给它画上可爱的脸蛋了。我用铅笔给娃娃添上了一对大大的眼睛,上翘的嘴巴,用黑线绣好眼睛和嘴巴,再用粉色的线给娃娃绣上红晕。为了再让娃娃出彩一些,我加了些许装饰,用彩纸剪出蝴蝶结的样子,然后安在了"晴天娃娃"的头上。再将系在娃娃脖子处的线沿着头的后面,将绳子固定在头顶。终于完成了,我开心地端详着它可爱的模样,忍不住亲了它一下。我把它挂在了阳台上,风儿吹来,它迎着风转着,始终对我微笑着。这时,雨停了,天边出现了一道彩虹,太阳出来咯!似乎它们都受到了"晴天娃娃"神奇的召唤。我拍着手高兴地笑着、叫着。

  直到现在,"晴天娃娃"依然在我的阳台上,依然永不疲倦地对我微笑着。

武术夏令营

马永坤

华东理工大学附属小学　四(3)班

一个星期一的早上,我五点就起床了,那是因为我马上就可以去参加"武术夏令营"了!我十分激动,当然不是因为能不受爸爸妈妈的管束,而是我要进山学"八卦掌"了!

训练营四面环山,只有一条小路可以进山哦!满目皆绿,清晨,云雾缭绕,好似仙境一般!

开始训练了,师傅对我们说:"打八卦掌从头到尾,都是按八卦图行走的步伐。"于是,师傅给我们演示如何打八卦掌,我看师傅打得发力到位,眼睛炯炯有神,谁都不敢靠近。当我们开始打拳的时候,除了几位本来就会八卦掌的学员打得和师傅差不多,我们其他人都打得一点也不像,但至少把动作记住了。当然我还是打得很认真的:紫烟抛箭,弓马步叉手、闭门推月、转身弓马步翻手、猛虎出闸,虚步出掌……打完拳,师傅给我们准备了丰盛的水果,有桃子、苹果、橙子、西瓜和葡萄,师傅说:"西瓜有解暑的功能。"

就这样过了四天,我离开那儿的时候还不舍得呢!就这短短的几天里,师傅就让我们记住了他出神入化的功夫,还有他给我们买的清凉可口的水果!最后,师傅训导我们:"要拳不离手!"

我会把师傅的话记在心中的。

　　"拳不离手",我的忘年交董老师说:"拳术这般,写作也如这般。"我明白了:干任何事情,都要坚持!不是么?

拔　　秧

孙慧敏

江西省高安市第六小学　五（2）班

四月,是栽早禾的时间,又叫春插,是农村的大忙季节。星期日,爸妈要我去农村锻炼锻炼,体验一下农村生活,当一回农民。

一大早,天气还有点凉意,我独自坐汽车从县城出发了。出了县城,沿途看到零零星星的金黄色的油菜花已谢幕,枝丫挂满了果实。漫山遍野的红杜鹃映入眼帘。田野有一大片红花草,有的师傅正在操作机械耕田,红花草瞬间就不见了,变成了很平整的灌满了水的泥田。有的师傅驾驶插秧机插秧,还有的叔叔阿姨和爷爷奶奶在田里拔秧,也有像我一样大的学生在拔秧,呈现一派繁忙景象。

汽车在田野之间的水泥公路上奔驰,一会儿就到了大娘家。大娘招呼我吃早饭,我说吃了早饭来的。大娘吃过早饭后和堂哥堂嫂一起来到秧田,我跟在他们身后。只见他们在秧田的田坎边脱下鞋子,卷起裤子至膝盖处打着赤脚下到田里,我也学着他们的样子下到田里。这是第一次下田学习拔秧,有点新奇感。水温较低,有点冰脚。

整片秧田就像铺了一层绿地毯,微风吹来,波浪起伏。秧苗大略有一厘米左右长,秧田内浸满了水,秧苗的三分之一被水浸过。堂哥开始教我拔秧,堂哥说:"拔秧时,以右手为主,右手向前,左手在后配合右手。"然后示范给我看,只见他几秒钟工夫就拔了一手秧,秧的根部带有一些泥巴,堂哥右手提着秧苗上下在水中振动,左手弄掉秧苗根部的泥巴,弄得干干净净整整齐齐的,然后抽出一根稻草很快把秧苗扎好,就像变魔术似的。我也学着拔了一手秧苗,开始洗不干净,也弄不整齐,根部就像蚂蚁上树,上上下下,也不会用稻草扎秧苗。堂哥又示范了几次,我才学会了。大娘、堂哥、堂嫂他们拔秧的速度真快,上午就把六七分田的秧苗拔光了,我也学会了拔秧。

我们戴着草帽还是觉得炎热,大娘烧的一大桶开水很快被我们喝完了。脚泡在水里,有时还有蚂蟥钻进脚内吸血,我的脚上有时同时叮上了两三只蚂蟥,吓得我直叫,堂哥说:"不要怕,蚂蟥就是钻进了脚内,吸饱了血自己会出来。"堂哥用手拍打我脚上的蚂蟥,血也从我脚上流出来。我现在不再害怕蚂蟥了。

我学会了拔秧,知道农民种粮的艰辛,知道粮食来之不易,就像唐代诗人李绅《悯农》中所说:"锄禾日当午,汗滴禾下土。谁知盘中餐,粒粒皆辛苦。"我从此懂得了爱惜粮食。

我在儿童博物馆做志愿者

刘怿畅

上海市新梅小学 四(3)班

今年寒假,我去儿童博物馆做了两次志愿者,馆长说我是儿童博物馆有史以来年龄最小的志愿者,他们一般只招初中生做志愿者。

第一次做志愿者时,我有些忐忑不安,带教王老师是个很和蔼可亲的大姐姐,她和我聊了一会儿,我才放松下来。我这次的任务是在柴犬明信片上盖儿童博物馆的印记章。刚开始我一张一张地盖,速度很慢。后来我发现一个快捷的方法:把所有的明信片都给翻过来,再一股脑儿地把它们全盖完。下午来了一些初中生志愿者。其中有个初中的大姐姐也分配到了盖印章这个任务。她起初盖得也慢,我在旁边看得都有些着急,便教了她那个我发现的快捷方法,她果然快了很多。我和她同心协力,不一会儿就把所有的明信片都盖完了。

第二次去做志愿者,我分配到了一个更好玩的任务——包红包!这红包里包的可不是钱哦,而是一些有趣的谜语条,为给过年时来的小朋友猜谜语准备的。

我正在前台包红包,突然,电话铃响了,我左看右瞧,带教老师走开了,只我一个人在,可那个电话一直在响,好像没人接就不肯罢休的样子,我只好硬着头皮拿起话筒:"喂,您好!"电话里传来了一个女士的声音："是儿童博物馆吗？"她可能听到是一个小朋友接的电话，有点疑惑地问。"是的。"我连忙回答。"今天开馆吗？""开的。"她接着又问："地铁4号线到儿童博物馆怎么走？"这个问题可把我难住了，我想去找大人求助，一抬头，突然看到了旁边的地图，我便对那位女士说："4号线到虹桥站下来，大概还要走十多分钟，儿童博物馆在宋庆龄陵园附近，地铁10号线宋园路站更近些。"大概这个回答令她比较满意："哦，谢谢您，再见！""再见！"电话挂了，我也松了口气，我想，这可是我独立帮助了一个大人呢！我心里有些乐开花了！

在儿童博物馆我还跟着带教老师巡视，维持秩序，帮助小朋友解决一些小问题，小朋友们看我穿着粉红色的志愿服，对我非常信任，有些还向我投来了羡慕的眼光，让我感觉既自豪，又有一些小得意。

两次儿童博物馆志愿者的经历，让我体会到：做个能够帮助别人的人真是太快乐了！

照片背后的故事

顾容宇

上海市虹口区第四中心小学　四(1)班

  翻开相册,有一张照片吸引了我,妈妈告诉了我这张照片背后的故事,那是在我未满三周岁时发生的趣事。
  幼时的我长得虎头虎脑,十分可爱。我喜欢戴各种各样的帽子。爸爸妈妈给我买了许许多多帽子,我从不嫌多,却会喜新厌旧,常常一顶新帽子戴了两天就不肯戴了,我喜欢新的、别人没有的帽子。于是,我家里堆满了各式各样的帽子。那年夏天很炎热,为了解暑,爸爸买来一个大柚子,那只柚子滴溜滚圆,又特别大。爸爸把柚子皮完整地剥了下来,很像一顶帽子。我看见那顶黄色的"帽子",喜欢极了,伸手就往头上戴,爸爸说皮里有汁水,小心辣了眼睛,被他一把拉了下来。
  没戴成"柚子帽",我气呼呼的,心里一直惦记着这事,想弄一顶新奇的帽子来戴。第二天下午,我们一起吃了半个西瓜。吃完后,我发现那半个西瓜也是圆圆的,当中是空的,和帽子像极了,便趁家人不注意,拿起半个空西瓜扣在自己头上。可是,没有想到西瓜太大了,遮住了我的眼睛,更可笑的是,西瓜里还有西瓜籽,没吃完的瓜瓤,红红的西瓜汁,一股脑儿全粘在了我的脸上。一刹那,我的脸上红一块,黑一块,汁水流下来,把我整个脑袋画成了一幅彩色地图,家人看到我那滑稽的样子,都笑得直不起腰来。我眼睛被汁水糊住,又痛又难过,终于哇哇大哭起来!

妈妈连忙按下快门,留下了这张照片。

照片上的我又哭又笑,头顶半只西瓜,那样子不知有多狼狈。每次看到这张照片,我都会不禁笑出声来。

我烦恼，因为我是独生子

戴继铭

上海市实验小学　四(3)班

爱，削弱了我的能力。

我是独生子，是全家人的中心。奶奶帮我盛饭、穿衣、戴红领巾，我只要饭来张口、衣来伸手就行了，我的生活自理能力很差；爷爷帮我整理书包、做手工，我的动手能力不行；妈妈帮我整理上课笔记，归纳重点内容，我没有独立的学习能力。总之，我觉得再过几年，我就什么也不会了。

有一次，自然老师让我们回家种黄豆芽。我兴致勃勃地回到家，拿出黄豆，准备把黄豆外面一层衣剥掉。奶奶见了，赶紧过来，说："我来剥吧，这层衣很难剥，还会弄坏指甲的，我来吧！"我听了，马上说："没关系，我去用水泡一下就好剥了。"谁知奶奶听后又说："不行，如果把袖子弄湿了，会很难受，还是我来吧！"奶奶用各种理由说服了我，我只好让步。

准备工作完毕，该播种了，我先倒了一点泥土，可不小心倒在了外面，奶奶见了，又过来，说："我来吧，你技术不够，会撒到衣服上；而且土那么脏，你不要碰。"我哑口无言，愣在一边，只好眼巴巴地看着奶奶把土倒好，播好种。

第二天，我正准备浇水，却发现土湿湿的，已经浇过了，原来爷爷帮我浇好了。我让爷爷下次等我放学回来浇，可他说："小孩子最重要的事是学习,这种事我来做就行了。"我想反驳,可又觉得不尊敬不礼貌,只好悻悻地走了。

　　就这样,豆芽在爷爷奶奶的关心下茁壮成长,而我一无所知,毫无快意。离交"观察报告单"的时间越来越近了,我看着单子,心里发慌:"到今天,我还不知道一天要为黄豆芽浇多少水呢!"

　　后来,我的报告单严重违背了自然规律,被老师批评了一顿,我心里说不出的难受和委屈。

　　很多人不想要弟弟妹妹,怕爸爸妈妈不喜欢自己了,而我需要弟弟妹妹来分宠。爸爸妈妈,说句心里话:"你们的爱让我失去了很多能力,生二胎吧!"

我真了不起

王若华

上海市爱菊小学 三(1)班

我曾经是一个非常胆小的人,如今已经是个无所畏惧的小伙子了,怎么变化那么大？这中间发生了这么一件事。

"五一"劳动节快到了,我们全家人去了泰国旅游,我们玩了许多游乐项目,在最后一天,我们将要玩最最刺激的项目——乘降落伞从一百多米高的天空中飞下来。除了外婆、爷爷、奶奶和最小的妹妹,其他人都去了。爸爸先玩,玩好后说,"哇！太刺激了！王若华,你也可以试试呀！"我听后,向前跨了一步,又缩了回来。

妈妈见了,问："怎么了,你怕？"

"男子汉大丈夫,你可以的。"爸爸鼓励我。

听到了那么多人的鼓励,我就穿上降落伞,紧张地坐到了直升机里。当直升机来到高处,那么高！太吓人了！降落伞会不会出问题？我害怕极了。工作人员要我跳下去时,我浑身发抖,一步一步慢慢地走到了机舱门口,吓得汗都出来了。但是,已经在机舱口了,不跳怎么行呢？想起爸爸说的"男子汉大丈夫",我闭上眼,咬紧牙关跳了下去。

就在我跳下去的一瞬间,我睁开眼,看见了蓝蓝的天空,白云在身边飘浮,我仿佛变成了一只小鸟,在空中轻盈地飞翔。这感觉真是太美,太刺激了,有了这样的经历,从此以后,我再也不会胆小了。

我成了一个男子汉,我真了不起!

(指导老师:倪晓怡)

忘　不　了

朱也城

四川省岳池县东街小学　六(1)班

　　花朵之所以绽放,是因为它忘不了雨露的灌溉;鸟儿之所以歌唱,是因为它忘不了树林的荫庇;种子之所以发芽,是因为它忘不了土地的滋养……而我写下这些文字,是因为我实在忘不了……

　　忘不了学校草坪旁边的那一棵桑葚树。五月的体育课上,我们都争先恐后地朝那边跑去,齐齐地围在那棵桑葚树下,用钥匙、篮球、书本什么的,把那些桑葚一颗一颗地打下来。有些本子由于运气不好,被卡在了浓密的树枝里,本子的主人有时太懒,不想拿下来,时间一久,那上面就挂上了一个个小本子。那些落在地上的桑葚,虽然没有买来的大,吃在嘴里却格外的甜,那份甜啊一直到每个同学的心里。

　　忘不了亲爱的同学们。忘不了苏彦嘉傻笑时露出的那两颗大牙齿,忘不了甘纹鑫做傻动作成功后那一脸的得意洋洋,忘不了唐伟涛下课时踩脚的那一份灵活、狡黠……六年来,我们已经从最开始的"水火不容"变成现在的形影不离。伤心的时候有你们的安慰,开心的时候和你们一起分享,学习落下的时候一起"密谋雪耻",阳光明媚的日子一起在操场挥洒汗水……我们童年的篇章终将翻页,但是我们的友情却不会结束。莫愁前路无知己,心心相印是此生!

  忘不了敬爱的老师们。忘不了陈老师,是您的幽默风趣,才让我们更加深刻地领悟到了数学的真谛;忘不了郑老师,是您独特的教学方法,才让我们更加深刻地记住了每一篇课文、踩住每一个考点。你们是最好的船长,刚柔并济,带着我们在知识的海洋中扬帆起航;你们是心灵的规划师,向我们灌输着生活的理念、做人的道理,让我们懂得了互相帮助、互相爱护、互相鼓励,让我们从一个个懵懂的小孩变成了越来越懂事的阳光少年。插柳之恩,终身难忘!

  "长亭外,古道边,芳草碧连天,晚风拂柳笛声残,夕阳山外山……"毕业的骊歌即将在耳边响起,再见了,亲爱的同学;再见了,敬爱的老师!

人 蚊 大 战

尹子衿

浙江省宁波市海曙外国语学校　507 班

"嗡……嗡嗡……嗡……"

半夜两点多,一阵扰人的虫鸣在耳畔盘桓不去。我从睡梦中惊醒,烦躁地抬手想把这只讨厌的蚊子从身边赶跑,可是无奈它却一直"阴魂不散",不停地在耳边叫着。我忍无可忍,一把扯过被子蒙住脑袋,把所有的空隙都用被角塞住,不给这只可恶的蚊子有机可乘。世界终于清静了,我终于可以继续睡个好觉了。可是好景不长,被窝里实在太热太闷了,我只好再次探出头来。本以为那只蚊子已经知难而退飞出去了,没想到它却始终执着地在我的床边徘徊!如果吸点儿血就能让它安静一会儿的话,我情愿给它叮一口,咬个包,涂点小药水就罢了。可惜,这只蚊子不依不饶,不仅要叮我几个大包,还要在叮完之后耀武扬威,用它细小却延绵不绝的噪音吵得我无法入眠。

我实在是被它吵死了!无奈之下,我只好使出了我的杀手锏——我妈!我把妈妈叫醒,硬把她从被窝里拽了出来。"妈妈,有一只蚊子一直在你可爱的女儿我耳边飞来飞去,快灭了它!"妈妈忍着睡意找出电蚊拍,像一尊保护神一般在我身边守着。妈妈才蹲守不久,这只胆大妄为的蚊子就飞出来和妈妈过招了——一直大战了整整两个小时,从三点半到五点多,还是没有彻底地消灭这只神出鬼没的蚊子。

　　双方精疲力竭之际,我妈终于找到蚊子的踪迹。趁它从眼前飞过之时,扬起手中的电蚊拍,用迅雷不及掩耳之势朝它挥去——却并没有出现想象中的"滋滋"声和火花,还有烤肉的味道。原来是电蚊拍没电了,所以并没有击毙。所幸这只狡猾的蚊子虽并未身亡却身受重伤,再也没有纠缠不休了。

　　正所谓恶蚊有恶报,非死即伤,这场人蚊大战终于落下了帷幕。我终于可以睡个好觉了,只是睡的时间有点儿少罢了。

二、有感而发

灯火阑珊处

陈建炀

江苏省盐城市亭湖高级中学　高三(8)班

梭罗抛却滚滚红尘，在瓦尔登湖畔离群索居，最终收获了倒映湖面的一夜繁星，领略到山间小溪的流水潺湲，尽享着空山幽谷的婉转鸟鸣……在这片未被工业化生产污染的净土上，他的智慧、他的情感、他的才思凝成了一部独步千古的《瓦尔登湖》。

古语云："行远必自迩，登高必自卑。"天地浩瀚，人间喧哗，欲求成就一番事业，当如王国维在《人间词话》一书中所言的"必先经过三重境界"。第一重境界是："昨夜西风凋碧树，独上高楼，望尽天涯路。"第二重境界是："衣带渐宽终不悔，为伊消得人憔悴。"第三重境界是："众里寻他千百度，蓦然回首，那人却在灯火阑珊处。"说白了，就是一有冲破困境的决心，二有不惮寂寞的耐心，三有苦心孤诣的恒心。有此三点，想不成功都难。

孔子曾赞美过他最喜爱的学生颜回："一箪食，一瓢饮，在陋巷。人不堪其忧，回也不改其乐。贤哉，回也！"颜回之"贤"，正在于他的贫贱不移、甘受孤寂、乐以忘忧。

古今凡成大事者，莫不忍受过常人难以想象的孤寂，遭遇过常人难以坚持的窘境。孟子所言的"天将降大任于斯人也，必先苦其心志，劳其筋骨，饿其体肤，空乏其身，行拂乱其所为……"，正是对这种境遇的最形象的表达！

"缺月挂疏桐,漏断人初静。谁见幽人独往来,缥缈孤鸿影。"在一次次的困厄与磨难中,苏轼这只"孤鸿"涅槃重生。人生路上,难言的孤寂一次次包围着他,而这恰恰为他彻底洗去了沾染于俗世的激进与浮躁,于是苏轼可以抛开世俗的纷扰,去寻访无言的山水,拜访远逝的古人。山水的陶冶,诗书的熏染,使苏轼的灵魂得以净化,精神得以升华,胸襟得以开阔……以至于最终成为中国文学史上一座令人难以企及的高峰。

传说中的杜宇,亡国后化身杜鹃,夜夜啼血,为国招魂。现实中的李煜,亡国后如梦初醒,以泪洗面,以词忏悔。于是,一阕阕新词和泪而成:"故国梦重归,觉来双泪垂";"问君能有几多愁,恰似一江春水向东流";"剪不断,理还乱,是离愁";"自是人生长恨水长东"……

蒋捷《虞美人》云:"少年听雨歌楼上,红烛昏罗帐。壮年听雨客舟中,江阔云低,断雁叫西风。而今听雨僧庐下,鬓已星星也。悲欢离合总无情,一任阶前点滴到天明。"

人生常常如此:由喧闹到孤寂,由成群结伙到茕茕孑立,由入世到出世……这其中有被动的,有主动的。但是有一点却是肯定的:只有在独处的时候,你才会遇上不被玷污的瓦尔登湖;只有在灯火阑珊处,你才能邂逅一见倾心的伊人。

街上幽幽的花香

沙润和

上海市市西中学　高三（5）班

　　淮海路街头，空气里弥漫着一股幽幽的香味。
　　这是五月的尾声，天有些热，白兰花用它那典雅的、纯净的色彩和香味与春天作别，向夏天招手。我和奶奶手挽着手逛街，寻香而去，看到了一位卖花阿婆。她穿着黑色长裙、米色针织外衣，戴着一串珍珠项链，银白色的头发梳得整整齐齐。她娴熟地将花柄用细铁丝串在一起，做成手串。我像小时候一样要奶奶多买一些。阿婆将手串轻柔地扣在我的手腕上，一面笑着对我们说，祝你好运。
　　我回味着买花的场景。阿婆的一举一动，柔软而端庄，她的项链与穿着和谐得体，显出一种温雅的美。岁月雕琢了她的容颜，却沉淀下她的秀丽……再次经过时，我情不自禁地走上去说："阿婆，您真美！"她先是一愣，随后笑了，她与我聊起了花。
　　年轻时，她就喜爱白兰花，古稀之年来卖花，不为谋生只是喜欢。她不求赚钱，更多的是将香味、情怀带给爱花的人。她告诉我，以前，白兰花不仅受教师、医生、银行小姐和律师赞赏，也被平民百姓喜爱。石库门里的女人在旗袍的第二颗纽扣上别朵白兰花，买菜的主妇、坐在弄堂口扎鞋底的阿婆在发髻上插朵栀子花，都是常事。在这个季节，上海变得更优雅了。那时卖花的通常是戴着蓝头巾的小姑娘,她们清纯的样子,糯糯的叫卖声"栀子花、白兰花……",成为一代又一代上海人的记忆。

她说,白兰花的花期很短,专家来不及提炼出它的香味,它就谢了。如今,好看的风景能照相,好听的声音能录音,唯有白兰花只能回味,至今没有一种香水能留住它的芬芳,这让它变得更加神秘、令人向往。如果用一个场景形容它的味道,只能是江南女子说着吴侬软语缓缓走来的电影近景,柔柔的、慢慢的、幽幽的,甜美得沁人心脾。

岁月荏苒、世代更迭,只有白兰花,百年不变地在上海街头留连。阿婆称赞"这花像纯洁的爱,真挚得令人不舍",我很赞同她的话。白兰花与生俱来的优雅,浑然天成地与海派文化结合在一起,小小的花蕴含的是上海人追求美的情趣与雅致。

爱花、赏花的人心里一定充满快乐,因为胸襟坦荡、心静如水才能触摸世界的美丽。无论晨昏,无关季节,只要能按下浮躁的按钮,我们就能像这位卖花阿婆一样,在随处可见冰冷的繁杂中,感受到城市的温情。我们就能从从容容、安安静静地驻足聆听白兰花吟唱的春风夏雨。我们多么需要这样的风景啊!

(指导老师:薛晓琴)

给鱼道歉

代诗琪

安徽省合肥市第42中学 七(3)班

众生平等这个词,在那一次,我是彻底理解了。

二〇一八年的第一场雪才结束没多久,我们返校的第一天,校园里操场上的雪还未化尽,被铲成一座座小山。下课了,这些小山就成了同学们的乐园,调皮一点的把雪捏成团砸来砸去。虽说我们都穿着厚厚的棉衣,可被夹着碎冰的雪团砸中还是有些痛的。而那些小山也渐渐被削尖了脑袋,操场又变成了溜冰场,稍不留神,就摔个四脚朝天。

我们班的几大活宝怎么会放弃这玩雪的好机会呢?这不,一下课就跑出去了。他们是恶作剧的好手。瞧!他们把带着泥浆的雪团甩向同学,让同学的衣服开出了一朵朵花,又让各个班级的窗户上出现了一个又一个的鬼脸,更可恶的是,校园里唯一的小生物,鱼池里的鱼儿也未能幸免,它们被雪块一次次击中,东游西窜,遍体鳞伤!

最后一节课到了,是语文老师的课。课堂上顿时安静下来,几个坏小子也安分起来了。他们以为能够瞒天过海,谁知道老师阴沉着脸,低声怒吼:"大课间时,在水池边用雪砸鱼的都有谁?给我站起来!"几个同学慢吞吞地站起来,竟然还是嬉皮笑脸的,或许他们觉得不是什么大事,不就是砸了砸鱼吗?

这时候,窗外的天空突然暗了下来,阴沉沉的,一股冷风从窗户的缝隙里钻了进来,我不自觉地缩了缩脖子——真够冷的!老师的脸比阴沉的天空更加阴郁,他用更加低沉的声音吼道:"你们给我站到讲台上来,还没意识到自己的错误吗?还笑得出来!"

我们怔住了,都没想到,老师竟会生这么大的气。

天越来越黑了,浓得能滴出墨来。

"去!出去,到鱼池边去!"我们看着老师把他们带到鱼池边。"给鱼三鞠躬!"我们震惊地看着这一切,几个始作俑者也不可思议地看着老师!"道歉!"老师慢慢地说道:"你们砸鱼,鱼不是生命吗?它们不会痛吗?如果我无缘无故地打你们,你们不生气吗?也许雪块砸在你们身上,你们不觉得痛,那是因为你们有衣服的保护!可是,鱼呢?鱼该有多痛!"老师越说越快,越说越激动,我们好像都明白了什么,抬头看天空,黑暗低沉的天边好像有一道金光乍现……

我们都静静地站着,那几个同学收起了笑脸,庄重地鞠了三个躬……

面对这诚心实意的道歉,我想,水池的鱼,肯定也说了句:"没关系。"不然那水面上泛起的泡泡是什么呢?

那时候我也明白了,众生是平等的,每一个生命我们都应该尊重,哪怕是一朵花,一条鱼。

我与香椿的缘分

何远文

北京市第 171 中学 初三(14)班

美,无处不在,只要有发现美的眼睛,街旁的一花一草、天空中的一只飞鸟、午后一位少女的微笑都是美丽的。遇见美,总是让人喜悦。

老家楼下的香椿树就是我眼中的美,与它相伴就像一种缘分。

微风吹走了寒冬,也吹绿了香椿树。两三棵香椿树冒出了绿芽,与土地上几丛小草相衬,总让人心旷神怡。学习闲暇,闻着淡淡的香椿清香,逗一逗树下的小猫,仿佛这就是世上最美妙的事了。再过一阵子,野花也开了,这三两棵树、一片青草、零星的野花便构成了一处美景,总引得居民驻足拍照。我也在每年清明之时与这美景相约。

香椿成熟的时候,也就是我最开心的日子。一手提着竹篮,一手握着钩杆,踩着松软的草坪走到树下钩香椿,是每年在老家最有趣的事了。将杆子伸进树枝间,瞧准了香椿叶的根部,向下一拽,一小棵泛红的灰绿色的香椿就钩下来了。三五个妇女、小孩有说有笑地钩香椿,也是我在家乡遇见的一处充满活力的美景啊。到了中午,在院子里很远就能闻见香椿炒鸡蛋的味道,那浓浓的气息总让我垂涎三尺。吃着美食、看着美景,听着亲人们的欢声笑语，我感到无限的满足。

夏秋之际，香椿树的叶子由绿转黄，地上的小草也有些枯黄，虽然有些凄凉却也很美。听着老人们饭后闲谈，享受秋天夜晚的徐徐凉风，踩着地上干枯的香椿叶，此乐何极！蹦跳着踩枯叶的时候，烦恼好似也被踩碎了。每每遇见此时的香椿树，我心中就不再有忧愁，脑子里浮现的是春天它绿油油的样子。

入冬了，下过雪后的香椿树戴上了白帽子、披上了白棉袄，甚是可爱。遇见这时的它，会连冬天的寒冷也忘了。打雪仗时，它又成了屏障，躲在树后的我偷偷地笑。有时恶作剧，一有人来，便摇晃香椿树，树下的人就成了"雪人"，引得大家哈哈大笑，它给我们带来了无数欢乐。

年年我都回老家几次，几乎一年四季我都能与它如约相遇。现在，老家的香椿树早已成为我的朋友，时常让我念想着。在我看来，遇见香椿树就是遇见了一种缘分，我与自然之缘，无限美好。

那只蛙叫的小闹钟

詹奕坚

福建省三明市列东中学　七(6)班

人是奇怪的,有些对别人来说无所谓的事物,于己却珍贵无比且美好得不可思议。

闹钟,居家必备。我也有一只小闹钟,它长着两只大眼睛,四只脚,大肚皮。猜一猜像什么?没错,它就是一只青蛙形状的闹钟。

以前,我每天早上起床,是要老妈"河东狮吼"的。一边是我的起床气,一边是老妈担心我来不及吃早餐的急躁,因而几乎每天早晨都要和老妈吵一次,很受折磨,不但闹出了情绪,也影响了学习。其实我哪能不明白错在自己呢?对自己不能按时起床也深恶痛绝。但是第二天早上,"恶战"依旧重复上演!

小闹钟,是在一次超市购物时买回来的。由于外形独特,特别是它的一对大眼睛,似乎能一下子看透我的心思,所以我毫不犹豫地将它收入囊中。

"呱呱呱!呱呱……呱呱呱!呱呱……"一串蛙鸣叫醒了酣睡中的我。我睁开眼睛,窗外的天已经亮了。我想,这时候应该是老妈的"河东狮吼"啊?可今天并没有,嗯,早了点!不过,哪来的蛙叫?朝着昨天刚买的闹钟看去,它也正用那双大眼睛盯着我。

我想翻过身去再睡，可蛙鸣又起。我起床想去关了它，可这时我觉得自己被它的大眼睛看得不好意思了。以前，我每次起床都是不情不愿的，导致学习状态并不好。现在，我觉得自己应该要改变一下了。于是起床后，我拿出了英语单词……

当老妈推门进来叫我吃早餐时，她吃惊的眼神，让我既得意又惭愧。

从此，这只蛙鸣小闹钟，每天就像一位尽职尽责的卫士，准时叫我起床，陪伴着我的早读时光。虽然也有那么个别次，我嫌它叫声很烦，可是当我坚持起床摁停它的响声后，我已经清醒过来。日复一日，我的学习成绩就这样在每天的蛙鸣声中取得了进步。

小闹钟陪了我五年。去年的某一天，它的时针分针秒针以及定时针都停留在了固定的位置上。我没有再给它安装电池，因为现在不用它，我也能准时起床了。

有一回，老妈觉得它没用了，想当垃圾处理掉，我不同意。现在，它就静静地立在书柜里。人确实很奇怪，每当我看见这座小闹钟时，耳边就会响起那一串清脆的蛙鸣，脑袋就会清醒，浑身似乎也有了力量。

当新春钟声响起的时候

石周晟

上海市格致初级中学　初一(6)班

　　每年的除夕,都有家庭聚会、春节联欢晚会和美好祝福相伴。在新年钟声响起的时候有许多的祝福随着新年的到来,伴随着美妙的音乐来到我们的耳畔和生活中。从小我就懂得要实现美好的祝福必须不断地努力学习和日积月累地付出,也只有这样,在永恒的时间面前我们才可以从容自信地微笑……

　　除夕夜新年钟声响起的时候,我和爷爷奶奶在一起包元宵。虽然我当时不太会包元宵,是奶奶手把手教我包的,但看到自己的劳动果实整整齐齐地"站"在盘子里的时候,心里充满了无限的自豪。爷爷说起他们小时候的许多故事,我记起有一首因春节联欢晚会而红遍大江南北的歌曲——《当你老了》。歌词写道:"当你老了,走不动了,炉火旁打盹,回忆青春,只有一个人还爱着你虔诚的灵魂,爱你苍老的脸上的皱纹。"看到爷爷奶奶欢喜的笑容,我想,他们作为一起走过了四十年风风雨雨的老人,应该有许多故事告诉我们,他们能感受到改革开放四十年来我们时代的进步和成就。

　　"共欢新故岁,迎送一宵中"是除夕夜的主题,我清晰地记得从懂事起,爸爸妈妈对我的期望就是阳光、健康、向上、好学等。记得有一次我语文没考好,妈妈知道后一点也没表现出不快,而是从侧面鼓励我，但我没有意识到问题的紧迫性，还偷偷地玩手机、看篮球赛和原版电影，妈妈看到我这么分不清状况，一整天不跟我说话，我知道问题非常严重，于是马上阅读书籍并做好笔记，同时还写了一份反省书，妈妈看到后，在反省书上写道："明日复明日，明日何其多！我生待明日，万事成蹉跎！"并且要求我对此事谈谈体会。我明白了妈妈对我的良苦用心和谆谆教导。在后来的学习中，我也在不断改进自己的不足，并且积极努力。

  除夕夜辞旧迎新的吉祥日子，当新年钟声响起的时候，我希望我们都能实现心愿和理想，希望我们的国家更富强，希望我的长辈、老师、同学和朋友们都能在新的一年里有新的收获、发展和成就。

发现生活中的美

陆紫涵

上海市彭浦初级中学 初一(7)班

生活就像是一颗钻石,每一个面都能折射出动人心魄的美,每一面都有它独一无二的价值。我就来说说我拾到的最平凡而又珍贵的明珠。

开学短短一个月,我很快熟悉了将来我要学习四年的初中,熟悉了任课的各位老师,熟悉了和我要相伴四年的同学。这里的一切在我看来都是那么可爱,相比之下,楼道里拖地的保洁阿姨就不那么美:花白的头发稀稀疏疏的,干瘦得像果脯一样的身子,背弯得像煮熟的虾子,一口粗俗的外地方言,手指干枯得如同骷髅一般,蜡黄色的皮肤常年带着渗着血丝的龟裂,长长的指甲缝里嵌着黑黑的垃圾。沉默而无趣的保洁阿姨与这座充满青春活力的校园是百般千般地不配。我对保洁阿姨这样的印象小学到初中从没有变过,直到那一天……

这一天中午,我去英语老师的办公室问作业,顺便带回一叠英语本子。因为只有我一个人,这一叠高高的本子搬起来真是十分吃力。

巧的是,保洁阿姨正在楼道里拖地。或许是我手里这一叠本子太过摇摇欲坠,或许纯粹只是想帮忙,楼道那一端的保洁阿姨走过来,注视着最上面那几本本子:"小姑娘,本子太多了,我帮你拿一点吧。"说着就要接过我手中的本子。我鄙夷地看了一眼她脏兮兮的手,后退一步,躲开了她的手:"不了,谢谢。"保洁阿姨一愣,然后朝我笑了笑,拖着瘦小的身子向楼道那一端走去。快上课了,我急着赶回教室发本子,两步并一步地跑了起来。刚拖完的地面水还没有干,非常滑。我这脚下一滑,狠狠地摔了一跤,怀里的本子自然是撒了一地。楼道那一端的保洁阿姨看到我的"惨状",赶紧跑过来帮忙。先是轻轻地把我从地上扶起来,再是帮我把本子拾起来,放整齐,然后又帮我把湿本子上的水珠抖干。那双被我唾弃了许多年的手轻柔地帮我拍掉了裤子上的水珠,仔细地帮我把凌乱的本子一本一本叠好。那双粗糙的手一刹那间显得如此细腻。我愣愣地看着这一切。记忆里,这个苍老的身影曾经替预备班的我们搬过开学时发的新书,也曾替骨折的同学拎过书包,帮我们搬来教室里的桶装水,帮我们挂上掉落的窗帘,为我们赶走跑进教室的野猫,修好掉螺丝钉的课桌……她似乎存在于每个我不曾仔细记忆的小角落。不,不仅仅是她,还有其他的保洁员,他们一直在用自己默默无闻的善意帮助着我们,也不曾留意过我们是不是在意他们的这一份贡献。

但是这群人,他们就这么做了,无怨无悔。

"小姑娘,还愣着干什么,本子都掉哩!"还是那一口方言。我抬起头,看着她的眼睛,含着多少的关切!我低下头,鼻子酸酸的,险些掉下泪来……我从她的手里接过那沓本子,耳边恍惚间听见上课铃响了。我看着面前那张温和的笑脸,红着脸悄悄地说了一句谢谢,然后又朝她鞠了一个躬,这才转身,向教室走去。

其实生活中有无数这样的明珠,他们蕴含着最真挚、最动人心魄的美。扫除灰尘,让我们一起,为发现生活中最动人的美而努力!

  指导老师张颖燕点评:一次意外的相逢,让小作者认识到:校园中的保洁阿姨,用她们的默默努力,为我们的学习创造了最舒适的环境。用心观察生活的点滴,发现其中蕴含的美,作文自然生动感人。

精彩的瞬间

钮 珈

上海市迅行中学 九(4)班

社区的休闲广场上,一位滑板少年吸引了我的视线:那位少年十五六岁的样子,脚踩一块黑色的滑板,灵活地在各种障碍物之间穿梭,还不时做出一些旋转、跳跃的动作,引不少路人驻足观看。那位少年不断加大动作难度,当他从一个台阶上跳下来时,发生了失误,他没有落在他的滑板上,而是重重地摔在了地上!

驻足观看的人们纷纷倒吸一口冷气,也有人给他加油。那位少年从地上爬起来,双手叉腰,沉思片刻,然后抱起身旁的滑板又一次来到了出发点。此刻,对于刚才的失败,少年全然没有顾及,只见他前半段滑得十分顺利,让人看到了他的沉着和坚定的勇气,让人感到他的成功就在眼前。到最高处的台阶上了,他下蹲,展开双臂,弹起,就在着地的一刻,又一次重重地摔在地上。

这样连续几次后,围观的人群里有人发出了叹息声,当然也有鼓励的声音,更有一位老阿姨走上前说:"小伙子,不行就不要勉强了。"

"是啊,是啊。"也有人附和着。

直到我离开,那少年还在重复着一次又一次的失败。这甚至让我怀疑失败后一定会成功的定理。在这样温暖的春天里，这样的多次的失败，多少让人有点伤感。

两个月后，时节初夏，清晨，我带着书本来到社区的休闲广场。因为周末，人很多，无意间，这个滑板少年又一次出现在我眼前：他在人群里穿行，在有空间的地方不停地做着跳跃和各种高难度动作。

树的枝叶以完整的形态画在我的书本上，让人头晕目眩，我不经意抬起头，又是滑板上那个少年滑动的景象：突然，他飞身滑上了台阶，下蹲，弹起，张开双臂，像鹰的搏击一样，那滑板紧紧黏在他的双脚上，落下、落下，着地的瞬间，他的身体前倾，滑板带着他快速滑行了几米后，稳稳地停住了！

这次，几乎没有人注意他，也没有掌声。

但，这精彩的瞬间，却定格在了我眼里……

再见了,我的母校

岑乐宜

上海市市西初级中学　预初(4)班

　　上海市愚园路第一小学浅黄色的大拱门,带着浓浓的艺术气质,在空中划出一道优美的弧度。每天早晨一进校门,总能看见微笑着的护导老师和执勤队员,听见进校的同学们响亮的问好声。每当此刻,我总感觉心里暖呼呼的。

　　一进校门,映入眼帘的是右侧的雕像,这座名为"伴"的雕像刻画出一位慈祥的老师为学生打伞的样子,寓意老师陪伴着学生成长。而在这座雕像的背后是校长的寄语:"播撒希望,播种信仰。"这也正是校长对我们的期望。

　　穿过校门,往左走过那条由盛开的鲜花所簇拥的甬道,就到了旋转楼梯和东门前,东门进去正对着学校的大三角钢琴,这也是各个班级的钢琴爱好者的狂欢之地。每节课下课,那儿都会飘出美妙动听的曲子,时而婉转悠扬,时而刚劲有力。

　　旋转楼梯的上端是一个半圆形阳台。下课时,那儿总有三五成群的同学在聊天和嬉闹。进入教学楼左转后见到的第一间朝南的教室,就是我们班。从前门进入教室,可以看到里面一排排干净整洁的桌椅。目光掠过教室里一个个熟悉的座位,便可发现一块大黑板报展示在你的面前,上面张贴着同学们用心制作的小报以及大家齐心协力赢得的奖状。从后面观察整个教室，谁都会觉得它亲切无比，因为这个教室的每一个角落都蕴藏着这些年来我们点点滴滴的记忆。

  从教室的窗口可以俯瞰到一片不大的空地，它是我最喜欢的地方。那里人来人往，不时会传来阵阵欢声笑语。每当金秋时节，那里成片的桂花树的繁枝上总是缀满了小巧玲珑的淡黄色小花。花开时，我总会拉着好友一起沐浴在桂花的清馨中聊天。桂花的香泽，不算太浓烈，也不算太馥郁，却能在菁菁校园中芬芳四溢。下课走到树前闻一闻，能让我忘却上课时的疲倦，让我充满活力。

  母校，我成长的摇篮！在您的怀抱，我度过了五载甜蜜而难忘的时光。在我即将跨进市西初中的门槛之际，我不得不恋恋不舍地回眸与母校话别："再见了，母校！我一定会回来看您的。"

收　　获

孙敏琪

上海外国语大学附属外国语学校　初二(1)班

在我成长的过程中,收获着各式各样的"礼物",有亲情,有友谊,有知识,还有各种各样的道理。有一次,我收获了一个令我至今难忘的道理。

小时候,我的左眼弱视,当右眼朝远方看去的时候,我的左眼总是跟不上,导致总是看不清。妈妈发现后就上网查、电话问,还东奔西走,终于为我找到了一位名医。我现在还记得,她是个和蔼的老婆婆,一副听诊器挂在胸前,老花镜架在鼻梁下面。

"她左眼弱视,"妈妈对老医生说,"有什么办法能矫正吗?"老医生说:"不用吃药,你让她每天用红线穿针眼,记住,把右眼遮掉,每次五十针。"以后的每天里,妈妈都督促我:"快练穿针!"

第一天,我对这件事很好奇,用手拿起了针和红线,认认真真地穿了起来。一分钟,两分钟……半小时,我每一次的努力都以失败而告终。一开始,我并不在意,可是一个小时过去了,我却连一针也没有穿进去,急得妈妈在一旁不停地说我,我也急得一个劲地哭。第一天,我尝到了失败的滋味。

第二天,我和妈妈重整旗鼓,又开始研究我们的"穿针"计划。我尽量保持心情平静。在我和妈妈的共同努力下,我把线对准针眼,眯起眼,憋足气,一次两次,不是对不准针眼,就是线头软软地垂下来。妈妈说,你不把弱视治好,想变成独眼龙吗?"不,不要!"我狂喊,屏了一口气,继续!在家里的空气即将凝固的一刹那,终于把线穿进了针眼。我和妈妈还不大相信,只听爸爸喊:"线穿进去了!"我顿时像个被点燃的烟花,一蹦三尺高。有了成功的经验,我一鼓作气终于完成了五十次穿针,得到了妈妈的赞许,还被奖励了两集动画片。

接下来的几个月里,我天天练习,接连报捷,左眼很快就赶上了右眼。我终于拥有了一双明亮的眼睛。从这件事里,我收获了一个叫"坚持"的果实。我明白了,只有坚持,万事才能做得顺心如意。

指导老师卞轶慧点评:此文题材独特,以小见大。作者通过亲身经历的"穿针",把治弱视的过程写得极为生动。鲜活的细节中,蕴含着浓浓的亲情和坚持的可贵,令人感动。

浪 花

张彦杰

四川省万源市城南中学 初一（1）班

一件件往事记忆犹新，一幕幕场景历历在目，犹如人生天空中飘浮的片片彩云，每一片都是纯洁的；犹如人生长河上泛起的朵朵浪花，每一朵都是美丽的。

我依旧记得那是小学六年级的篮球比赛，因刚下过雨，地面仍有些小水坑，敌我双方势均力敌，经过白热化的拉锯战，先是以6∶6打平，我不得不承认我们遇到了劲敌！

"传球——"我吼道。糟了，敌方已有一人横到我面前，我的心猛颤了一下。突然，队友急中生智，实施"C计划"——把球传到我上空，我跳起来抓住球，在空中一挥，向篮框抛去，球进了。"哇——！"啦啦队欢呼了起来。我也不忘转过头，与给力的队友们分别隔空击了个掌。我们更加卖力，每个人脸上都是开心兴奋的，对手也遮掩不住无限的失望与懊悔。

可是，乐极生悲，就在我准备三步上篮时，没注意脚下正踏在水坑上，瞬间，球飞了，我也控制不住，脚一滑，倒在了地上。脚上的旧伤复发了，我被迫退了场。对手"死灰复燃"了，像一头头饿虎找到食物，双眸都亮了起来，脱外套的脱外套，撸袖子的撸袖子，摩拳擦掌。我像史铁生一样，极想狠狠地拍打两条可恨的腿。

唉,真是风水轮流转呀!对手的分数逐渐上升,我方分数像沉睡般一动不动。我敢说再也没有谁的心情能比我更焦急了。

"不行,我要上场!"我把手握成拳头,慢慢地站了起来,每走一步,受伤的脚就像万千根针刺伤的感觉。

"杰儿,你要干什么?"王老师跑了过来扶着我,满脸的着急。

"我要上场,我虽然蹦不起来,但我可以定点投篮!"我的话十分坚定,王老师也无法阻挡。"好吧!小心点啊!"

"嗯,我会的!"

我们已经落后了八分,我带着"复仇"的心上了场,对方一个队员小声对他们队长说:"队长,他又上来了!""一个'瘸子',又能掀起多大的浪。"我知道他是对我说的。我身上仿佛有一团熊熊烈火,或说一股煞气!哼!我不仅要掀,还要把你掀翻,我一个又一个二分,准得连我自己都无法相信!

糟糕,还差对方一分,可离比赛结束只有几秒了!

"投哇!"在关键时刻,我选择相信队友,让他投篮。只见他一个马桶式投篮,径直被对方一盖。唉,我脸一黑,十分沮丧。可万万没想到,竟然投进去了!我赞许地朝他看去,想不到他们挺有用的嘛!

我们一直都在成长,在这条路上,有喜悦,有踌躇,有悲伤,有无助……这些都是不可或缺的!

浪花

感觉美好

吴一帆

上海市松江九峰实验学校 九(1)班

  这个季节的时令菜品不少，我最喜欢蚕豆、竹笋等。有时候在单元楼里闻到炒蚕豆的味道，身体里就像有个馋虫在又叫又跳，嚷嚷非要吃蚕豆不可。于是，接下来一周的餐桌上都会有蚕豆。蚕豆用油炒过，一颗一颗浑圆饱满，别的什么配料也不放，就足以让人心醉。至于适时的嫩笋却是要搭配的。去菜场买来新鲜的小排，与冬天腌好的咸肉同煮，就是一锅腌笃鲜，真是要"鲜掉眉毛"哟，觉得人间至味不过如此。

  当下，用不着刻意地去赏花。马路旁、校园里抬眼一望，海棠花、樱花、桃花、梨花都不知从哪冒出来了。经过爱花朋友的指点，你方才恍然大悟，哦哦，这棵是海棠，那棵居然是桃花而不是樱花啊……只有白玉兰我不会认错，它是落了叶子长花，花落了长叶子。等到牡丹发、芍药开，花世界就更热闹了。而鸟世界的热闹似乎与花没有多少关系。鸟与蜜蜂不同，它们喜欢在树上热闹，每天似乎都能听见它们在楼前那几棵香樟树上嬉闹。与麻雀的忙碌一样，昆虫也出来觅食郊游了。什么生命都急着展现，谁都忙得不可开交。

  这也是放风筝的季节，虽说秋天也可以放，但毕竟是另一种心境，连英语课本的图片上都画着引发愁滋味的满地落叶呢。

放风筝颇需一些技巧，绝不能急的，升空的时间、力度都要抓得刚刚好，拉着风筝跑起来的时候一定要够快，不然自以为风筝已飞上天，风筝却直挺挺地躺在地上颠簸，于是只好再飞一次。而风筝飞不起来，有大半原因是风不配合。古诗也说："儿童散学归来早，忙趁东风放纸鸢。"

虽然天气多变，俗话说："春天孩儿面，一天变三变。"也许有些夸张，但变化快却是事实。前一天还紧裹着毛衣，第二天就热得受不了，第三天及以后又可能是阴雨绵绵，春雷滚滚。有一次觉得燥热，忍不住去买了一支冰淇淋解馋，却被一下凉到，也许是因为还不到吃冰淇淋的时候吧。

写到这里，忽然想到已经临近春季的尾巴，春天一忽儿就要过去了，想到夏天的蚊虫叮咬，闷热难耐，心中便不由自主地恋起春来。

"善"文化就在我们身边

叶偌宇

浙江省宁波市庄市中心学校　605班

六年前,我上小学了。牵着爸爸的手走进校园,一年级开学第一课,老师就告诉我们,庄市中心校是百年老校,走出了许多有名的校友。我们学校的校文化是"善"——要有善心,做善事。我记住了。时光荏苒,如今我已在庄市中心学校生活、学习了六年,六年里老师常常教育我们要学习乐善好施、勇于为善的精神。我们学校有一个大队部"失物招领站",很小但很有用。经常有粗心的同学遗失物品,很多都能在这里重新找回。有一次,我的校牌掉了,我找遍了去过的地方,都没有找到。校牌里面还有我的饭卡,要是找不到,可怎么办?我去大队部碰碰运气,当我走进办公室,只见失物被细心地分类:钥匙、校牌、书籍、卡片、学习用品等,它们就像一个个等待认领的孩子,被整齐地放在一个个箱子里。我一眼就看到了我的校牌。每当领回自己的失物,我想很多同学也会和我一样,对那些互不相识的、捡到东西的同学们充满了感激之情,他们的善心深深地打动着我们。

每一天,校门口总会有一群穿着红色马甲的护苗队志愿者,无论春夏秋冬、阴晴雨雪,他们都雷打不动地出现在校门口。护苗队成员由每个班级的家长志愿者组成,每当上学、放学时间,他们就如一个个"马路天使",悉心地守护着同学们安全进出校园。一天天、一月月、一年年……他们默默地奉献着他们的爱心,滋润着每一位同学的心田。

  我想起了最近学校为一对患有恶性疾病的姐妹募捐的事。病魔无情人有情,看到爱心捐款倡议书后,我回家敲开了储蓄罐,倒出了我存了几年的压岁钱,要拿到学校去捐掉。妈妈说,留一点吧,说不定你要用。我想了又想,说,救人一命胜造七级浮屠,还是捐掉了。全校师生都积极响应,纷纷拿出自己的零花钱捐款,很快就筹集到二十多万善款。全校师生帮助生病的同学渡过难关、走出困境,其中也有我的一份心意。我们用善心点亮了生命之火。

  每天上学、放学,我都记着我们学校的校风——博爱和善举。庄校学子将继续把"善文化"发扬光大,从小事做起,尽力去帮人。做个好人,真快乐!

"进宝"来到我家乡

陈嘉烨

上海市上南实验小学　五(2)班

  我的家在上海,这是一个美丽、文明、海纳百川、科技十分发达的城市。它吸引着世界各地的目光。这不,连"进宝"都坐不住了,它在二〇一八年的秋天蹦蹦跳跳地来到了这里。"进宝"——中国上海国际进口博览会的吉祥物,那是一只憨态可掬的大熊猫,它手握一片象征幸运的四叶草,戴一条黄蓝相间的围巾,雪白的T恤衫上还印着世界进口博览会的英文缩写"CIIE"。那双圆溜溜的眼睛一眨一眨的,十分惹人喜爱!只见它挥舞着双手,微笑着向我们走来。"'进宝'来啦!'进宝'来啦!"

  同学们笑着,喊着,跑进了教室。老师问:"为了迎接'进宝'的到来,我们该做些什么呢?"同学们大声地回答:"出一期迎'进博'的黑板报呗!"这下,教室里可热闹了,只要下课铃声一响,同学们不再像以前那样,跑进跑出地玩耍了,而是三五成群来到教室后面的黑板前,把原本就不太宽敞的后排挤得水泄不通。大伙儿议论纷纷,有的抓着头皮说:"我们画什么好呢?"有的说:"不如写个'欢迎进博会吧!'用空心字最好看!"还有的说:"要不再画个'进宝'? 它可是'进口博览会'的吉祥物呢!"于是,大家争先恐后地涌到黑板边,抢着拿粉笔。老师说:"大家别急,人人有份,排好队,一个一个画。"我们听了,依着次序,井井有条地勾勒出每个人对"进宝"和进口博览会的美好向往。终于轮到我了,我拿起白色粉笔勾画出一个"进宝"的轮廓,再用彩色粉笔认真地涂色,不一会儿一个栩栩如生的"进宝"就诞生了!大家纷纷称赞:"小胖画的'进宝'好神气哦!跟他一样,胖嘟嘟的。""这个'进宝'的色彩可真鲜艳,美极了!"听着大家的夸奖,我的心里甜滋滋的。

　　"进宝"来到了我的家乡,我们张开双臂拥抱它!

最令我难忘的一句名言

丁琬珈

上海市虹桥中心小学 五(5)班

"宝剑锋从磨砺出,梅花香自苦寒来。"这是《警世贤文》中的一句话,也是令我难忘的一句名言!

从我六岁起,妈妈就带我到中国福利会少年宫学习书法,教书法的程老师要求我们要天天回家练习。可小时候的我不懂为什么要练字,总觉得这黑白世界太枯燥!于是,我每天待在这黑白世界里"忍受煎熬",这世界里既没有儿童画的五颜六色,又没有舞蹈的绚丽多姿,在妈妈的"逼迫"下,我勉强坚持了下来,唯一让我感到有点好奇、有点好玩的是眼泪滴落在练习纸上、遇到墨汁洇开的那一刹那……

就这样,年复一年,自大班至今不知不觉已经历了五个年头。

今年,为了参加"纪念改革开放四十周年二〇一八青少年书法比赛",我开始准备投稿作品。因为最近接触了褚遂良的字体,拿着字帖临过一些,觉得自己写得还是蛮好的,我就信心满满地要用我刚开始练习不久的褚字来书写参赛作品。平时单独的几个字写得还不错,但当我完成一整幅作品后,一看,自己都傻眼了……结构大小不一、笔画粗细不同,这可是我花了整整四个小时的成果啊!怎么会失败呢!难道还要重新写吗?委屈的泪水在眼眶里打转。程老师语重心长地对我说:"珈珈,练字如练人,只要你坚持就一定能有收获!'宝剑锋从磨砺出,梅花香自苦寒来。'临帖创作相结合,程老师相信你一定行的!"有了程老师的支持和鼓励,我信心倍增!我每天练字三个小时,一天临习《褚遂良阴符经》,一天创作参赛作品,终于将满意的作品写了出来!功夫不负有心人,我获得了最高奖项!还非常荣幸地在颁奖仪式上作为学生代表发了言,向在场的老师和同学们分享了我的学书历程和感想。我兴奋激动的心情久久不能平静……

当天晚上,万籁寂静,我倚窗翻阅《青少年书法》杂志。偶尔一朵雪花从窗外飘了进来,飘落在我手捧的杂志上,窗外悠悠地传来古琴《梅花三弄》的优美曲调,我似乎看见了傲雪吐艳的梅花在寒风中挺立着。隋代书法家智永四十年练字不下楼,王献之写尽十八缸水,张芝临池池水尽黑的精神顿时在音乐声中显现,我要把"宝剑锋从磨砺出,梅花香自苦寒来"作为我的座右铭,只有坚持不懈,才能收获成功!

(指导老师:程峰)

我喜欢的季节

曲中乐
上海市愚园路第一小学　四(5)班

虽然现在是初春,但我最喜欢的季节还是夏天。这是一个能带给你不一样感受的季节。

春天万物复苏、生机勃勃,但是在夏天,万物"疯"长,生命力才显得更厚、更实、更浓烈。就说说小草吧,春天草坪还斑斑黄黄的,要仔细看才能看到小草努力冒出的嫩芽。可到夏天就完全不一样了,草坪就像一块厚厚的、软软的、织得密密的墨绿色地毯。而大树也长满了茂密的叶子,宛如一把大太阳伞。出门在外、走得太热的人们,到"伞"下站一会儿,一丝凉意便油然而生。

夏天的雨也很有特点。它不像春天的雨,淅淅沥沥下个不停,令人生厌;又不似冬雨,冷得钻人骨髓,让人难以承受。盛夏时节,往往在"暴晒"了几天后,天空突然下起雨来。豆大的雨点急吼吼地摔到地上,碎成几瓣,又跳起来,让人不禁想起"白雨跳珠乱入船"的诗句。这为炎炎夏日平添了几分诗意。而正被烈日炙烤得无精打采的花草,又挺胸抬头,迎接这"及时雨"的洗礼,贪婪地吮着甘露。

夏天的早晨,太阳醒得早,我也醒得很早。约摸六点钟,我呆坐在窗台,看着金亮柔软的阳光泄进窗口。窗外,棕榈树伸展着腰肢，樟树上的鸟儿婉转啼唱，远处的知了也不甘寂寞地应和着。这和谐宁静的场景让人暂时忘却了所有的烦恼。

夏天，即使不出门安静地待在家里，吹吹空调，吃根冰棒，静静地听着《宁夏》，看着《时间的形状》，也是一种难以名状的享受。

# 三、人物素描

我 演 周 恩 来

杜雨宸

上海市澄衷高级中学　高一(5)班

叶老师任编剧的红色戏剧系列之四《黎明之前》演出那天，市委宣传部、区委、报业集团领导都来看这部高中生主演的戏，给了我们大大的惊喜，参与其中的我心里充满暖意。

还记得等待面试的忐忑，听说要我们去排部大戏的惊愕，我从没想到在短短一个月里，这陌生的一切竟会变得如此美丽。

开始并不有趣，内向的我羞于攀谈，只好默默坐着。我对那段历史知之甚少，正是这片空白，使剧本里高度浓缩、艺术加工过的人和事变得格外鲜明。我一遍遍读着剧本，小心翼翼地探索着戏中人。没想到老师决定由我扮演周恩来，我这个对戏剧一窍不通的白丁，居然要去演主角！这个招待来访的同志，桌上只有清茶和花生的总理，我能演好么？我把台词背得滚瓜烂熟，对情绪的把握也有了设想。可我明白，仅仅这样是不够的。看着周恩来的肖像，我惴惴不安。

剧组有个被大家称为"前辈"的同学，他已演了三部大戏。他演的李白被导演赞为专业水平。可他告诉我，刚来时和我一样上高一，不会与人交流，连话都不敢说。他带我去李白故居，去思南书局……我看到痴迷于戏剧之后的他完全变了，演瞿秋白、李白，赋予了他不凡的气质。我懂得了只要努力，就能战胜自己。

  我生涩的表演曾令人失望，是导演反复示范，不厌其烦地指导我每一个细节，使我理解了戏背后的深意。后来当我拿着电报忽地站起，都会有无形的警笛声传进耳畔。我这个扭扭捏捏的"沙团"终于被捏出了形态，只是还未"活"过来。叶老师为我解惑，告诉我要走进角色内心，她说周恩来不仅是伟人，还是有血有肉有感情的人。她带我参观宋庆龄故居，我不懂，演周恩来为什么要去看宋庆龄故居。当我们穿行在洋房与古木之间，我似乎触摸到历史的厚重，我才明白老师的良苦用心。

  在展柜里，我看到总理写给宋庆龄的一封英文信，字里行间透露着他热烈的革命激情和对宋庆龄的尊敬。我仿佛听见他深沉有力的嗓音与亲切的口吻。结尾"Sincerely yours"的下方，大大地签着"周恩来"三个字，细而有力的锋脚与"来"字潇洒的收尾令人赞叹。看着打字机打成的英文字母，我忽然觉得这三个字十分熟悉。它仿佛在说："我来了，我的确来了。那就是我，周恩来。中国的解放也要来了，在这洋文之间，我们中国字的笔画能撑起一片天。"那个签名如今留在我手机里。也许这种感觉难以表述，但就如浑沌之中出现了一缕霞光，我豁然开朗，就在这一刻，我真真切切地走进了周恩来，我"活"了。

  剧组多彩的生活细数不尽，最难忘的是几位良师。他们对理想的不懈追求，让四十个和我一样的学生深深感动。在纪念周恩来诞辰一百二十周年之际，我们用一部大戏向他致敬。最终，在近千双眼睛前，大幕拉开，我稳稳地站在舞台中央，接过了"邓颖超"手中的电报……在如潮的掌声中，我与周恩来融成了一体，我们真的创造了奇迹。

轮椅上的芭蕾

吕思语

北京市第 171 中学　初三(8)班

　　短短的头发,清秀的面孔,让我一见面就喜欢上她,想教她跳舞。但是,她几乎不会说话,也不能正常行走,因为,她是一位脑瘫患者。

　　盛夏时节,我随着舞蹈团去了京郊的一个脑瘫康复中心,我们的任务,就是和那里的孩子共同完成一支舞蹈。但是,只有当我真正走进康复中心,我才发现那是一个几乎不可能完成的任务。那里的孩子看似和常人无异,却只能被禁锢在轮椅上。那里的医师说,他们中恢复得好的,会说简单的话语,恢复得不好的,就只能用肢体表达他们的意愿……我听了心中不由得酸涩起来。

　　那个清秀的女孩,我真的被老师指定教她跳舞了。因为无法进行语言沟通,所以我并不知道这个女孩的名字,走近了,看到她的眼睛很美,似乎带着一些灵气。见我站在她面前,她总是在轮椅上扭来扭去,动作很是夸张,可能因为内心十分兴奋吧。"手位是这样摆的……"我在她面前做出一个标准的一位手,却见她笨拙地模仿,怎么也做不好,我说着,比画着,帮她摆动作,只是她的表情失落极了。怎么办?我试着站在轮椅后环住她,对着镜子帮她摆手位,一个,两个……七个芭蕾手位,镜子中的她突然笑了,无声,却让我觉得她的笑容就好像是夏雨过后悄然绽放的睡莲,美丽可爱。"好……看,……好看……"她说话了,一种成就感在我心中油然而生。

我继续教动作,这时她的妈妈也过来了,妈妈是不是从来也没见过女儿跳舞?一切似乎顺利了很多,但有一刻她的面部突然变得很痛苦,双手在空中失控地挥舞,她的妈妈立刻冲上来,握了握孩子的手,动作迅速地给她喂下几片花花绿绿的药,"对不起,对不起,吃了药就好了……"她妈妈一边给她喂药,一边给我道歉,在那一刻,清秀女孩痛苦的面孔,让我无法忘却。

晚上的舞会如期进行,我们这些小演员如往常在舞台一样,旋转,大跳,托举,碎步,灵动的足尖伴随着悠长的旋律,勾画出朵朵并开的花儿。但比我们更耀眼的,却是那些脑瘫儿童用手指指尖摆出的一个个舞姿。他们都只是静静地坐在轮椅上,摆出简单的手位,但这已经足够了,他们已经舞出了生命的奇迹!台下的家长、护理人员等并不多,但无一例外,他们的表情都很惊叹,是惊叹这特殊的芭蕾,惊叹这特别的生命力吧!我继续旋转,旋转,眼前的光晕散去,只剩下我们,他们,以及那生命之光。

那场景已经过去几个月了,也许,对于他们来说,生命的美好仅仅在于完成几组简单的芭蕾手位,而对于我们来说,却从中感受到很多很多。生命虽微小,却也能孕育伟大;生命虽脆弱,却也能成就坚毅。我曾遗憾没有问问那个女孩的名字,现在想想,其实她的名字并不重要,这些对于生命的思考,才是最值得我铭记于心的。

我真的难以忘记那轮椅上的芭蕾,它让我更去爱这个世界,更去全心享受生命的美好。

外婆的桑葚干

郑 毅

福建省泉州市永春鹏翔中学 六(1)班

外婆家临水,后院那棵桑葚长得很好,每年初夏,外婆都会送来紫黑香甜的桑葚,她知道我喜欢吃这东西,所以每次都会送很多,让我大饱口福。

记得有一年,又到桑葚成熟季,我迫不及待地来到外婆家。外婆说今天的桑葚还有些硬,过两天摘会更甜些。这时天空突然乌云密布,刮起了大风又下起了暴雨。桑葚树在狂风暴雨中摇来摇去,果子也被吹走了,只剩下那些还没红透的小果,桑葚树的枝干也被吹裂了,果子估计活不成了。过了一会儿,雨小了些,外婆冒着雨,眯着眼,用枯瘦的手指摘下那所剩不多的桑葚,很小心地捧在手心里,摇摇头,眼睛红润:"你的桑葚没了,只剩下这些,吃不了,去晒干吧……"外婆像是很自责。

外婆把这些"小宝贝"洗干净了,放到了锅里加入清水和冰糖慢慢地煮,其间要不断地翻搅,以防粘锅,等水快煮干时再加入蜂蜜收汁。这时外婆擦了擦额头上的汗水:"桑葚干只是半成品,还需要一道工序,那就是晒,那得等有太阳,今天你是吃不成了,下星期再来找我吧。"

一星期后,我一去外婆家,外婆就急冲冲地赶出来,向我招手,苍老的脸上布满了激动的神情:"快进来吧,果干做成了。"我立刻下车，跑到后院，我惊呆了，就那么一点点？一个个小小的个头，却晶莹结实，还散发着阳光、蜂蜜和桑葚自有的香味。我取出一个，尝了尝，又酸又甜。此时，我尝出了一种说不出的滋味，虽然数量少得可怜，但它的味道却和往年不一样。

  我边吃边想：外婆完全可以明年再给我吃桑葚，但她不想让我怀着希望来，抱着失望归，为了让我吃上好吃的东西，费尽心血把吃不了的果子晒成美味的果干。

  我尝着尝着，尝出了一种很甜的味道，这种味道叫亲情。从每颗果干上，都可以看出外婆对我的关心和爱。一种摸不到的亲情，在这捧果干上体现得淋漓尽致。原因只有一个——外婆疼我。

窗外静悄悄

朱瑜淇

上海市进才中学北校　初三(6)班

夜晚,窗外静悄悄,深黑的幕布笼罩着整个城市,充满着神秘。入冬后,每个挑灯夜战题海的深夜,当我头脑发胀趴在书桌上小憩的片刻,总有一阵清脆的银铃声,似有似无地作响,如流水般准时又准确地流入我临街的窗口,特有的金属声在夜空里时而清晰时而模糊。

刚开始,我好奇着:"谁会在深夜摇响风铃?日复一日地不间断,到底代表了什么呢?"这风铃声在我心中回响,弄得我心痒痒。终于,在一个夜晚,当熟悉的声音再次拨动心弦时,我欣然起身,去一探究竟。

那风铃仿佛有穿透一切的力量,在冬夜清冽的空气中清晰地传扬开。我加快脚步紧追着,生怕走失了忽隐忽现的铃声。匆匆走进一个弄堂,不远处,亮着一盏竹编的灯,"粥"字的灯箱在黑夜里格外显眼,莫名就有了一股暖意。粥店,那也是声音的来源。走到跟前,一只暗黄的铜风铃高高地悬挂在小店的门沿上,正有客人离开,一位阿姨轻轻扯了扯铃铛的绳子,混着风声和粥铺上冒出的奶白色的雾气,清脆的声响源源流出。粥店中的阿姨抬眼看见匆匆赶来的我,眉眼弯弯地笑,问道:"妹妹要吃什么粥?"话语中夹杂着浓浓的上海口音。那神情,就像隔壁邻居阿姨一般亲切。我边坐下边看着这不足二十平米的店铺。店小但很简洁,深夜顾客倒不算少。不一会儿,我要的粥来了,是紫糯色的红豆莲子粥,莲子一颗颗白白嫩嫩地躺在烟青色瓷碗里,被暖暖地裹在粥里,若隐若现。胖糯的红豆和紫米乖巧玲珑地掺杂在莲子旁,红白相间。刚出炉的暖气肆无忌惮地往上蹿出,模糊了我的视线,暖意徐徐注入我的心窝。

我问阿姨店铺头上为什么悬挂着风铃,她看着锅里用时间静静熬着的粥,简单地回答道:"就想让这铃声代表我向顾客说感谢呀!"原来这只是一个信号,它将店家的感恩从铃声中带给那些顾客,而我从铃声中想到的是粥的香糯,就像我们听见爆米花爆开时,就看见了那独具香气的象牙白色的花。"还因为这铃的声音不会吵醒熟睡的人,它只会唤来老顾客。"阿姨舀起一碗粥补充道。风铃仍只身挂在高处,每有顾客离去,它就清脆地欢唱,又静静地摇晃。粥暖暖甜甜,入人心。吃完粥,我在铃声中与阿姨道别,"阿姨,你家的粥非常好吃,谢谢!"阿姨回应的是和粥一样清甜温暖的微笑。

阿姨就这样忙碌在社会的角落,她很平凡,但她卖的粥和风铃,对吃粥的人来说,都是生活里的一部分。这样静静地存在着,也有它独有的美。

从此,每天夜里,窗外静悄悄,"丁零丁零……"铃声响起,我就会想起粥店阿姨温暖的微笑,那场美丽的相遇。

"神医"苏小胖

王伯韬

山东大学附属中学 2017级（12）班

苏小胖本名苏荣冰，山东菏泽人，能文能武，打乒乓菏泽无人能敌，论学习数一数二，乃奇才一位！所谓苏小胖，与苏小妹仅一字之差，却万般不同。

他可谓人矮肚大，手胖脸圆，眉毛上扬，眼小如豆，一身黑衣、黑鞋配墨镜，颇有黑社会老大之气。而他讲起话来更是"短促有趣回味无穷"，逢人伤心处，讲起话来更是幽默风趣，红唇皓齿，口舌伶俐。他这一说，所有人顿时皆大欢喜。而如此一活宝，更是为紧张的英语演讲比赛，解忧解愁。

今年的"外研社杯"比赛，叱咤风云，全国各路人马，会师北京。山东高中，选手数不胜数；而山东初中，仅小胖和我两人参赛。小胖虽被家长逼迫，无奈参赛，但却为我一大好友。

苏小胖严重偏科，英语极差，却混迹天涯，来到全国总决赛的赛场与强手切磋比试英语，仅因为菏泽只一人报名，乃小胖是也。初次相遇，各不相识，互为舍友，最终志同道合。

苏小胖英语不好，但是"套路"却是不少，自从我们在候考室备考，小胖的嘴就像机关枪一样，还没来得及预热，便"突突突"说个不停，像个大人似的教我如何才能不紧张，做到演讲时拿高分：什么看不懂题目或比赛时看到裁判皱眉头就换思路，最后肯定能试对答案；什么忘词儿了就要装作自己咳嗽，不至于太尴尬；还有全程一定要看着裁判的脸色办事……虽然一条条都是馊主意，但是却把我搞得啼笑皆非，顿时忘了很快就要到自己比赛了，扑扑跳的小心脏也顿时慢了下来。经过苏小胖这个"神医"的一个疗程，我直到走出了赛场，坐到座位上才有些紧张，旁听我们的带队老师还告诉我，我的表现很冷静沉着，一点儿都看不出紧张，肯定能拿高分。走进了候考室，一屁股瘫坐在椅子上，还没来得及给苏小胖"颁发锦旗"，没想到他的嘴又是最先发动起来的，一次又一次地问我考试难不难，该怎么表现才能拿高分，我看着小胖叫我别紧张，他反而又紧张了起来，无奈地笑了笑，不遗余力地给小胖传授起了自己的经验。就这样，他陪着我走过了整整一天半，候考室里的空气虽然沉闷，但是我在"神医"小胖引人入胜的个人故事中，也气定神闲，仿佛突然换了一个人。当晋级名单贴出来后，他激动地冲了过来，我还以为他稳稳晋级了，谁知他却告诉我，他没进淘汰赛，但我以优异的成绩取得了资格。

  第二天淘汰赛，我也始终和小胖聊着天，度过了一上午。中午轮到我演讲时，我超常发挥，小胖则在旁边老老实实地给我拎着包，朝我使劲点头。

  后来，我虽然没有晋级前三，但是却早已超出了我的预期，难道小胖的话真的有魔力吗？难道小胖自信的表情带给了我力量？难道小胖真是一位"神医"？尽管我和他已经相处了整整一周的时间，却仿佛越来越不了解他了！最后一天早上，他怕吵醒我，便没有跟我打招呼，匆匆去看了冠军争夺赛，而我也不敢耽误乘坐火车回家，没有来得及跟他道别，也许这是我此行最大的遗憾吧。而我始终忘不了的，是他那妙语连珠的口舌，对症下药的良策，还有那永远难忘的喜悦的面容……

这个寒假有你

周天喻

上海市格致初级中学　初一（2）班

经过了七八次短暂的培训,这个寒假的第九天,我参加了国际象棋四升三升级赛。

当我翻开沉睡已久的比赛证书时,我发现在四级证书上写着"二〇一三年三月十四日",我已经丢下国际象棋整整五年了!只经过一个月的恢复性对练,我能够升到三级吗?

比赛当天,妈妈陪我来到了赛场——位于老西门的梅溪小学。一进校门,我就看见一群比自己矮一个头的小学生在操场上乱跑,年龄相仿的没有几个。到了休息室,里面已经座无虚席,到处都是孩子和家长。我暗自提醒自己,可不要小瞧他们,年龄小但不代表水平差,在棋盘上也许会让你大吃一惊呢!在不知道对手实力的情况下,我应该非常谨慎。

第一场比赛开始,我坐在了指定的棋盘前等待对手。只见一个戴着黑框眼镜的男孩拉开我对面的椅子坐了下来,对手来了。我选用了我最熟悉的西西里开局,企图快速抢占中心位,对手也不甘示弱,调动了双马双象来进行防御。我每下一步棋都很犹豫,生怕对手看出了漏洞。到了中局,双方各有得失,我瞄准了对手的马发起进攻,使对手产生了一对重叠兵。我的信心猛地提了起来,把主攻手——皇后,调遣了出来,直逼向对方的王。可是对手没有显示出一丝的慌乱,他用强势的堡垒象准备反击。似乎胜利就在眼前,可是对方顽强的防御让我无从下手。我借着之前获得的优势,与对手开始进行兑子。残局对弈时,我比对手多了一车两兵。对手却仍然不服输,利用单车保护王。我则兵升格变后,一举杀死了王。我赢了!对手苦笑地将棋子摆好。裁判老师在我的升级卡上写上了一分,距离升级还差三分。我欣喜若狂地向妈妈汇报战况,妈妈微笑地点了点头,鼓励我说:"你在下棋上就是一名考试型选手,每次重要的比赛都能够超水平发挥,继续加油!"

　　有了妈妈的鼓励,我斗志昂扬,在第二盘发挥得更出色,最后对手只剩下孤零零的单王,而我还有两兵一后,占绝对优势。我心中暗自得意的时候,对手兴奋地拍案而起:"逼和!"——我这才想起来,这是国际象棋的一项规则:王没有被将军,但却无路可走,就可以和棋。我气愤极了,自己居然把一盘百分百赢的棋下成了和棋,只能得半分。休息时我努力调整自己的情绪,告诫自己千万不要得意忘形。就这样,我再次回到平静的心态,将第三局的胜利夺了回来。妈妈已经为我准备了方便面和饮料,还向教我国际象棋的李老师汇报了我的成绩。她笑着对我说:"毕竟长大了,你的心理素质比小时候强多了。而象棋除了实力就是要靠这种沉着冷静的心理取胜的。"

　　第四盘我遇到了一个实力相当的对手,快走到残局时,双方仍旧势均力敌,分不出胜负,我们达成默契,和棋。

　　现在,我已经拿到了三分。成功晋级需要四分的积分。所以,下一局,我必须要赢!

　　决斗开始了,双方的兵马争先恐后地向棋盘中心进攻。我不慌不忙地王车易位,确保王的安全。对手则抢先进攻,想要利用象来牵制我的马。我很急切地想要战胜对手,但我也同时清楚对手渴望击败我,还是得保持冷静,必须要抓住对手的心理弱点。我发现对手每下一步棋落子的声音很重,似乎在掩饰内心的紧张,这种情况下,我反倒放松了,全力集中在六十四格的棋盘上。李老师上课讲的所有战略要点全部都浮现在了我的脑海里。时机终于来临了,对手的皇后和象都在我马的进攻范围内,反复地检验后,我成功捉双,赚得了一象。此时,对手已无心恋战,频频出错,对抗了四十分钟左右终于认输了。

  我晋级了!妈妈欣慰地递给了我考级证书,说:"我就知道你能行的,快去敲章吧!"一枚红色印章敲在了证书上,我很满意,平静地欣赏着那枚印章。

  谢谢你,国际象棋,这个寒假有你,不仅让我快乐,更让我拥有了必须通过实战才能获得的心理护盾。

成长路上,有你相伴

杨蕙嘉

上海市进才实验中学　初二(2)班

品着茶,倚着那张罗汉床,我不禁想起了你——我亲爱的外公。

我习惯用"你"称谓"您",这样显得更亲近些。早起,洗漱过后,我总爱喝茶,坐在罗汉床上闭目养神,你也同样,家中人皆在睡梦中时,唯你我独醒。那时我大约也只有五六岁吧,而你已到了"从心所欲不逾矩"的年纪了。但你的精神还是那样好,总笑呵呵地对我说声:"起床啦!又起这么早,我先去买菜,过会儿帮我开门啊!"就理理衣服,以一种公鸡般得意的样子出门了。不久后又拎着两大袋子的菜回来了,我赶紧帮你开门,又要帮你接过那两袋子的菜,你不肯让我拿,说:"你拎了那么重东西个子可是会缩短的!"我装作被你吓到的样子逃了。你把菜放到桌上,又开始烧早饭,我怕火,又很好奇,总是躲在门后看着。现在想来,家中的各种家务本有阿姨来负责,可你总是抢着自己干,我也真是替你的身体担心。

那时我早已识字,可你却总要细心地制作许多长方形卡片,写上字,放在盒子里,叫我识字,我说我已经会了,可你却对我说,要我多复习,不然会忘的。

我经常听外婆讲起你学习、工作时的事,外婆时常把床底下的大箱子拖出来，打开箱子，给我讲述你得到的那些奖状，而你却从不对我提起这些事情。我问你，你也从不显得得意洋洋，不过你却总向我炫耀你的腿脚好，走得动路，爬得动楼梯。

最近又听外婆讲起你，讲起你以前的那些事来，说你在别人眼里总是很好，其实总有点不正经，干不了什么大事，外婆虽这样说，不过表情却显得格外的温和、幸福。我总觉得你一直陪伴在我们的身边，一直都给我们带来幸福与快乐。

唉，"树欲静而风不止，子欲养而亲不待"。不过九年来，成长路上，有你相伴，甚幸。你永远在我心中，永远在我碰到挫折困难的时候，以以往那种早晨出门买菜时公鸡般得意的姿态来鼓励我。

那难以忘怀的味道

朱云昊

上海市三新学校　七(4)班

翻开记忆的相册,那份难以忘怀的味道仿佛还萦绕在唇边。

记得我五六岁的时候,是在乡下和爷爷奶奶以及曾祖父一起生活的,我经常吵着爷爷去买鱼,因为曾祖父做的红烧鱼味道实在太好了。每次爷爷把烧好的鱼端上桌,闻着那诱人的味道,我的口水已经忍不住流下来了,小手抓着凳子,撅着屁股,一个劲地想往上爬,因为那是我最爱吃的,外面色泽红润,里面肉质鲜嫩。渐渐地,我长大了,离开乡下去城里上学了。刚到城里时,我总会想起曾祖父做的红烧鱼,有时在梦里都会忍不住流下口水来。后来的很长一段时间里,我再也没有吃到曾祖父做的鱼,加上学习紧张,渐渐地,也似乎有点淡忘了。

"这鱼,哪来的?"直到有一天,我又看到家里的餐桌上,有一条热腾腾的红烧鱼,心里充满了疑惑,于是便问妈妈。

"这是你乡下曾祖父做的,他知道你好久没吃到他做的鱼了,肯定想了,特地叫你爷爷送来的。"妈妈说着,眼里闪过一丝让人心里一暖的光亮。

我拿起筷子,夹起一小块鱼,边嚼边念叨:"味道没变,还是和以前一样好吃,曾祖父对我真是太好了。"从那以后,我又能经常吃到曾祖父做的鱼了。那美妙的味道,似乎有一种魔力,在我成长的每一个日子里,给了我爱的温暖和奋发的力量。

几年时光,一晃而过。转眼,我就五年级了。那年暑假,我从父母那里得知曾祖父病了,需要人照顾。那天,他们让我独自在家,好好睡觉。躺在床上,我心乱如麻,怎么也放心不下。

隔日,父母接我去看曾祖父。只见曾祖父已经病倒在床上,也许是好久没看到他了,突然觉得他老了很多,瘦黄的脸让人心疼,躺在床上,被子下面的他干瘪得像一截枯木,但目光依旧慈祥,环顾着周围的亲人。当他看到我的时候,目光停住了,就那么,看着我……

我越来越担心曾祖父的身体,父母为了安慰我,总是对我说,放心吧,会慢慢好起来的。但我的心,总是悬着。

现实终究是残忍的,没过多久,曾祖父就离开了我们。我的心仿佛被针扎一样,一针接着一针。我默默躲在房间里,整个人无比痛苦,忧伤像潮水一样,漫上心坎。

后来,好几次再吃到红烧鱼时,记忆中不断闪现出我在乡下顽皮奔跑的样子,曾祖父拄着拐杖,乐呵呵地站在我的跟前,看着我……一想到这些,眼泪在眼眶中打着转,终是忍不住,落了下来。

我多么想再次尝尝曾祖父做的红烧鱼,这是我在他墓前说的最后一句话。可是我知道,他太累了,去了一个可以享乐的安静世界。而我,再也无法吃到那魂牵梦萦的红烧鱼了。

再见了,那难以忘怀的味道!

再见了,曾祖父!

晚　　归

马力媛

上海市西南模范中学　六（2）班

　　夜渐渐深了，我这才意识到时间不早了，匆匆告别了朋友们，飞奔着向家中赶去……

　　今天刚考完月考，同学们都松了一口气，神采飞扬地与各自的友人商量去哪里玩。我自然也不例外，约了五六个要好的姐妹放了学一起吃饭、逛街、去游乐场、去电影院。只是因早上上学走得匆忙，忘了拿手机和家门的钥匙，没办法告诉奶奶我今天回家会晚些，奶奶平常睡得早，七八点钟就歇下了，只要赶在这之前回家便好了。于是，我放心地与友人畅玩起来。

　　谁知无意中一瞥友人手机上的时间，竟已经十点多钟！这么晚了，奶奶肯定睡了，还会把门锁上，那样可就糟了，我就只能住宾馆或者睡在大门口了……我心想着，脚步又加快了些。快到家了，远远地我看见家门口好像有一丝微弱的灯光——太好了！奶奶估计是在看电视没有睡觉吧！

　　到了门口，我试探性地拉了拉门把手，不想，门竟是微微开着一条缝虚掩着的，奶奶真是老了，门都忘了锁？我走进家门，"啪"地打开客厅的电灯，看到了坐在沙发上的奶奶。她大概本来是在沙发上睡着了，听到声响，猛然醒来。

　　"回来了，饭菜在桌子上，我去给你热——"奶奶说着便端起盘子准备热菜。

"不用了,奶奶,我在外面吃过了。"

奶奶的手颤了颤:"哦,那我先热上吃点,给你留些,你要是饿了再吃。"奶奶竟没吃晚饭!奶奶放下盘子,摸了摸我的额头:"今天怎么回来这么晚啊……我都等急了,还以为你出了什么事情,以后还是早点回家吧!"

原来奶奶那虚掩着的门,竟是留给我的!

我自幼跟奶奶住,父母每天忙工作,没有时间管我,奶奶便是这世上最关爱我的人。记忆的阀门突然被打开,我想起了奶奶照顾我的种种:我睡觉不好,奶奶每天晚上来给我盖被子;夏天空调坏了,奶奶给我扇了一整晚的扇子……

那一夜晚归,让我体会到了奶奶那份浓浓的爱。

这正是:祖母门虚掩,晚归就方便。等我共进餐,心中泪涟涟。

外婆的红烧肉

陆佳骏

上海音乐学院实验学校 初三(3)班

美食往往是心中最好的回忆,也必将长远地留存于记忆之中。

——题记

前些日子,我偶然在书中读到,苏东坡任杭州知州时,因组织民工疏浚西湖而造福一方。过年时大伙知道他爱吃猪肉,抬猪担酒给苏东坡拜年。苏东坡指点家人,用他特有的烹饪方法烧成红烧肉,分送给疏浚西湖的民工吃。大家吃后无不称奇,把这肉亲切地称为"东坡肉",又称红烧肉。读此,我不禁回忆起小时候外婆家那鲜美多汁的红烧肉。

依稀记得小时候,在外婆家最期待的事情就是站在门口,目光越过山梁,看着外公的身影一点一点靠近,手上拎着一块刚从村口肉店买来的五花肉。我飞跑过去,接过肉交给外婆,要外婆烧最拿手的红烧肉。

外婆将肉刮洗干净,切成一寸大小的正方形肉块。放在沸水锅内煮一会儿,再取出洗净。然后取大砂锅一只,用竹箅子垫底,先铺上葱,放入姜块,再将猪肉皮面朝下整齐地排在上面,加入冰糖、酱油、黄酒,最后加入葱结,盖上锅盖,封住砂锅边缘,旺火烧开后用微火焖酥,撇去油,将肉皮面朝上装入家传的陶罐中,放进蒸笼,先用旺火把水烧开,再用微火把肉焖至酥透。

我坐在椅子上,目光紧盯着在厨房里忙碌的外婆。诱人的肉香和锅内的蒸汽不可阻挡地溢出来。我不争气地张大嘴巴,流出些许口水。终于,外婆轻轻揭开锅盖,哇,肉香更加浓郁。我迫不及待探出小脑袋,向锅内望去:红烧肉红得透亮,色如玛瑙,汁水黏稠,在碧绿的葱结衬托下格外诱人。我顾不得用筷子,直接伸手去拿肉。外婆轻轻拍打我一下:"小馋鬼,又偷吃。"我只能把沾着汁水的手指放进嘴巴吮吸。

外婆说归说,做归做,搛两块红烧肉放在我的碗里。我端着碗,坐在家门口的石凳上。一边品尝鲜美的红烧肉,一边沐浴着午后温暖的太阳光,眺望着门前一大片金灿灿的麦田。那份满足,那份惬意,至今难忘。

外婆的红烧肉在亲友中享有盛名。逢年过节,亲友来访,手中拎的五花肉是必不可少的。外婆在厨房里大显身手。菜子油的香味混合着松枝腾起的浓烟弥漫开来时,厨房成了温暖的心脏,召集一家人围拢到一起。窗外,罡风缠绕窗棂发出呜咽的叫声;窗内,我催促外婆往炉膛里添柴火。火舌舔着灶口,房内的温度又上升了些,热量向着寒冷四散突围。浓郁的肉香和亲情交织在一起,家中充满了欢乐……

而今为了学业,我不得不离开外婆家,来到上海读书。逢年过节,在各大饭店吃过的红烧肉也不少,但似乎总觉得少了一点外婆红烧肉的熟悉和温暖。

人间美食何止千万?但我最忘不了的就是外婆的红烧肉,那种鲜美的味道和亲情的美好萦绕在舌尖,留存于记忆深处,在时光中凝成永恒的温馨……

那一刻,我的心中春暖花开

林宇轩

上海市市北初级中学　八(7)班

背着大书包在这阴寒漫长的冬日早出晚归,我无比想念那个草长莺飞、姹紫嫣红的季节。

"嘟嘟嘟"的地铁蜂鸣声一停,排在第一个的我就箭一般冲了进去,坐在了门边的一个空位上。我暗自庆幸,要是背着沉重的书包一路站回去,那滋味可真不好受。

这时,一个三岁左右的小男孩牵着妈妈的手挤到我身前。"唉!"我心中哀嚎一声,"屁股还没坐热乎,又得让座了。"我努力挤出一个僵硬的笑容,"小弟弟,座位让给你"。那位年轻的妈妈笑了,摇摇头,眼睛里盛着温柔。小男孩调皮地去拎我的书包,可书包纹丝未动。"大哥哥的书包重不重? 我们空着手,站一会不累的,对不对?"听着妈妈的话,小男孩乖巧地点点头,一只小手紧紧地抓着扶手,另一只小手被妈妈牢牢地牵着。看着小男孩的身体随着地铁的前行左摇右晃,我不知怎么脸有些发烫。

过了几站,小男孩和妈妈下车了。人潮又涌进车厢。我面前多了一位白发的长者,约摸七十多岁,背有些驼,但精神矍铄。我连忙直起身,向他招呼:"您来坐吧。"老人一愣,笑了,饱经沧桑的褶缝里像流淌着欢快的清泉。"最是辛苦学生郎啊,"他冲我摆摆手,示意我坐下,"你回家还得赶功课呢。抓紧时间休息一会吧。我身体蛮好,站一会没问题。"他悄悄地挺了挺背,用力抓紧了吊环,手臂上青筋暴起,一根根在我眼里是那么醒目。

"前段时间看新闻说外地公交车上有老人为了叫女青年让座而对其大打出手。现在……"我脑子里突然闪了一下。这时,一个洪亮的嗓音响起来:"爷叔,过来坐,我马上到站了。"一个小伙子从对面人群中站起来向老人招手。老人不再推辞。人群也尽力给老人让出一条缝隙。小伙子向车门边挤去,我冲他感激一笑,终于踏踏实实地坐着打了一会儿盹。

到站了,我被人流挤下了车。无意中一回头,我突然瞥见隔壁车厢那个紧贴在玻璃门上的赫然是刚才让座的小伙!迎上我那诧异无比的眼神,他咧嘴一笑,尽在不言中。列车一闪而过,消失在远处黑暗的通道中,呼啸而过的风却没让我感觉到冷,因为那一刻,我的心中春暖花开。

地板上的印痕

周笑燃

上海市市西初级中学　预初(6)班

我的姑爷爷是一位年近九十的慈祥老人。他平时总是戴着帽子，行动虽不便但精神很好，他的脸上布满了皱纹，一双握不紧的手心里总攥着那根陪伴他多年的拐杖。

姑爷爷住在一幢很老旧的工厂宿舍楼中几十年了，那是一套小小的两居室，暗红色的木地板上有许多刮痕。那是因为姑爷爷的一条腿受过伤，走路的时候一脚轻一脚重，久而久之，那条重的伤腿和拐棍的尖儿在通往卧室、阳台、大门的地板上留下了这些有规律的刮痕。

每次在姑爷爷家吃完午餐，大家闲聊时，姑爷爷年轻时的故事就成了此时必不可少的话题。我也渐渐地了解了他的那些革命经历。

在十六岁时，姑爷爷因为吃不饱饭，离开了河南老家参了军，成了一名炮兵。后来在朝鲜战场上参加了许多场战役，巨大的炮声使他的听力逐渐下降，等他回国时就已经半聋了，腿也负了伤。这就是我和姑爷爷说话要大声喊的原因。

战争结束，姑爷爷被安排到工厂，成为了一名工人。也许是听力下降的缘故，四十多岁时，一次在工作中，他被冲压机压伤了手。从此他的一只手握不住东西，他喜欢称自己是"一只手、一只脚、半聋的半残疾人"。

虽然姑爷爷行动不便,但他每天都要活动。在家里时,他走来走去不要人扶,你只要看看那些地板上的印痕,就明白了。在这厂区连成一片的宿舍楼里,姑爷爷一住就是几十年,那些地板上的印痕也越来越明显。木板上的油漆被刮薄、磨掉了,那些发白的小木刺毛毛的,在磨损最厉害的地方站起来,在阳光和灰尘的光柱中发着光。许多邻居搬走了,但是姑爷爷并没有向自己的单位提更多的要求、要更好的房子。

逢年过节是姑爷爷最高兴,也最满怀期待的时候。因为,他那几位仍健在的老战友,一定会来看他。当年与他一同出生入死的兄弟,如今都成了满头白发的老翁。记得有一次,当我们和其他的小辈们围绕在这几个白发的老人周围,听到他们即兴唱起了当年的军歌,似乎每个人的眼中都饱含着对生活的赞美。

有些人喜欢崭新的家,喜欢名贵的家具和光滑的地板。但我的姑爷爷不是,他喜欢缓缓地走在熟悉的家里,用拖重的脚步和旧旧的拐棍,在地板上划上愈来愈重的印痕,然后走向布满阳光的小阳台,静静地坐在那里,手里拿着用了多年的大号搪瓷茶缸,不时地喝上一口,满意地想起当年的自己和朋友们。

记忆深处的脚步

郑自迩
同济大学附属存志学校 初一(5)班

> 没有人可以留下时间的脚步,但时间却在不经意间留下了所有。
>
> ——题记

每每看到外公,最先想起的,就是他的脚步。

小时候,外公隔三差五地带我去公园看风景。那时候,总能看到他在林荫道上,一边牢牢地牵着我的小手,一边轻轻地讲着百科知识。那时候,他的脚步真有力,落地有声。一前一后,我在外公的引领下,在绿林间漫步,在花香里启蒙。

上学了,一个黄梅时节的周末,不期而至的一场大雨,冲散了小学生们的放学队伍。头顶上的天,被大大小小的伞遮得严严实实,脚底下的地,满是湿漉的脚步、重复的脚印。在脚的丛林中,我找到一双前后左右移动的脚,正急促地朝我而来。果然是外公!挤出人群,外公背着我,一边走,一边考我古诗。伏在外公背上的我,看不到他的脸,只看见他那迈动在雨中的脚步。那是外公与我合二为一的脚步,走一步,溅起一脚水花。

又一个周末,已进了中学的我,又回了一趟外婆家。晚饭后,我拉着外公,到公园里那熟悉的林荫小道上散步。走着走着,外公落在了我的后面,我下意识地看了看他的脚步,却有了惊奇的发现。外公的膝盖与小腿之间的弯幅,已经大不如从前,简直成了一块干枯的木头。踩在石子路面上,一脚重一脚轻,鞋底发出摩擦声,踩在梧桐落叶上,一脚深一脚浅,鞋子拖得黄叶飞。脚步之下,叽叽咕咕的噪声,有如一台老式播放机在与光碟不屈地缠斗。我有意放慢脚步,好与外公并行。外公的脚步并没有停下来的意思,习惯地边走边说着新闻话题。夕阳余晖下,我倏地发现,外公的鬓角变得那么的白,额纹的阴影刻得那么的深。霎时,我有点想哭。时间,你那无情的脚步啊,为何比外公的脚步来得更急?如果哪一天,外公失去了他的速度,到那时,我就是他的拐杖,替他负重,替他探路……

　　行文至此,我的眼前又浮现了外公一路走来的脚步。那是围绕我转圈的弧,那是引领我成长的路。那脚步,走进我的心;那脚印,留在我的记忆深处。

慢下来，也精彩

李书涵

上海市西南位育中学 初二(7)班

身后的脚步声越来越近了，其中还杂夹着些许喘息声。我心中一紧：绝不能让他追上！我一咬牙，又加快了速度，把他远远甩在身后。

从去年开始，爸爸就每天早晨带我出去跑步。一开始，我总落在后面。每当这时，爸爸便会放慢速度等我。经过几次锻炼后，我进步飞快，渐渐能追上并超过爸爸了。每当我速度加快，风就在我耳边呼呼地刮着，身后的脚步声也越来越轻……

此时，脚步声已完全听不见了。跑到小区门口时，我气喘吁吁地停下来回头看了一眼，身后只有空荡荡的街道。我撇撇嘴，心想："爸爸怎么这么慢！算了，不等他了。"这么想着，我头也不回地进了小区。

刷牙、洗脸、吃早饭……十五分钟过去了，熟悉的开门声依然没有响起，我不禁有些纳闷。正当我犹豫要不要出门看看时，门开了，爸爸疲惫地走了进来。我刚想质问他为什么这么慢，突然瞥见他手里正拿着摔坏了的眼镜。原来爸爸为了赶上我而加速时，脚下滑了一下，虽然没有摔倒，但眼镜却滑下来，摔坏了。没了眼镜，高度近视的爸爸只能一步步小心翼翼地摸索着往回走。

一阵愧意涌上心头。如果当时我等等爸爸，应该就能察觉出身后的异常吧。我在心中暗暗自责。

　　第二天跑步时，我没有像以前那样抢先出发，而是让爸爸先跑。在追上爸爸的时候，我也没有继续加速，而是有意放慢了速度，以保证爸爸能和我并行。于是，我从眼角的余光中看到了爸爸惊讶而又欣慰的神色。一路上，有好几次，当爸爸的喘息声显得急促，脚步也开始凌乱时，我便放慢脚步。第一次，我清醒地意识到，随着我一天天长大，爸爸在一天天衰老，他的身体也大不如以前了。慢下来，等等爸爸，让我们看到的不仅仅是放慢的速度，还有亲人与亲人之间彼此的关心。虽然跑步时，我和爸爸谁都不说话，但我们分明能感受到对方的关爱。我也发现，每当我放慢脚步时，风从耳边轻柔地吹过，仿佛还夹带着一股清香，使我感到神清气爽。而此时，终点也在我们的脚下一点点近了起来。

　　这么想着，我又落在了后面。我惊醒似的一抬头，却发现爸爸已经放慢脚步在等着我……

那 扇 窗

刘友晴

浙江省义乌市稠州中学教育集团丹溪校区　718班

记忆尘封岁月,心灵勾勒青烟。回忆往事纷纷扬扬,蕴含多少欢愉的过往。

小时候,我最喜欢家中的一扇窗,古朴而又工整,实木的双开门,推开总是发出"吱呀"一声。木框中间有一块玻璃,闪亮透光。

我喜欢它更是因为透过它,可以看见青山绿水,蓝天白云。天气一热,我就"吱呀"一声推开它,任凭热风席卷。天冷了下来,我就把它拢上,哈一口气,面对着被雾化的窗外,大大地写下属于自己的名字。若是下雪,那更是有趣,像是房子一夜之间,白了头,银了眉。

童年时,窗是一种回忆。每每到寂寞的下午,我便趴在窗上,捉来一两只蚂蚁,用狗尾巴草拨弄,以此来耗过一段时间,直到天黑,我才围在奶奶身边听她讲故事——关于那扇窗。

"蒹葭苍苍,白露为霜。所谓伊人,在水一方。"那是好多年前的事了,在莲花村,有个姑娘,飘逸的长发,随风飘扬,好似那河畔的杨柳。水灵的瞳眸,映射着天的湛蓝,她总是在阳光还依稀的清晨,摇晃着手中的船桨,唱着只属于自己和小船的歌:"昔我往矣,杨柳依依,今我来思,雨雪霏霏……"她一边高歌,一边伸出白皙的手臂折下一朵朵莲蓬。

姑娘的村子里有五十六户人家,家家都靠采莲蓬去卖来谋生,每个人家后面都有一个池塘,水是清澈的,总是不知道怎么冒出来的一些小鱼小虾,在密密麻麻的荷花中嬉戏。姑娘家的荷花是全村最好的,莲蓬像孩子的脸,鼓鼓的,莲子又圆又大,剥一颗放在嘴里,沁凉中带着莲心的苦涩和莲肉的甘甜。

十六岁的姑娘不知何时有了一些心事,她总是喜欢看见一个男孩的笑脸,那笑容清脆明朗,好像清晨的阳光,照进了她的心间,说不清是为了什么,她总是喜欢看见男孩在她的眼前跑过,感觉心都安稳了下来。

过了好久,好久,男孩要去城里继续上学了,可女孩只能待在荷花村,继续采莲蓬,眼看着分别的日子一天天接近,女孩的心也一点一点沉下来。

离别的日子到了,一辆平日里的公共汽车停在了村口,女孩站在高楼上眺望着绿色的公交车伴着夕阳滑进了黑暗。

这三年,女孩不知道是怎样度过的,每天机械地采莲蓬,剥莲子。三年后,有消息传来说男孩要回来了,女孩从心底有了一种期待。

三天后,这种期待变成了失望,男孩是回来了,不过还带着另外一个女孩,扎着双马尾,随着她的笑声一颤一颤。这是他的女朋友,希希。

姑娘感觉受了当头一棒,不能接受这个现实,她变得神经质,时哭时闹,还爱发脾气,荒废了的池塘里的莲花,一个个低着脑袋,没有了以往的水灵和生气。

男孩和希希开始在莲花村建房子,男孩天天开心地笑,可女孩却认为这是对她的嘲笑,于是女孩开始躲着男孩,害怕看见他那可恶的笑。

两年过去了,男孩有了两个孩子,而女孩也到了出嫁的年龄。

　　终于,女孩说好了婚约,是隔壁村的一个男孩亮亮,身材高大,总是亲切地笑着……婚礼如约而至,女孩穿上漂亮的红裙,头盖着红布在男孩面前一闪而过,女孩心想着:男孩会不会后悔呢?

　　女孩的新房在盖的时候,男孩托人送了一个实木的窗框来,装在女孩的房间,对着莲花村。窗户总是被女孩擦得透亮,好像没有玻璃一样。

　　……

　　奶奶突然就停住了,故事讲完了。

　　奶奶温柔地看向窗子,就好像当年那个男孩看着她一样,温柔,细腻。

妈妈的年货

孙慧敏

江西省高安市第六小学 五(2)班

春节过去了,回忆起妈妈做的年货,感恩之心油然而生。妈妈做的年货丰富多样,还是举几个例子吧。

做年糕。将糯米用水浸泡,放入槽内打成粉状,搓成条状蒸熟。

熏腊肉腊鱼。将猪肉、草鱼或鲢鱼放在铁桶上面,下面用柴火熏成黄色即可,炒熟了吃,别有一番滋味。

做香肠。到生猪屠宰场买来猪小肠刮成的胞衣,将猪肉剁碎,放入食盐、味精、酱油等拌匀,灌入胞衣内,用筷子捣实,用棉线扎成一节一节,用缝衣针刺些小孔,放在太阳底下晒十天半月,蒸熟即可食用。

做扣肉。买来五花肉,即肥肉瘦肉大略各占一半的猪肉,煮熟切成片,放些芥菜和配料即可。

做萨琪玛。就是用小麦粉搓成条,切成寸长左右,放入油锅内炸成金黄色捞起,用米糖拌匀捣实,切成小块。

制米酒。就是用糯米蒸成饭,然后将饼药捻碎,均匀拌入糯米饭中,将它放入釉缸中,釉缸用棉被包裹。过一星期,香喷喷的米酒就生产出来了。

到了年三十夜,妈妈会将亲戚送的花生用河沙放入铁锅内炒,炒得香喷喷的,用河沙炒东西不会炒焦。用植物油炸红薯片,炸成金黄色。妈妈把它叫做"三十夜的火"。

  现在市场上什么年货都有卖,但妈妈还是喜欢自己做年货,这样,家的年味分外浓,家人和亲朋好友品尝妈妈做的年货,妈妈更有成就感。妈妈做的年货还有很多,我略知一二,每年我只是看着妈妈做年货,没有一样我自己能做出来。感谢妈妈,您满足了我的食欲,同时让我感受到了浓浓的年味和浓浓的亲情。

霸气的副班长

冯心妍

浙江省宁波市北仑大碶小学 六(2)班

一头齐耳短发干净利落,两道浓眉下,一双大眼睛炯炯有神,从不穿裙子的她,衣服上见不到一丝花哨的色彩……

早上七点五十分,不多不少,她那脆脆的声音就回荡在教室:"请同学们拿出语文书,开始早读!"谈笑的同学,立刻拿出语文书,认认真真地早读,不敢有丝毫懈怠,生怕撞上枪口。可是有一个"不识时务"的同学,一边哼着歌,一边在本子上乱画。"×××请开始早读!"副班长高声提醒。可他居然装没听见,仍我行我素,同学们一惊:"你胆大包天呀,敢在霸气副班长面前耍大牌!"那家伙还真是皮厚,做着鬼脸,朝副班长吐舌头。副班长是真的生气了,快步走上前,将语文书拍在那同学的桌子上,原本就大的眼睛瞪得更大,眼中喷出的一团火,仿佛要烧掉面前的"敌人"。她白皙的脸涨得通红,像一个快要爆炸的气球,脖子上的经脉,抖抖地立起来,她紧紧地抿住嘴,腮帮子鼓鼓的,像青蛙鼓起来的气囊,鼻翼一张一翕。她的嘴唇抖得像一片树叶,眉毛拧成一个问号。同学的脸一阵青一阵白,正想悻悻地回到位置,却发现副班长紧握成拳的手,不知何时揪住了自己的衣领。她的嘴唇一张一合:"你若是不想好好早读,可以去外面让别的老师一睹风采!"说话间副班长已松开了同学的衣领,重新拿起语文书威风凛凛地巡视教室,那同学大气不敢喘,乖乖地大声读起来。

怎么样?够霸气吧,可是我告诉你,她的霸气可不仅仅在班级中,考场上的她也同样霸气十足。

只见她正襟危坐,清秀的脸全神贯注地盯着题目,笔尖沙沙作响。偶尔遇见一个沟壑,她的眉微微皱起,咬起了笔,目光再扫一遍题目,笔尖快速地在纸间跳跃,眉头松开露出微笑……一个漂亮的"撑杆跳"!她就这样霸气地次次独占鳌头。

想知道这个霸气的女孩子是谁吗?哈哈,告诉你吧,她就是我们的副班长,说起她的大名无人不知,她就是——虞思贤。一个学习好得让人无话可说,管起人来"吓"得人屁滚尿流,却令人口服心服的女生,我们全班的"头"!

(指导老师:王华威)

妹妹的游泳教练

戴宇嘉

上海市凉城第三小学 四(1)班

夏日炎炎,去游泳馆戏水是个消暑的好方法,每年暑假我都会去泳池里泡着,游泳的技术越来越好。

今年暑假的一天,我拉着表妹来到了游泳池,"扑通"一声跳进水池,欢快地在水里扑腾起来。可表妹却笨拙地套上了救生圈,扶着梯子的扶手,一步一步慢慢地走下了水池。

我大声地呼唤:"妹妹,我来教你游泳吧!""好呀!"表妹高兴地说。于是我先做示范,一边脚打着水花,一边划动着双臂,嘴里叫道:"妹妹,快学着我的样子做:蹬脚、划水,一!二!一!二!……"表妹套着救生圈练习,我在一旁纠正着她的动作。虽然表妹的姿势不标准,但是节奏很好。

"妹妹,你游泳的动作已经挺像样了,快把救生圈拿掉吧!"我鼓励她说。"我可以吗?"表妹瞪大眼睛疑惑地问。"你一定行!"我为表妹打气,并拿走了她的救生圈。我托着表妹的下巴,她在水里蹬脚、划水。"一!二!一!二!"表妹按着我的口令做着动作。一不小心,她呛了几口水,人也往下沉。我急忙托住她,让她浮出水面,她一脸委屈,咧嘴大哭。"我怕!"说着就要逃走。我一把拉住她,却被她重重推开,我也喝了几口水。

"你看,这下扯平了!"妹妹笑了,"你也会喝水啊!""游泳都会喝水，没关系，我们再来。"我带着她小心往前，不一会儿，她的动作流畅了。我放手让她自己游，表妹终于能浮在水面上做简单的游泳动作，不再怕水了。"哥哥，谢谢，你真是个耐心的好教练呀！"表妹一脸兴奋，感激地说。被妹妹一夸，我还真有点教练的感觉了。

正得意洋洋呢，一不留神，妹妹摔进了水池，急得我赶紧跳下去。原来，当教练可不是那么好玩的哦！

（指导老师：夏素华）

看外婆炒菜

张艺稼

上海外国语大学静安外国语小学 三(4)班

外婆特别爱清洁,厨房明亮干净没有一点油污。她炒菜慢条斯理,小心翼翼,一边炒菜一边把从锅中飞溅出来的油滴和水珠擦干净。我爱看外婆炒菜,昨天外婆烧牛肉丝炒洋葱,我在一旁看得入了迷。

外婆先把切成丝的牛肉拌上酱油和胡椒粉后,用上下两张吸水纸吸取多余的水分,外婆说这样放入油锅不会飞溅。接着又拿来一个紫红色、圆滚滚的洋葱。我慌忙躲开,因为在看大人切洋葱时,我常常辣得眼睛睁不开。外婆见了,笑了笑,把刀放在水里淋一下,说:"这样就不会辣眼睛了。"

外婆开始烧菜了,我睁大了眼睛仔细观看。只见她先把锅子放在大火上,但好久不倒油,我在旁边有点着急了:"外婆,快倒油!"外婆不理我,好一会儿才放入油。外婆对我说:"热锅冷油,不冒大烟,厨房干净。"

这时外婆专心地盯住油锅的油。当油微微冒烟时,外婆轻轻地把牛肉丝放入锅中。牛肉丝"吱吱吱"轻轻地叫了几声,就不作声了。但是它的颜色发生了变化,由鲜红色,渐渐地变成淡棕红色。厨房里慢慢有了一种有点像奶油的香味,外婆一定也闻到了,于是她把牛肉丝盛出锅放在盘中。锅中还剩了一点油,

"这干什么用？"还没有等我明白，外婆已经把准备好的洋葱放入锅中了。不像牛肉的香味要过一阵子才传出，洋葱马上散发出强烈的辣香味。外婆不慌不忙地翻炒了几下，洋葱就变软变黄了。接着外婆又把刚才煸炒过的牛肉丝倒在锅里，再加了一些酱油一起翻炒。于是棕红色的牛肉丝和黄色的洋葱在锅中一起翻滚跳舞，并传出牛肉和洋葱的混合香味。还没有等它们跳上几个回合，外婆就加了一点香油起锅装盘了。这时盘中的牛肉丝和洋葱颜色明显加深透亮。炒菜结束了，我问了一个十分幼稚可笑的问题："为什么要先炒牛肉丝，再炒洋葱？我一直以为洋葱炒牛肉丝就应该先炒洋葱呀！"外婆的回答很简单："可以用炒牛肉丝的剩油炒洋葱，让牛肉的味道进入洋葱。"

电视中的大厨烧菜都是熊熊大火，烟雾腾腾，嘶嘶作声，外婆炒菜不急不慌，没有大火大烟，没有如雷鸣一样的响声，这样炒的菜会好吃吗？我尝了一口，洋葱软软的，有点脆，有点甜，牛肉嫩嫩的，美味极了！看外婆炒菜不仅学到炒菜的本领，还可以学到许多知识，以及外婆有条有理、从容不迫的做事方法。

四、我爱我家

农村换新貌

田得骏

上海市桃浦中学　高一(1)班

最近外婆总打电话给妈妈,要我过年回家乡,说是想我这个小外孙了,顺便也想让我瞧瞧今年家乡的变化。

记得在我四五岁的时候,外婆家那边还处于比较"原始"的状态,五六栋泥瓦房挨在一块儿,这是舅舅阿姨们住的地方,外婆的则是一间小土屋。

回去一趟,那可是相当折腾,八个小时的大巴除去堵车时间足以让我坐到吐,到了县城还要再坐车,但当时的路都是泥泞路,车开不过去,最后我和妈妈只能靠脚走,往往走到天黑也到不了。身为城里娃,这里对我来讲简直就是"地狱"!

在那里,冬天的时候,洗澡需要先把水烧开,然后倒在大盆里,混入凉水,再把水往身上泼,这种澡洗了跟没洗有什么区别?一不小心还会感冒。洗手间也没有,有紧急情况还得去茅房,晚上要拿手电筒,因为一不小心就可能掉进茅坑。夏天,又大又毒的蚊子就像是闹了饥荒一样黏在我身上,有好多蚊子包到现在都还有印子。但是这些跟家里人比不算什么,我看过他们在田地里打农药的样子,个个鼻子嘴巴裹得严严实实的,那可是炎夏!穿背心都感觉要脱水了!后来我才了解,如果在喷农药时这种安全措施不做好,很可能造成人休克。

那时候,人们的脸上很难出现笑容,大多都是苦大仇深,过年时在饭桌上多夹一块肉竟然会遭到亲戚的指责,实在太穷了!这是我最不能接受的了。因此,无论母亲怎样要求我,有好些年我都没有回那儿去。

最近两年我经常回外婆家,因为开通了高铁,不用再坐那令人窒息的大巴,那里已经不是我四五岁时所看到的样子了,变得焕然一新!十年前的那条泥泞路已经消失,取而代之的是崭新的柏油路,出租车可以直接开到家,这是政府出资建造的。一下车,我看到的也不是以前那个散发着黯淡气息的灰黑泥瓦房,而是新盖的色彩鲜艳的大理石房子,映在晴朗的天空下格外好看。当然,不单单外婆家发生了改变,我沿路看到的每家每户几乎都"昌盛"了起来。令我心情更加愉悦的是,有了卫生间,还安装了太阳能,可以洗澡。

沿途的农民向我们打着招呼,大家似乎都很快乐,不再像我印象中的那样劳累了。远处有位青年手上拿遥控器正抬头看着天空,我发现他是在操控无人机撒农药呢!真先进啊!

从茅屋到卫生间,从一群人全副武装冒着危险打农药到一个人轻而易举地给整片田地打农药等进步,就可以看出改革开放给农民带来的便利与繁荣。

改革,使人们认识到了读书的重要性,拥有了知识,发展科技,使国家不断进步;开放,能够发展经济,让人们生活条件改善,进而使国家昌盛!改革使政策不断完善,以前的农村老人是没有养老金的,但现在政府每年都会定期给农村老人派发养老金,外婆常在电话里跟妈妈说:"现在政策好啦,不用担心我!"

指导老师陈凤花点评:作者抓住了十几年前去外婆家的辛苦经历和现在再回外婆家的便利条件的对比,通过作者的切身体会，感受到了外婆家所在的农村的道路、住房、生活设施、菜肴、喷农药的装备等方方面面的变化，展现出了改革开放给农村带来的翻天覆地的变化，内容充实，感情真挚，值得一读。

绿水青山，就是金山银山

何远文

北京市第 171 中学 初三（14）班

我的老家在延庆，这里离西山很近，还有一条老人称作"白河"的河。驱车到那里不过一小时，沿途的风景却能让我沉醉几天，山里的"财富"也让我兴奋。这就是"金山银山"。

如琅琊山一样，这里也是"四时之景不同"。春天各种鸟儿交错啼鸣，桃花、迎春、玉兰美艳无比，让人眼花缭乱。夏天河水上涨，泉水叮咚，令人心旷神怡。秋天又是遍地的红叶、黄叶，可谓层林尽染。冬天银装素裹，在阳光下银光闪闪，耀眼夺目。

这里不仅风景优美，山中水中的物也有趣。春夏两季在山里闲逛的时候，如果细心、眼尖，就能看见松树下面黑漆漆的一把把小伞，可千万别嫌弃它们，这可是野生的松蘑，清洗干净后就变成紫色的啦，口感绝对胜过市场上的任何一种蘑菇。老人们这时候可比年轻人厉害，不一会儿空桶就装满了。孩子们此时高兴的是好吃的和零花钱，因为卖了蘑菇，这些就有了，当然开心。就连河里的鱼虾也是不可多得的美味，同样可以卖个好价钱。这时候的大山不就是"金山银山"了吗？

秋天，各种野菜漫山遍野，果实成熟，用"金山银山"形容这里就更加贴切了。野果琳琅满目，人们可以尽情采摘。每当这时我都觉得大自然太伟大了！它的给予是那样的无穷无尽，那样的无私！敬畏之心油然而生！采够了野果,野菜也不能少。一种盘根交错"趴"在地上的野菜最多,几乎满眼都是,还能去火呢！还有一种我们经常能在路边看到的,小朋友最喜欢玩的野草——蒲公英,也是夏秋美味。当然,要赶在它长出毛茸茸的小球之前摘下。闲暇之时还能看见松鼠,胆子大的还敢到人们边上"光明正大"地拿走一两个果子,甚是可爱。

"绿水青山,就是金山银山。"在这西山、白河得到了证明。人们利用自然给予的一切来生存,它就是我们的"金山银山"。这里的人们敬畏自然,因为资源不会取之不尽用之不绝,只有我们心怀敬畏之心才能细水长流。让我们拥抱赖以生存的大自然,拥抱绿水青山,拥抱永远的"金山银山"。

写 春 联

戴中瀚
华东师范大学二附中附属初中 初一(四)班

每年春节,我和爸爸妈妈都要回苏北阜宁农村和爷爷奶奶一起过年。农村过年那才真叫过年。一进入腊月,过年的味道就一天比一天浓烈。最难忘的是去年春节写春联,我还露了一手呢。

除夕中午祭祖之后,是装点门面的时候。我和爷爷去商店,四个房门一个大门,鲜红的喜笺买五副;红绒黑字的"福"字,十张。春联挑选的时间最长。爷爷七十多岁了,上过小学,平时喜欢看书,对春联的内容很讲究。读不顺口的不要,意思晦涩的不要,太长的不要,太短的也不要,横挑竖拣,买了房门的四副,大门的一副怎么挑都不合爷爷的心意。最后他买了红纸、毛笔、墨汁,说:"回家自己写吧。"

回到家,爷爷裁好红纸,墨汁倒在盘子里。爷爷说:"春联的内容,要体现小康生活,要体现天下太平,要大吉大利。"我理解爷爷的心情,他在贫困中长大,他说过,小时候喝完粥要用水把碗洗洗再喝下去,把指头大的一块花生饼视为佳肴含在嘴里让它慢慢融化……而现在,屋檐下悬挂着腊肉、酱鸭、腌鹅、香肠,门前池塘的鱼也捕捉上来,养在大水池里。奶奶和三姑整天在厨房忙碌……爷爷常说:"过去做梦也想不到会过上这样的好日子。"

根据爷爷对春联的要求,爸爸妈妈和我拿着笔苦思冥想,我们把拟好的春联都送给爷爷,让他挑选。结果爷爷选中了我拟写的对联。爸爸的字比我写得好,爷爷却一定要我写。我先把红纸折成米字形小方块,用铅笔将对联的十四个字分别写在相应的位置上,最后拿起毛笔,一丝不苟地写起来。奶奶打好浆糊后,爷爷和爸爸开始贴喜笺、福字和春联。一切忙妥已近傍晚,家里家外所有电灯都打开,灯火辉煌,红光闪闪,喜气洋洋的节日气氛就浓郁起来了。

接着就是年夜饭前的敬神典礼。爷爷在米柜上的领袖像、菩萨像前上香,奶奶将煮熟的整猪头、整羊头、整鱼整鸡放在八仙桌上,热气袅袅。全家人依次跪拜。爸爸到晒场上放鞭炮,礼花开满天空。这时全村人家的爆竹,此起彼伏,声声相应。"年丰人寿千家乐,国泰民安万事兴",我写的春联在爆竹声中熠熠生辉……

我的家乡已华丽转身

黄恩峤

上海市洵阳中学 六(3)班

我的家乡崇明,是祖国的第三大岛,有着"上海粮仓"的美誉。但崇明对我来说只是爷爷口中那一枚遥远而模糊的符号。直到我三岁那年第一次踏上这片富饶的土地,才揭开它那神秘的面纱。

那天,天还没有亮,爷爷就催我们出发,说晚了坐渡轮就要排队。我们紧赶慢赶,结果,当我们到达石洞口轮渡码头时,等着摆渡的车辆已经排起了长龙,没办法,只有等。过了一大段时间,长龙才会挪动一下,再停下,又过了一大段时间,才再一次挪动。我当时小,叫着闹着,爸妈只能一边哄着我,一边向前张望。不知道等了有多久,我们才终于乘上了去崇明的轮船。对于第一次坐大轮船的我来说,一切都是那么新奇,拉着爸爸的手到甲板上看了又看,全然把刚才的焦躁不安抛在脑后了。大概过了一个多小时,我们终于到达了崇明岛。

回到老家,感觉爷爷自从踏上这片土地就变了,平时寡言少语,突然变得健谈起来。他不时地指着路边的田地和房子向我们介绍着,如数家珍,沉浸在美好的回忆之中。但如果你问我对崇明的印象是什么,只有四个字,那就是"破旧落后"。这里的路面坑坑洼洼,路边满是被抛荒的农田菜园、生活垃圾。村里大多是用砖块搭建的矮平房,烧菜做饭用的是煤球炉和土灶头,没有抽水马桶和淋浴器。一到晚上,没有路灯,家家户户都早早地睡觉,只能听到田间的蟋蟀声和村中的狗叫声。老家,让小小的我感到一丝寂寞和恐惧。

去年暑假,我再次踏上崇明,惊奇地发现一切都变了。我的家乡,已经华丽转身!当年,困了我们很长时间的轮渡被隧道和大桥所代替。一隧畅通,一桥飞架,爸爸驾车通过长江隧桥时的速度,让我感到畅快淋漓。车上大桥时,望向窗外,天地辽阔,江天一色!啊,我的岛,就在不远处。

爷爷照例带我们重温过去走过的路。原先的土路变成了水泥路,道路两边的庄稼树木都精神抖擞,路旁安置的垃圾桶也洁净美观。家家户户盖起了小洋楼,用起了抽水马桶和淋浴器,而土灶头竟变成了稀罕物,只有当城里人想来尝一下农味时,才会点火烧起来。当地人已和城里人一样用电饭锅煮饭、用煤气烧菜。最可喜的是,小河边建了亭子和画廊,既装饰了环境,又方便村民小憩……崇明变得干净、美丽了。

到了晚上,路灯"绽放",不再是漆黑一片,我也敢一个人到处溜达了。

爷爷告诉我,这十年来,崇明有了翻天覆地的变化。长江隧桥的通车,"天堑变通途",让各地往来崇明的交通变得方便了。这带动了家乡旅游业的发展和各项建设,也让家乡的土特产走出了家乡。农民富裕了,生活质量也就提高了。

这就是我的家乡,改革开放使它变成了一个美丽富饶的岛。

指导老师丁少国点评:该文描述了改革开放以来作者家乡崇明发生的可喜变化,表达了由衷的喜悦和赞美之情。这类文章不好把握,容易"贴标签"而失之于空泛。但是作者没有在大主题下遮蔽自己的感性体验,而是将大题材与小细节、将个人切身经历与时代宏大背景巧妙地融合起来,创作出一篇文质兼美、耐人品读的佳作。

标题"我的家乡已华丽转身",弃"变化"一词而用"华丽转身",显得不俗,新颖醒目,且将家乡人格化、形象化,已寓深情。

首段说"崇明对我来说只是爷爷口中那一枚遥远而模糊的符号",那么,当"我"亲身前往,这枚符号会变成什么呢?第二—三段,作者叙述了"码头等船""回乡见闻"两件事,"遥远而模糊的符号"已然切近而清晰了——交通不便、破旧落后。这让第一次由上海市区回到家乡崇明的作者颇感失望,甚至在夜间有"恐惧和寂寞"的不适体验、不佳印象。十年后,"我"已成长,家乡也在改革开放中茁壮成长。第四—七段,从交通、环境、民生和产业等角度来叙写,这枚"符号"更加切近而清晰——出行畅通、环境优美、民生幸福、经济活跃,给作者十分美好的体验,令作者心情舒畅、快意赞美!结尾"这就是我的家乡",句中用"就是"与"我的"着意强调了"我"为家乡又快又好的发展而骄傲而自信。

由此,文章主体部分按时间顺序,叙写"我"两次回家乡的所见所闻,前后对照,突出了今非昔比,家乡巨变,由小见大地表现一个宏大主题,赞美改革开放的伟大业绩。

作者有一个很聪明的手段,就是把爷爷写进文中。因为"我"毕竟年龄小,对家乡了解不多,所以借着写爷爷,可以增加对家乡多方位的认知和叙写,丰富了内容,增加了文章的厚度和深度。

本文还有一个成功之处,何在?如果把文中"崇明""岛"等字眼悉数去掉,读者也会知道这是在写崇明岛事。为什么?因为作者紧紧地抓住家乡有别于其他区域的特点来写。比如,作者精心叙写的过江交通方式的变化、居民生活方式的变化,就烙上了崇明岛的印记。"土灶头竟变成了稀罕物,只有当城里人想来尝一下农味时,才会点火烧起来",谁不知道崇明岛是上海大都市的后花园,那儿的旅游业兴起,"农家乐"办得红红火火的?

　　语言表达上也很见作者功力。比如,第二段写在石洞口等渡轮,爷爷催促早出发、码头车辆摆长龙、爸妈不时张望、"我"叫着闹着,遣词造句精当,描写细腻生动。特别是,等船时,"我"焦躁吵闹,可是等上了船,画风瞬间变化,"我"拉着爸爸的手在甲板上有滋有味地晃悠,把一个小孩儿第一次坐船备感新奇兴奋从而忘了久等之苦的特点描写得极为真切传神。是的呀,小孩儿说变就变呢!又比如,第四段上海长江隧桥上的畅行,"天地辽阔,江天一色"的豁然,竟让作者按捺不住地脱口呼曰"啊,我的岛,就在不远处",一字"啊",三字"我的岛",五字"就在不远处",由短而稍长,语势渐次增强,很好地表达了兴奋、喜悦和自豪之情。

温馨的年夜饭

汪 延

安徽省池州市第十六中学　812班

腊月的小镇才像个小镇,街道上挤满了车和人,那些外出打工的人们从千里之外的城市,在腊月三十之前赶回老家,和家人一起吃上一顿温馨的年夜饭。

腊月三十一大早,我们家就开始忙活起来。奶奶、妈妈、婶婶在厨房里卷起袖子上阵,就连很少下厨房的爷爷、爸爸、叔叔也来助阵,拣菜的拣菜,洗菜的洗菜,掌勺的掌勺,倒油的倒油,人人都是"撸起袖子加油干",液化气灶与柴火锅灶同时点火,酒精炉与炭火炉同时升温,不大的厨房里烟气缭绕,叮当作响,房屋周围三百米范围内弥漫着鸡鸭鱼肉的香味。

一直忙到傍晚,我们家终于烧好了所有的菜,大家一起动手把它们端上了桌。爷爷坐在上座,吩咐叔叔道:"快快快,把鞭炮点上。"我知道,吃年夜饭前,家家户户都要放上一挂鞭炮,一是庆贺本年度吉祥如意,二是告诉邻居们咱家年夜饭"开饭"了!外面的鞭炮一响,爷爷高兴地说:"今年可是咱家第一个开饭的。邻居们可要说了,'老汪家都开饭了,他家那老头子不知又在喝什么好酒'。快,把我儿子从外地带来的好酒拿来开了!"

年夜饭不光是吃饱喝好,更讲究的是一个"情味"。爸爸妈妈、叔叔婶婶站起来向爷爷奶奶敬酒,我与弟弟也站起来向长辈们敬酒。婶婶出了个"题目",让我和弟弟向爷爷奶奶敬酒时,要说上一句祝福的话。好出风头的弟弟开口就是一句:"祝爷爷奶奶万寿无疆!"逗得一家人开怀大笑。弟弟骄傲地喝了一口果汁,用一种"挑衅"的眼神瞥了我一眼,似乎在说"你也露两手"。我站起来,向爷爷奶奶举起酒杯,说:"我代表爸爸妈妈敬爷爷奶奶一杯,祝你们'福如东海长流水,寿比南山不老松'!"这一句震得弟弟只好在那儿埋头吃饭。

酒过三巡,菜过五味,一家人酒足饭饱,收拾好碗碟筷子,擦净桌椅,便端来瓜果糕点,大家嗑着花生瓜子,看着春晚节目,等候新年的钟声敲响……

"马大哈"闹笑话

李 谦
上海市光启小学 四(2)班

我是个大大咧咧的男孩,不时会犯点儿小迷糊,为此没少挨爸爸妈妈的批评,还得到了个"马大哈"的称号。这不,我居然糊里糊涂地把妈妈的裤子穿到学校里去了。这是怎么回事呢?听我妮妮道来。

那时我还在读二年级。眼看上学要迟到了,我随手抓起沙发上一条黑色运动裤套上,拽着书包就往学校赶去。体育课上,穿着这条宽松裤,和同学赛跑,我感觉活动起来特别舒服。

吃好晚饭,是妈妈雷打不动的运动时刻。每到此时,她都会拿出器材,换上装备,开始运动。咦,妈妈呢?运动器材都已经到位了,照例应该热身了呀,她去哪儿了?只见妈妈从这个房间蹿出来,又跑进那个房间,不时还传来抽屉、柜门开开合合的声音。这是怎么一回事?就听到她扯着嗓子问外婆:"妈,你看见我的黑色运动裤了没?"原来她怎么也找不到自己的裤子了。哼,还说我是马大哈!"我可没看见。这么大人了,稀里糊涂!"闻声赶来的外婆加入了找裤子的行列。我也冲过去自告奋勇:"妈妈,我帮你一起找!"就这样,原本妈妈的运动时刻成了全家的"运动"时间。

翻箱倒柜忙活了好一阵儿,谁都没找到妈妈的裤子。就在我试图推开沙发看看时,妈妈突然瞪大眼睛:"这不是我的裤子吗?怎么跑到你身上去了?"啊!原来,我把妈妈的运动裤当成我的长裤穿了一整天。全家人笑得前仰后合。爸爸这次没再"教训"我,反而打趣道:"我们的儿子长大了,都能和妈妈穿一条裤子啦!哈哈哈!"

唉,我还真是个马大哈!以后可不能再闹这样的笑话了!

指导老师俞晓点评:有趣的事例,生动的语言,一个迷糊又热心肠的马大哈形象跃然纸上。文章首尾呼应,紧扣中心,读来让人忍俊不禁。

抱作一团的快乐家庭

葛逸沁

上海外国语大学附属外国语小学 四(4)班

我生活在一个其乐融融的家庭里,家里总是充满着欢声笑语,最最让我自豪的是,家里爸爸、妈妈和我事事都互帮互助,我们组成了一个齐心协力的小家庭。

有一次,我们学校要举行亲子运动会,我报名参加的项目是"两人三足",回家后,我立马把任务告诉了爸爸妈妈。他俩为了给我争光,都争着要做我的搭档,最后考虑到身高的关系,妈妈作为我的"合作伙伴",爸爸也自告奋勇地要做"教练"。说干就干,我们仨立马就开始了练习。

爸爸找来了绳子,把我的右腿和妈妈的左腿绑了起来,我和妈妈恨不得马上出发试一试,可是还没走出两步,我俩就摔了个"狗啃泥",好不容易爬起来,又摔倒了,一家三口都大笑起来。爸爸灵机一动,说:"这样练习肯定不行,我们调整战略,我来做指挥,带着你们一起喊口令。"于是,我们设定喊"一"时出绑着的腿,喊"二"时出另一条腿。按照爸爸的方法,我和妈妈一步一步稳稳地向前走去,似乎找到了共同的节奏。最后,爸爸对我们提出了要求,他说:"方法掌握了,要想获胜就要多练习了,在统一步伐的前提下,要提速啦!"在爸爸的一声声口令中,我和妈妈一遍又一遍地练习,心中默念着节拍,速度越来越快,甚至都能跑起来了,爸爸也在一旁为我们加油鼓劲,还不断地指出问题,及时纠正我们。就这样在我们三个人的共同努力下,我们终于找到了诀窍,明天可以信心百倍地去参赛啦!第二天,果然不出所料,我们获胜了。回到家后,我和妈妈迫不及待地把结果告诉爸爸,爸爸连连夸赞我们道:"太棒了,你们真是太棒了!"我和妈妈对视一笑,都为爸爸竖起了大拇指,我说:"爸爸,多亏了你指导我们,如果没有你的帮助和鼓励,我们也不会成功,你才是最棒的!"我们三个欢呼着抱作一团……

  这就是我的小家,一个充满欢乐、充满温暖、充满力量的地方;爱把我们紧紧地联系在一起,组成了这个抱作一团的快乐家庭。我爱我的家。

(指导老师:宋丽佳)

苏州河夜景

徐瑞洋

上海市江宁学校　五(6)班

我家住在苏州河边的一栋高层里。每当傍晚,华灯初上,倚窗高空俯瞰,苏州河两岸夜景尽收眼底。微风夹杂着河水独有的泥土腥味,那就是上海母亲河的味道,伴随着我整个童年。

妈妈是土生土长的上海人,从小也居住在母亲河边。她告诉我,四十年前的苏州河河水"黑如墨,臭如粪",严重的污染破坏了苏州河的自然环境,破坏了两岸的景观,使得两岸居民窗不能开,门不能开。为了恢复母亲河水清景秀,一九九八年上海市政府启动了苏州河整治工程。二〇〇〇年,苏州河终于消除了黑臭,然后又逐步完成了河底淤泥的清挖,并在河两边建起了二十三公里的绿色走廊、六十五万平方米的大型绿地。现在,每年端午节,苏州河上都有龙舟比赛。作为两岸居民,妈妈见证了母亲河的河水整治,两岸恢复了美丽的容貌。

入夜时分,金色的月光洒在河面上,微风吹过,两岸树荫婆娑,河面上过河大桥上的彩灯亮了,远远望去,就像是一条彩带。一辆辆汽车飞驰而过,彩灯为人们照亮了回家的路。我站在窗前欣赏着这美丽的苏州河夜景,感到无比骄傲,作为两岸居民,我们不仅是苏州河水资源优化利用的见证人,也是幸福生活的受益者。

夜深了,两岸灯光渐渐淡去,城市慢慢安静下来。我想到,身边的每一个人都在为自己的愿望和梦想而努力,我也希望自己莫等闲,在知识的海洋里尽情畅游,像海绵吸水一样最大限度地吸取知识,实现自己的愿望和梦想,做一个有美好未来的上海人。

多肉的小秘密

桂弘泽

湖北省十堰市白浪开发区实验小学　五(3)班

多肉的秘密？是不是感觉很奇怪？小小的多肉还能有什么秘密？嘿嘿，它的秘密可多着呢！让我慢慢讲给你听。

从小我就喜欢多肉植物，家里也养了各种多肉植物。什么娇小可爱的小莲花，长着小白刺却娇软可爱的芦荟，"高傲的"小花肉……因为天天都跟它们混在一起，所以我也得了个"多肉妹"的雅号。

"咦，这是什么？"这天我又给小可爱们浇水，却无意间发现宝石花的叶子里夹了一个小石头，这跟它的可爱太不般配了，必须把它拿出来！我小心翼翼地想取出石头，没想到一不小心，竟然弄坏了宝石花的一片叶子。我自责地把它埋到土里，又浇了水。哎，希望它可以变成肥料，让本来的花儿长得更好，我处理完这一切，便投身于紧张的期中备考之中了。

转眼就是一个星期。终于考完所有科目，我一回家就迫不及待地去看我的小宝贝们。噢，老天！没想到，它居然复活了！对，就是我不小心弄断的那片小叶子，它居然活了，鲜活地生长着，还长出了小芽儿！我兴奋极了，好奇地看着它，它长根了吗？是什么让它不仅活过来，还快速长出了新芽？是不是所有的多肉，都有着再生的本领……一连串的问题在脑海中浮现，我迫不及待地去问爸爸。爸爸却说："你要是想知道就应该自己去观察、发现。"

"哼，观察就观察！"我像模像样拿出了放大镜、小夹子，还有笔和纸。轻轻夹起那片叶子用放大镜仔细观察，嘿，竟然真的长根了！虽然不长，但已经有了白色的小须须。再看别的多肉叶子，哈，每一片叶茎中竟然都长着白色的小管子。原来真像百度上说的那样：每种多肉都可以用这种方法进行繁殖呀！这可真是太厉害太有趣了！

多肉的小秘密有没有启发到你呢？正所谓：大千世界，无奇不有。只要我们不断地去观察和发现，美丽的奇迹一定都会出现。

快乐的漂流

柳宸悠

控江二村小学　四(6)班

　　周末,我们一家去安吉漂流。天空正下着雨。小雨滴在河面上,跳起了欢快的踢踏舞,真是一个漂流的好日子。

　　我们穿上救生衣,戴好安全帽,上了小皮艇。我和妈妈一艘船,弟弟和爸爸一艘船。刚下水,我们就遇到了急流,船忽然团团转起来,吓得心都快要跳到嗓子眼了。好不容易穿过急流,哗啦啦,浪花"冲"了进来,我们一下子变成了落汤鸡。

　　还没等我缓过气来,又听到了隆隆的水声和人们的尖叫声。我循着声音望过去,只见急流像连绵起伏的山一样望不到边,又像一条巨龙在不停地翻滚。我们的船被湍急的水流裹挟着冲了下去。我紧张地握住把手,小艇被两边的岩石撞得晕头转向,上下颠簸,好几次我感觉小艇都要被掀翻了。我们忘情地大喊大叫,仿佛掉进了一个无底洞。

　　终于,我们来到了一片平静的水面。"啊!我们的小艇都快要变成游泳池了!"我灵机一动,脱下安全帽往外舀水。正当我们的排水工程进行得如火如荼的时候,一盆水浇到了我的头上,原来是弟弟和爸爸搞突袭。我和妈妈立即组织了反击。我们舀起水就向"敌人"浇去,很快,我们便把他们打得落花流水。弟弟连忙趴下来,戴上帽子装成一只小乌龟向我们求饶。"我投降,不要打了!"我们被他逗得哈哈大笑。

　　欢快的时间总是那么短暂,我们很快就到了终点。上岸的时候,弟弟竟发现自己的鞋子漂走了。"哈哈哈!"我们笑得上气不接下气。

(指导老师:石磊)

压岁钱的"进化史"

孙慧敏

江西省高安市第六小学　五（2）班

除夕夜，在人们的祝福声中又迎来了新的一年。全家吃过团圆饭，坐在电视机前，欣赏着央视一套春节联欢晚会。我首先对爸爸妈妈说："爸，您在外省打工辛苦了，给您拜个早年，敬祝您身体健康，万事如意！""妈，您送我往返学校又一年，风雨兼程，也十分辛苦，我敬祝您天天开心快乐！"爸爸对我说："你学习成绩一直很好，希望你保持和发扬下去，爸爸打工虽然没赚到什么钱，鼓励一下，给你一百元压岁钱。"妈妈对我说："祝你学习更上一层楼，妈妈我没出去赚钱，我也给你一百元压岁钱鼓励一下。"

我知道，妈妈的钱也是爸爸打工赚的钱。我记得七年前，爸爸给了我十元压岁钱，妈妈给了二十元压岁钱，后来每年增加一点，二十、三十、四十……一百，我家的经济来源是爸爸打工的工资收入，妈妈在家料理家务。爸爸曾经说过："这几年工资成倍增加，不过工作也很辛苦，背着行李往返外省，几乎天天下井。"

爸爸说，他小时候也得过压岁钱，那是二十世纪六七十年代的事。那时，他要先给长辈拜年，不比现在只是口头上说一声拜年，最多握一下手。他拜年是右脚下跪，双手合掌拜年，要说"福如东海，寿比南山"之类的吉祥话，然后大人们才会给压岁钱。

给的压岁钱也很少，最多给一元钱，一般两角、三角、四角、五角。爸爸说，那时在生产队劳动挣工分，好的男劳动力劳动一天挣十个工分，收成好时值七八角钱，收成差时只值五六角钱。差的男劳动力劳动一天只有七八个工分，妇女只有六七个工分，劳动力强的妇女可得八个工分。那时生活艰苦，一个月很少吃肉，哪像现在生活条件这么好，想吃什么就吃什么，现在的物资之丰富，那时想都想不到。

我家压岁钱的"进化史"，见证了国家经济的飞速发展，尤其是改革开放四十年来的发展变化。我相信，我们的国家会越来越富强，越来越美丽，人民会越来越富裕，越来越健康。

我们家的"网上书店"

阮致远

广东省深圳市罗湖区水库小学 五(6)班

凉爽的秋天过去了,扑面而来的是刺骨的寒风,结伴而来的还有精彩的寒假。在这个假期里,我和爸爸一起做了一件"大事",我们做起了商人,开了一间网上书店。

我们家的书堆积如山,我买的书,爸爸买的书,看完了堆在那里,堆得比人还高,以致书架渐渐承受不住了。

爸爸不得不把多余的旧书卖给收废品的,可每次卖的钱少得可怜。

最后,爸爸和我左思右想,我们决定开一家网上书店,并给它取名为"大卫书屋"。

在网上开书店,当然少不了书,我拿起了手机,对着书后面的条形码扫去,就上传了书的信息。接着我还要用相机拍照,书的正反两面都要拍照,然后填写书的新旧程度。做完这些后,还要注明书的价格,然后就等着客人上门了。

果然没几天,就有人来购书了,我看到那个人和爸爸在网上讲价钱,他们谈了好久,最后双方都妥协了。

买书的人在网上准备付钱,爸爸这边则是叫来了快递员,好把书给寄出去。

在等待快递员来的时候,轮到我忙碌了。我要准备包装书籍了,用一些泡泡纸包住书,再用一个塑料袋包住外面,最后再用胶带围上几圈,就大功告成了。这些工作都是爸爸雇我来做的,他答应我,每包一个快递,他付五块钱报酬。

自从我们家的网上书店开张以后,不仅让我们的书"漂流"了起来,也让我尝到了劳动者的辛苦和收获的快乐,我希望我们的"大卫书屋"可以一直经营下去,而且越来越好。

五、时光隧道

我心中的桃花源

郑博文

吉林大学附属中学实验学校　高一(12)班

合上书本,思绪便在这无尽美好的遐想中走入时空隧道,纵身穿梭过一千六百年的历史,来到这与世隔绝的桃花之源,与"黄发垂髫"相约共乐。

我在晨曦中从天而降,落入一个山谷之中。这四周山清水秀、鸟语花香、潭清见底、天碧如澈。南面有片桃花林,桃花正娇艳诱人。走入其中,芬芳萦绕使我沉醉。林间有交错相通的小路,路旁一些落花,大有花不醉人人自醉之意。继续走去,不料一棵千年老树挡住去路。只见它的树皮上写满沧桑,摇曳着的枝与花仿佛在诉说着它欲返老还童的执着与天真。绕过它伟岸的身躯,一座小木桥迎面而来。正可谓"山重水复疑无路,柳暗花明又一村"。

走过桥头,眼前景象温润静好。

肥沃的土地上,男人们正在田间锄草,女人们正坐在自家的桃荫中织衣。黄发垂髫聚在一起,共度这美好的春光。

跨入庭院,这景象愈发引人感叹。房屋是桃木所制,栅栏是桃木所围。菜园中有各种各样当今世上不曾见的花草果蔬,后山坡上放养着的小动物,看体态倒也像是家禽。再往远看去,只见那卓尔不群、英姿飒爽的各种名贵中草药,超凡脱俗、恍如仙境。

　　过午,妩媚的春光也渐渐彰显她挑逗式的泼辣,却远不如眼前的温暖来得醒目,眼前的一家人正在其乐融融地共进午餐。纯天然野菜、自家烧制的美酒,相敬如宾、觥筹交错、共享佳肴,我想,这幸福安乐,大概才是桃花源的精髓所在。饭后,我跟随一位老者走入后山的山洞中,眼中的景象令我惊诧万分:这里有大量珍贵的书籍,里面记载了人类文明发展的脚步。山洞更深处,是一个规模宏大的实验室。我据此判断,桃源人创造了不亚于玛雅人的文明。我心中油然生起一种对眼前桃源人智慧的钦佩之情。

　　一阵悦耳的铃声骤然响起,哦,同学还在,我还在。

等信的滋味

陈 静
江苏省盐城市亭湖高级中学 高三(4)班

我喜欢写信,即使处在今天这样一个信息时代。

喜欢选一个宁静的夜晚,端坐桌前,摊开一张淡蓝色的信笺,在上面一排排绣进自己最真挚最细腻的情思;写成之后,细读一遍,折叠起来——心情好的时候,还会将它叠成一只鸟或是一艘船的形状,然后小心翼翼地置于信封之中,再贴上邮票,细致封口——同时封入的,还有一份憧憬、一份向往、一份希冀。之后,便是等待对方收到这份渺远的情意。

我更喜欢等信。其间怀揣着的,是一种难以言表的复杂的情愫。这种等待让时间变得绵长而温情,这段绵长的时间足以让我尽情构想——对方是否也如我一样在看似素淡的言辞中藏进了一份小小的心思,怕对方读出却又希望对方发现。

等信的过程是浪漫的。其间,你想唱歌,想写诗,沏一盏清茶一人独坐都会觉得诗意盎然。可是再有诗意,你依然会感觉到这段时光难以消磨,而那种不能确定结果的等待又会让你心中有一丝被期待包裹着的隐忧。

等信的人是多情的。夕阳徐徐西坠,雁影掠过长空,枇杷树落下第一片叶子……这些都会让你想起你发出的那封信件。当你看见身着绿色制服的邮递员翩然而至,恍惚间会觉得眼前不是策马疾驰的信使，而是月下牵线的花神……

梁实秋先生曾将寄信比作"朵云遥颁"，他虽然语含讥刺，但我觉得用这四个字形容寄信，实在是再贴切不过了。"朵云"二字，写出了信中那份记挂着的情思，如此绵软，如此纯洁。"遥颁"二字，不正体现了寄信和收信者双方即便远隔千山万水，却心意相通，了无间隙吗？这样的等待，拉近了多少天涯孤侣之间的距离！

当下，世人忙忙碌碌，短信微信便捷，还有多少人愿意保留着一份诗意的期盼，去等一封信呢？于是，这轻柔的"朵朵白云"，从我们生活中逐渐蒸发了。曾有多少次，我写好了一封信，可当我想要寄出时，却发现自己很快迷失在市声喧嚣、灯红酒绿之中。茫茫都市里，找一只邮筒极为不易，它们都被行色匆匆的人流淹没了吗？那份等信的淡然是否也早已被心事重重所淹没？

其实人们忘却的，又何止是写信与等信呢？还有多少人憧憬抑或缅怀那种诗意的、恬淡的生活？人们总是抱怨生活平庸、忙忙碌碌，掉进人群就像一粒尘土，可有多少人愿意在生活中创造一份诗情，守着一份画意？

不愿等信的人，就不会等待日出山巅，观赏烟霞雾霭；不能等信的人，就无心领略繁花盛开，沐浴春风满怀；不会等信的人，就难以安享岁月静好，守住一往情深……

在漫溯时光的流年中，在蒸腾岁月的风尘里，我愿意用我生命中最美好的岁月去等一封信……

我和二〇三五有个约

赵静怡

河北省涉县天铁集团第一中学 七(5)班

大钟,映衬着午后的暖阳,响起沉着浑厚的声音,"铛——铛——铛……",一共响了五声。时间过得竟是如此快。一个成熟的女子小心翼翼地把一个时光瓶和一双小白鞋,递给了一个洋溢着青春活力的女孩,抚摸着她的头,对她说:"你和二〇三五还有个约定……"

十七年前,那位成熟的女子,也就是我,脸上还带着些"婴儿肥"和青春痘的印记。那时的我,和你一样,正坐在书桌前,为一道数学题发愁。对于一个人来说,最美好的时光,莫过于在最美的年华,不停脚步地奋斗。在奋斗的途中,有亲人相伴,有老师教诲,有同学陪你一起哭,一起笑,多么幸福呀!

在十七年前,也就是二〇一八年,发生了很多大事。我国的运动健儿武大靖在平昌冬季奥运会的重重难关中,夺得了金牌;我看到了百年一遇的月全食的壮观景象,震撼了我的心灵;你应该听说过一个叫霍金的人,他可是著名物理学家和宇宙学家,他就在这一年不幸离我们远去……与此同时,我们强盛的祖国也越来越强大,我们众多卓著的研究成果,让其他国家对我们刮目相看。正是因为祖国的强大,我们这些二十一世纪的青少年,得以在这样一个幸福舒适的环境中,茁壮成长。此时的你们,远比我们幸福，在这种环境下成长的你们，相信会接受到更好的教育，日后能为祖国做出更大的贡献。

二〇一八年的我，不论是在心理上还是生理上，都逐渐成熟起来，对于未来，我有了更多的期望。《人民的名义》的热播，让我萌生了做一个检察官的想法，肩负正义的曙光；我也曾想过做一个网络小说家，可以有大量时间做自己喜欢的事，成为行游于山水之间的逍遥散人；我更想过自己创业，白手起家，干出一番事业来。

"敢于冒险，敢于创新"是我们"00后"最大的标签。看过一个采访，有多数韩国青年未来不愿创业，当他们听到中国青年热衷于创业时，他们流露出了惊叹之情。我觉得这是一种好的趋势，因为这意味着在将来，中国会涌现出更多的"新四大发明"，涌现出一代英才，不再会有"啃老族""寄生虫"的现象。与我们相比，现在的你们面前应该会有更多的选择，不论你选择了哪条路，我希望你们可以把这种"挑战创新"的精神保持下来，坚持自己的理想，勇于开拓更广的道路，时时刻刻要记得不忘初心，报效祖国！

在你们的身上，我看到了我们的影子，无论是从穿着还是做事风格，都可以看出属于你们的青春潮流。十八岁的你们，也会有独特的做事风格，独特的衣着品位，独特的审美观，独特的追求，一切都是独一无二的，未来的一切都会由你们来承担。

"我和二〇三五有个约，约在新征途的新起点，用真心创造两个一百年，未来由我们主演……"我们相约在二〇三五，约定那个时候，祖国会在我们的努力下更加美好。

第二种生活

朱正鄞

浙江省乐清市乐成公立寄宿学校 七(11)班

记得在梦中,有一片池塘,清清的,像透澈的玉石,静静镶嵌在大地中。夜空中,有一颗最亮最亮的星星,它每天陪伴着我,它叫——派大星。

而我不过是这个平行宇宙中的一颗芥子,一条鱼。不是鲨鱼,不是鲸鱼,而是一条小鱼,一条极为普通的小鱼。但一切都不是太糟糕,因为我可以自由自在地在水中游荡,哪怕我只是被拘禁在了一片小水池中。

夏天很美,一片落叶轻轻飘落在水面,我的头下荡漾起一片阴影,我抬头,一串晶莹的"珍珠"自我口中吐出。雨来了,淋淋湿湿而又有几分朦胧。这很像江南烟雨,是雾气的,可又不似雾气。水轻轻地从我的身旁掠过。远处如茵的草地在眼中无边绵延,可以有这么一片景供欣赏,在天地间无拘无束,多好。

我可以在水中沉沉睡去,这里有黑暗亦有光明,而我可以在其间享受只属于我的静谧。这里,没有被人的脚印所侵扰的地方,才是真正的净土。

这里也许不是桃花源般的仙境,但我可以和伙伴一起分享那纯洁无染的黄昏。红日在窗外定格成画,在记忆中,我用水勾勒出我自己的模样。我不沉重,心头轻盈,也许只是对彩虹的惊鸿一瞥,但是也足以让我心满意足。

我就是那么容易满足。

二十年后的上海

郝心榕

上海市建襄小学 四(3)班

我有一把魔法钥匙,只要它一发光,我就会被带进一场魔幻旅行。

今天中午,我正在和我心爱的机器人超能蛋聊天,突然一道金光闪过,我扭头一看,魔法钥匙开始发光了。此时的我心情既兴奋又紧张,它要带我去哪里呢?

没一会儿的工夫,我来到了一个陌生的地方。虽然这里也人山人海,看起来和现在的上海没有什么差别,可是如果你仔细观察,会发现许多人的穿着打扮十分奇特,虽然正值寒冬,却只穿着单薄透气的衣服;一些汽车插翅在天空自由飞翔,却井然有序,毫无堵车的烦恼。

更让我好奇的是,路上的一部分行人走起来怎么手脚僵硬?我定睛一看,原来那些都是穿着各色工作服的机器人,它们走进了教室、工厂、办公室里。瞧瞧它们,可帮人类做了不少事情呢!

我走进学校,一群孩子出现在我眼前。他们都戴着红领巾,可是看起来比我矮了许多。我低头一看,发现自己已经长成了一个年轻的大姑娘。对于这个突如其来的变化,我感到十分纳闷。

就在这时,一条横幅吸引了我的注意,上面写着:"建襄小学八十周年校庆"。我离开超能蛋的时候学校还是庆祝成立六十周年呢,我恍然大悟,原来这里就是二十年后的上海。

　　只见学校里也有许多机器人,它们正在忙着帮老师批改作业、备课,帮园丁浇花,帮清洁工打扫卫生。一个正在打球的小朋友突然脚下一滑,眼看就要摔倒,说时迟那时快,一个机器人以迅雷不及掩耳之势冲上前去,抱住了他,避免了一起可能发生的意外伤害,周围响起一片掌声和喝彩声:"小Q真棒!"

　　当我正沉浸在这美好的时光时,魔法钥匙开始发光了,似乎在提醒我:该回家了。我依依不舍地离开了未来的上海,心里默默地想,我一定要努力学习本领,让未来的上海变得更加繁荣昌盛!

给自己的一封信

李克言

上海市万航渡路小学　四(5)班

亲爱的自己：

请告诉我二十年后我怎样了？是成功了，还是依然在努力奋斗？无论如何，我希望未来的我，能改掉身上的小缺点，做个完美的自己。尽管我知道，没有人会是十全十美的。

我希望未来的我，能依旧拥有一颗善良、童真、纯净的心，能够更加热爱学习，能"活到老，学到老"！

我还希望未来的我，是个懂得感恩、敬爱父母、尊敬老师的人，能够报答他们对我的良苦用心。

也许未来的世界和现在的社会有天翻地覆的变化，汽车能够在天上自由地翱翔，聪明伶俐的机器人在为人们服务，摩天大楼魔术似的拔地而起，人们的生活更加快乐美好。但希望我的朋友，二十年后的我，能帮我完成我的心愿，能帮助我感染身边的人。

"谁言寸草心，报得三春晖。"天地会变化，但爱是永恒的！即使天地万物都一去不复返，我相信，爱也会一直留在人间，打动着所有人。

我心里明白，现在的我，还很稚嫩，缺点多多，但我希望能从今天开始埋下一颗希望的种子。这颗种子，必须经历风吹雨打，二十年后才能长成参天大树,枝叶茂盛,开满鲜花,结满硕果。

真心希望二十年后的我能在未来实现我的梦想……

没有人能做到十全十美,但我明白每个人要用自己最大的努力,力求做个完美的自己!

衷 之 诚

杨柏芸

浙江省宁波市中兴中学　903 班

"三块六毛钱……"豆腐店的老板娘接过客人给的钱,拉开抽屉找零。客人走了,老板娘皱着眉往店外探了探头,他还坐在那里,一动不动。

当太阳挂在天空中的时候,他便来了。他是那么特别,老板娘一下子就从人群中看见了他。他穿着一件过时但洗得干干净净的布衫;他的皮肤有些黑,满头大汗,步履匆匆;他从容地和穿着洋服的西洋人,抹着粉扭着腰的上海女人擦肩而过,眼里满是与年龄不相符的成熟和镇定;他坐在桥墩上,面朝着滚滚流淌的黄浦江水;一个不合身份的皮包在他脚旁。老板娘只能看见他的后脑勺,执拗地朝着波光粼粼的江面。

"一个奇怪的小孩。"老板娘擦着年数已久而油汪汪的木桌,时而抬眼望一望他。

夜色笼罩了这座繁华的不夜城,店外的马路,灯火通明,豆腐店也亮起了一盏小小的煤油灯。他仍在那里,但似乎也有些急了,站起身徘徊,从江面上吹来的风鼓起他的布衫,像泊在江岸的小渔船飘扬的船帆。

浓重的夜幕像墨一样,从墨色中渐渐洇出一个奔跑的人影来,一个洋人! 张皇失措,领结都歪了。他兴奋地跳起来,把那个厚厚的皮包递给他,洋人用手在胸前划了一个十字,而后紧紧握住了他的手。洋人从皮箱里掏出一沓钱,硬塞给他,他瞬时变得严肃起来,头摇得像波浪鼓似的。洋人似乎拗不过他,问了他什么,但见他只用手指轻轻点了点前胸的位置,转头离开,慢慢浸入平和的夜色里。老板娘心中明了,她喃喃地自语:"一个诚实的好孩子,将来一定有大作为……"

她不知道他是谁,也没想到他后来会白手起家,摆脱贫穷,成了五金大王,更没想到他始终节俭勤朴,善心如水,建起疗养院和学堂,乐于各种公益慈善事业,成了宁波帮商人中的翘楚……她只知道那天他在黄浦江边等了一下午,只为把装着大笔钱财的皮包还给失主。

路过一家老酒馆,她惊奇地看到那个洋人正坐在里面,他面露激动的红晕,用蹩脚的中文说道:"他只说,他叫叶澄——衷……真没想到,一个中国孩子竟然如此实诚!"人群爆发出一阵议论和赞叹声。

"澄……衷……"她仿佛听见一只水鸟,扑棱着翅膀,飞离了黄浦江平静的水面。

指导老师虞迎君点评:本文构思巧妙,视角独特,以一个老板娘的视角向读者娓娓道出叶澄衷先生小时候诚实守信的故事,一气呵成,如行云流水。而且文笔细腻,遣词造句,生动传神;尤其是含蓄而简练的结尾,言已尽,意犹未了。

六、幸福列车

驶向家乡的火车

李沅臻

上海中医药大学附属浦江高级中学　高三(4)班

儿时的火车就像是一个标志,它运载着乡愁和未来,薄薄的一张车票,带来的是一个家庭的团圆和分离。

很小的时候,春节总是会伴随着一辆缓缓开来的绿皮车,一张卧铺票和一年难得吃一次的方便面。妈妈牵着我的手,另一只手拉着拖杆箱朝车厢走去。

进入火车之后呼吸就变得不一样了。火车是有种专属的味道的。这种味道不同于动车、高铁、飞机,也和地铁、公交不一样。可能还会和往返的目的地有关系。

我记忆中的火车的味道早已不再清晰,上一次坐火车是在二〇一四年的春运。人山人海的火车站,背着大包小包的农民工,牵着两三个孩子的妇女,中间夹杂着无数的独行人,互相推推搡搡地向前走。火车站里找不到落脚的地方,像是整个上海的人都到了火车站,远远望过去都是黑黑的脑袋。

车上也是人挤人,买不到坐票的就买站票。车厢的连接处都是站着或拿小板凳坐着的人,倚着墙打瞌睡或者和周围的人聊天。百人百态。

不知道为什么,妈妈总有办法抢到卧铺票,下午六点从上海开向长沙,在车上睡上一觉睁眼就能到。中途停站,都会上来一些人,下去一些人。

滴水成冰的凌晨,站台上还有小贩在卖热气腾腾的鸡腿和卤蛋。妈妈说,鹰潭站台上那个卖鸡腿的老人从她少年时就在这儿,一直卖到现在,口味绝对一流。

坐了大概四个小时,车厢安静了,可我睡不着。十点熄灯后,还会有人走来走去。皮鞋轻轻叩击地面的是乘务员,毛裤沙沙摩擦的是学生,塑料鞋底咯吱咯吱的是工人。

这都只是猜测,这些陌生人身影虽看不清晰,但是那刻意放轻的噪音令人温暖。他们的背影带着奔波的疲惫、归家的欣喜和对明天的向往,我在这种声音里闭上眼睛安然入睡。

一般来说,我五点多就醒了,第一件事是撩开窗帘朝外看,外面若是白茫茫的一片,就会痴痴地盯着雪看,若是看不到白雪,就看外面的山丘,起起伏伏的剪影一闪而过,猜测还有多久能到家。有时候刚巧醒来,外面就到一个不知名的小站,破破旧旧的小站让我总是记起朱自清先生《背影》里的小站台,望了半天,怎么也找不到卖橘子的人和墨青色的栅栏。

起床排着队洗脸刷牙,然后吃早餐。吃完早餐大概是早上六点,天缓缓地变得明亮起来。

七点下车,再回望时站台已经被人群淹没,所有的一切都看不清晰,唯独熟悉的故乡味道扑面而来。

记忆里的那班晚六点开的绿皮火车,曾带给我多少次故乡独特的味道,听说现在已不复存在了,但那种温暖、亲切一直留在我心里,会到永远。

指导老师林启华点评:作者善于观察生活,在回乡的"绿皮火车"上,捕捉住生动的细节,体验到世态人情。匆忙与闲聊,疲惫与温暖,共存于一列火车中,而一个时代又何尝不似这列火车呢?

戏 里 戏 外

郭睿扬

江苏省盐城市亭湖高级中学 高三（1）班

山路崎岖，古木森森。山坳深处，一片酒店，生意清冷。酒店门前，一叶酒幡在秋风与夕照中摇曳。暮色将至，行人渐稀。突然，一阵脚步声打破了山间的静寂，逼仄的小道上健步走来了一位彪形大汉……

——这是皮影戏《武松打虎》中的一个桥段。中国传统艺术真可谓博大精深，几片驴皮上，可以勾勒出万般风情；投射到一方小小的幕布上，便能造就出一个灵动的世界——我暗暗赞叹着幕后操纵的那帮艺人，估摸着他们应该都是皮影界佼佼的大师了。

……那鲁莽的大汉赤手空拳上了山。正行走间，眼前树木摇动，腥风乍起，一只吊睛白额猛虎猛然蹿向了大汉。"呔！大虫！哪里去！"英雄大喝一声，撸起衣袖，凭着一时的冲动和一身的膂力，与那只老虎厮打起来。那虎张着血盆大口，冲着大汉咆哮着扑过来……

胆小的孩子吓得钻入父母的怀中，有些竟吓得哭了起来。

"这出戏经典呢！我带过的每一个旅游团来到这里都会点这个节目。我看了多少遍，可以说是百看不厌。"我身边的导游连连赞叹。

"这个皮影戏团应该很有名吧？"我好奇地问。

"那自然了，他们在国内得过好多大奖，连国外也巡演过多次呢！要不然怎么可能在这寸土寸金的地方常驻！"

"那他们可真是皮影戏大师了！"

"对对对。只是……"导游欲言又止。

幕布暗了下来，第一场戏结束，而下一场还未开始。短暂的休息时间里，人们一个个从皮影打造的天地里降落到了现实世界，广场上喧哗声起。我按捺不住满心的好奇，悄悄溜到了后台——我很想零距离看一看这些皮影达人们的风采。

后台的灯光下，一位比我还要矮小的小女孩正俯身在一张宣纸上练习作画。我想，这也许是哪位大师的孩子吧，这么小就在练习绘画基本功？我走到她的近旁，静静端详。

小女孩用极细的毛笔将红色的水彩点染开，渐渐变成了一片片花瓣；接着又将笔尖蘸一蘸清水，采了一点浅红来描边，那动作轻巧连贯如行云流水；最后小心翼翼地蘸上嫩黄，缀在花蕊上……我看见一朵娇嫩的花儿变魔术一般在她的手下绽放！

我忍不住叫出声来——为她的画技赞叹，那小女孩回过脸来，我惊奇地发现：那是一张与其身材极不相符的成人的脸！导游一边打着招呼，一边追过来将发呆的我拖离后台，而我还是忍不住回过头去，打量着"小女孩"矮小的身躯上那张有些沧桑的脸庞。

导游远远地看着那位"小女孩"，还有她的那些忙碌着的同伴们，徐徐说道："他们是本地最著名最成功的皮影戏团，他们也是一个最不易最坚强的团队。"

原来，他们都是残疾人——他们永远只有矮小的身躯。在人生的旅途上，他们曾被无数的机会拒绝过，曾被多少人用异样的目光虐杀过，他们的梦想一次次被那些身材比他们高大的人们踩碎在脚下……可是,他们坚持下来了,他们走出了自己的路。

于是,我们看到了武松赤手空拳上山,打败了全副武装的人都难以对付的猛虎;我们看到了借助他们的双手,一朵朵千娇百媚的花儿在银幕上绚丽绽放;我们看到了一门已经到了风烛残年的传统艺术,在他们的汗水和心血的浇灌下焕发了青春……

更重要的是,我看到了他们脸上露出的笑容——那是成功的笑,那是自信的笑,那是发自内心的胜利者的笑……

养老模式的改变

左隽瑶

上海市市西中学 高二(1)班

打开微信,推送了一条新闻:"宝山一个老太太,一个月竟打了十六次110!"是家庭纠纷?还是突发意外?我好奇地往下翻阅。原来七十六岁的袁阿婆曾经脑梗,腿脚不便。而八十四岁的老伴最近因为中风,丧失行动能力,起床上厕所都会摔倒,每次遇到这样的情况,袁阿婆只能拨打110求助,因为他们的子女远在嘉定区,无法及时赶到……虽说子女理应承担更多的责任,但现实是:年迈的父母、升学中的子女、紧张的工作也使他们身心俱疲,苦不堪言。

作为一名中学生,为何会对这样一篇报道感慨良多?那是因为我家也面临着同样的难题。我的太外公、太外婆已九十高龄。如何为他们养老,成了迫切需要解决的问题。他们有四个子女,两个长年定居海外,而住在上海的另两位子女也年近古稀,自己也需要别人照顾。"养老院"于是便成了我家一个隐晦的词汇,谁都不敢在老人面前提及,送他们去养老院,似乎就意味着自己不孝。

在城市老龄化问题日趋严重的当下,如何改变养老观念?我冥思苦想,决定以此为契机,做一个课题,既可进行养老问题的策略研究,又可解决家中面临的难题。经过走访调查,一组组数据出现在我面前：普陀区现有户籍人口88.38万，其中六十周岁以上的老年人口达到了24.12万，并仍呈增长趋势。"纯老家庭"、独居老人数量多，社区养老难度大。

过去，不管家里有多老的长辈，都是在家养老。不管子女有多大困难，也不敢把老人送到福利院，怕被众人骂不孝。现在，人们的观念发生了很大改变。如今，我非常欣慰地发现，现在已不再只有居家养老这一种模式啦！社区居家养老、机构养老、租养结合性养老……一批批新型养老模式应运而生。可以根据不同老年人的实际需要提供多层次的全方位服务：不仅提供生活照料，还逐步增加了专业护理、心理慰藉、精神赡养、医疗保健、社会参与等更多的养老服务项目。多元化、多层次的养老服务体系正被越来越多的老人所接受。近期我还去了长寿养老院慰问过老人。这是一家集托老、养老、康复、保健、休闲、娱乐为一体的综合型养老家园。里面设施一应俱全，老人们在此颐养天年：专场电影、戏曲沙龙、休闲健身……欢声笑语回荡在院落各处。

特别是过去的五年，养老模式发生了翻天覆地的改变！养老事业也多元化发展，不断提升着老年人的生活质量。社会建立了以居家为基础、社区为依托、机构为补充的多层次养老服务体系，真正实现了老有所养、老有所依、老有所乐、老有所安。于是我鼓足勇气，拿着调查报告给外公外婆看，他们显得格外认真，许久未见的笑容又一次重回他们的脸庞。此刻，也许他们正在思考何种养老模式更适合太外公、太外婆吧！中国提倡孝道，"老吾老以及人之老"，改革开放的四十年，也是我们社会文明进步的四十年，物质生活不断提高的同时，全社会的思想观念和精神素养也不断提升，给今天老人更多的关心，不正是对未来老去的我们的一种人文关怀吗？愿养老模式变得更多更好,能惠及每一位老人,让辛劳一生的老人能安享改革开放的红利!让每个家庭获得更多的幸福和快乐!

(指导老师:杨俊杰)

我的私人博物馆

何子钰

北京市第 171 中学　初三（4）班

我有一家博物馆，专门展示汉文化的。要说原因，还是因为曾经的一场漫展。我与两个朋友一起穿了汉服，还没进展馆，旁边过来一位满脸堆笑的老大爷跟我们打了个招呼，还说了句："你们穿的这是和服吧。"我就意识到这家博物馆迟早得开，于是它就诞生了。

汉文化真的很丰富很复杂。几千年来华夏文明不停地吸收容纳了其他文化，汉文化就一步一步发展壮大了起来。《左传》有云："有服章之美，谓之华；有礼仪之大，谓之夏。"我先给汉服和汉元素分了类，然后开始讲解。汉服分为很多种类，如袄裙、襦裙、曲裙、乌面裙，其中又有许多分类，如襦裙分为齐胸襦裙、交领襦裙……

我的博物馆还开放了汉服试衣间，有一些汉服的基础款式供大家试穿。可当我看到人们把汉服穿得千奇百怪，有的甚至将大袖衫套进了内衬里后，我不禁懊恼地叹了口气：果然，现在的文化流失还真是严重啊……

大多数人仿佛都对汉文化有一种敬佩的心理，却也总有少数人对以前的文化表示唾弃。

有一天，我见到试衣出来的一位年轻姑娘的交领穿的是右领压左领,略一思索,还是提醒了她:"交领襦一般是左领压右领的,右压左的左衽是丧服的穿法。"她皱起了秀气的眉峰,转头对同伴说:"啧,我说吧,这种衣服可没什么好,稍不小心就穿成死人了呢。还不如不来,真不吉利。"我抿着嘴唇,还是缓和了态度,没有再说什么。毕竟喜欢上一种有内涵的文化,是要靠自己被它的魅力所吸引,而不是他人说几句就可以的。

"喂,我说,这汉服有什么用啊?又贵又丑的。"姑娘不依不饶地叫嚷着,"真是的。"我想着,平复了心情,平和地开口:"汉服是华夏民族传统服饰。古人重视气质,传统女子身上总是有各样的花钗、步摇、裙带、长佩,同时在袍裙上辅以香料,给人以一种多感官的美的享受。复兴汉服,复兴我们的传统文化,其实也是一种对美的追求,使人们能够更深刻地意识到中国古代的人们拥有一种怎样的审美观念。汉服承载着华夏大地遗留下来的历史沉淀。也许它不够完美,但你若不抱着一种厌弃的心态而单纯地去感受它,你也许能找到它的特点。"姑娘"哼"了一声,又问:"那它在古代是漂亮,现在谁穿这么麻烦的衣服?""其实汉服不麻烦的,连较难穿的曲裙也只有中衣、下裙、曲裙、腰带几件,而襦裙就更简单了,一般只有上襦和下裙。再说,融入汉元素的服饰也不少啊,我们博物馆设立了现代汉元素专柜的。而你说它贵,其实跟COS服差不多的,美好的文化怎么会廉价呢?"我只是微笑着,右手叠着左手自然地放在身前。那姑娘嚓了声,后退几步出了博物馆大门。

我回过头,汉服同好们还在聚集着,讨论这件的凤纹绣得精致,那条发带的颜色与哪条裙子相配。我不由得一笑,毕竟汉文化的魅力总是能让某些人哑口无言。

同一片星空下

张少石

上海市风华初级中学　九(3)班

　　那年冬天,我去大山里和爸爸团聚,一块儿过年。爸爸驻守在山里,春节便成为我们相聚最宝贵的时光。群山被冰雪完全覆盖。天是白的,地是白的,树是白的,路也是白的。吉普车在盘山路上艰难地爬行,轮胎上绑着的防滑链,深深地碾进雪里,即便这样,转弯时车子还会时不时侧滑,让我的心不由揪成一团。大半天的工夫,我们一点点从山脚绕上山腰,从前山转进了后山,终于越来越接近目的地了。透过蒙着冰雪的车窗,我远远望见爸爸部队营区模糊的轮廓。山里的日子,与世隔绝,无聊得就像不止不歇、没完没了的落雪。爸爸每天还是早出晚归,难得陪我,我慢慢地也融进了这里,成了地道的"山娃"。一天晚上,接连下了几天的雪终于停了。爸爸神秘地对我说:"穿上羽绒服,戴好帽子,爸爸带你去个好地方。""好!"早在屋里憋坏了的我,一个鲤鱼打挺跳下了床,终于可以出去透透气了。我穿戴整齐,和爸爸出了屋。

　　地上的积雪很厚,刚踩在上面,便陷进半只脚去。沿着一条窄窄的小路,我跟着爸爸拾级而上,深一脚浅一脚向上爬。山林寂静,耳边只有咯吱咯吱踏雪声。爸爸不时提醒我,慢点儿,当心滑。我小心翼翼,可还是摔倒好几次,却也不疼,雪垫子又厚又软,蓬蓬的。就这样,在爸爸的鼓励下,我气喘吁吁,总算爬到了整个营区的制高点。眼前,营区像个熟睡的婴儿,甜美地躺在用白雪包裹的摇篮里。远方,连绵的山岭早早冬眠,沉没在梦乡。爸爸拍了拍我的肩膀,指指头顶。一抬头,豁然开朗。我被壮观的景象震撼了。穹顶深邃而幽蓝,一条璀璨的星河,悬在当空,恰似在蔚蓝的海上架起一座宝石装点的虹桥。星光点点,忽明忽暗,洒在白雪覆盖的山梁上,如同为她披上了一层银色的纱。爸爸把军大衣敞开,把我紧紧搂在里面。他指着远方,一一讲给我听,那高悬在天际的是猎户座,那颗青白色、最亮眼的叫天狼星,那把横着的钢叉就是金牛座……那时的情景深深刻在我的脑海里。

今天,离山上的那一晚已经过去好几年了,爸爸也完成了任务,回到了我的身边。都市的夜,既远离傲雪的群山,更难见空灵的星河。夜色下,满是霓虹闪烁,车流滚滚。繁华的街市觅不到一丝宁静。每每这时,我都不由自主想起山里的那夜,想起那纷纷扬扬的漫天大雪,想起爸爸给我讲的大山里的故事,想起和爸爸朝夕相处、守望疆土的解放军叔叔。

同一片星空下,人们的生活却百态千姿。都市中的我们,在陶醉安乐、享受团圆时,怎能遗忘那些肩负责任、默默奉献的国家的保卫者?

星汉灿烂绚丽,属于我们,更应属于他们。

我家的变化

孙佳逸

华东师范大学第四附属中学 九(1)班

"叮咚——"一声微信支付提示音把我飘远的思绪拉了回来,我拿着刚买好的一瓶矿泉水走出了超市。眼前是一片车水马龙的街道,霓虹灯点亮了黑夜。

"滴滴滴——"我侧头看去,一个学生正拿手机扫码开锁摩拜单车。现在,我们的生活真方便啊!

十二月十八日,庆祝改革开放四十周年大会在北京召开,全国人民都在回顾这四十年的变化,我也想说说我们家的变化。我家住在上海市普陀区一个现代化的小区里,这里环境优美,从阳台望下去还能看到贯穿小区的一条河道。妈妈说她小时候住在宜川新村的老公房,是一室户,才十几个平方。同学来玩,只能挤着坐在小钢丝床上。她一直睡在阳台上,冬天阳台漏风,特别冷,夏天太阳西晒,特别热。作业要吃完晚饭,收拾后,在饭桌上做。那时她最大的心愿就是有一间自己的房间。

改革开放后,老百姓富起来了,爸爸妈妈手头也宽裕了,他们先买了一间八十九平方米的房子,六年前,又买了现在的三室两厅大房子,一共一百三十八平方米,我和弟弟都有自己的房间。妈妈说,如果不是改革开放,只怕做梦也不敢想住这样的房子。妈妈是改革开放的同龄人,老家在江西。她告诉我,她小时候跟着外婆回老家,要到南昌或者鹰潭转车,从上海到南昌,为省钱,只能坐绿皮火车硬座,要十六个小时,累得不行。而南昌到赣州的汽车还要坐十二个小时左右,一路上,吃饭、喝水、如厕都困难。每次回老家,简直是畏途。我真的无法想象,现在回老家坐动车直达,不到十二个小时,而选择高铁的话,上海到南昌四个小时,南昌到赣州两个小时,早晨走,下午就可以到,方便极了。

中国高铁已经进入"350"时代,据说是世界第一。写到这里内心不由得十分自豪。我今年暑假在英国牛津还骑了摩拜单车呢!我们都享受到了改革开放带来的好处,生活越来越幸福。生活在变化,上海也在变化。这些变化是我们的祖辈、父辈不断立足梦想,艰苦奋斗的结果。上海在前进,正在努力建成世界经济、金融、贸易、航运和科技创新中心;祖国在前进,正在努力建成富强、民主、文明、和谐、美丽的社会主义现代化强国,实现中华民族的伟大复兴;我们家也在前进,发生了巨大的变化。

而我们更要珍惜来之不易的幸福生活,好好学习,克服困难,做个德智体全面发展的接班人!

(指导老师:王凌)

我们的少年时代

李心睿

上海大学附属学校 六（2）班

阳光肆意地充斥着整个茵绿的操场，梭巡过后，又将操场上一个个穿着鲜红球衣的少年的脸颊打成绯红。初夏燥热的空气，教学楼旁树木稀疏的绿荫，遮住的是体育馆稀松斑驳的墙皮，而这一切却都未曾按捺住青春潋滟的朝气。

操场上的少年们，体内充盈的是一腔的激情热血，他们瞳仁的深邃处分明有只火烈鸟在歌唱，孜孜不倦犹如一抹明焰。这，是一场足球比赛，初中生活的第一次比赛。

正是因为初次，就像是在一张白纸上涂鸦梦想一样，是未知的神秘与美妙。队员们一只只叠在一起的手掌："一、二、三，加油！"脸上是势在必得的笑容与忐忑不安的紧张。

裁判的一声令下，打破了这难得的平静。一个个青春的身影，在操场上自由地奔跑着，骄阳的照射下是一个个鲜明的、活力的身影。一只小小的足球，被插上了梦想的翅膀，在运动员们矫健有力的双脚下，似乎是要愈飞愈高。"传球啊！"一声尖锐的声音，是队长，那个高个子、皮肤黝黑的男生，他飞快地跑着，一边与对面的小个子队员近乎声嘶力竭地喊着。队员点点头，举手投足之间是队员们的默契。他领会了队长的计谋，守在对手的球门附近，灵巧轻快地将球踢给了队长前面的队员，那是一个有着干净清澈的眼神的男生,他们都读懂了彼此眼神中的信息,那是一份只属于少年们的,对胜利毫无功利的渴望与期盼。一切都像白纸一样纯净,毫无杂质,简单朴实。

他们尽情地挥洒着汗水,用自己的青春。场下的啦啦队员,扯着嗓子喊着,为自己班的队伍加油,让对方班的队伍"漏油"。那些表面上的"漏油",实则也是双方之间的玩笑,一场比赛过后又会如往常一样保持着友谊。一切都只属于我们,这个朝阳般的年龄。

对于胜利的期盼,支撑了每个队员疲惫的身体,半场比赛,双方以零比零收场,等待他们的是更加煎熬的下半场,可他们的执着热爱,让他们看上去依旧精神饱满。肆意挥洒的汗水,尽情燃烧的阳光,他们谁也不想放弃,每个人都尽全力地拼搏着,只是不想在初次的白纸上,留下遗憾,他们要在白纸上画下最美的一笔。

"快点,马上就要进了。"那是队长焦急的声音,球在我们的球门前不断徘徊,拼命想冲向前方,离结束没多久了,守门员同样紧张地盯着球,他想要阻止遗憾的发生,每个队员的希冀,压在了他的肩膀上。可由于一些小小的插曲,遗憾还是发生了。

球冲进了我们的球门,那些队员的脸上,有失望,有泄气,有不甘。我们不想服输,我们就是要用青春的棱角,刺破世间的圆滑。可结局注定是无法改变的,我们就是输了。但没有人埋怨他们,都一个个地给他们安慰与信心。那些少年队员们,有的哭了,他们像是被青春锋芒刺伤了的雏鸟。可没有人是绝望的,更多的是对下一届足球比赛的期待。

我突然想到了一幕,在日本电影《垫底辣妹》中,曾经的学渣,在高二时由于自己的坪田老师,决心要有所改变,最后考上了日本最顶尖的私立大学——庆应大学。在坐着新干线前往新学校时,她读着坪田老师给她的信,信上说,无论结果是否令人满意,她这一年的努力时光,都是她一生的财富。读完后她哭了,抬起头看窗外,几十米下的平地上,坪田老师渺小的身影使劲挥舞着手臂,老师念念有词:"有志者,事竟成。"

我们输了,但每个队员都能问心无愧地说一句:"至少,我们曾经努力过!"而失败真的就不好么?极为理想、浪漫的日子,原本就不存在,五味杂陈的生活,未必就不美好。我知道,我的同学们,他们不会放弃的。他们虽然长相普通,却像普罗米修斯遗下的火种,丢在冰块一样凝结的人群当中,不断跳跃着,燃烧着,那么灼灼闪耀,与众不同。少年们,在碌碌人流中是那么的独特与放纵。

等到我们都长大了,等时间泻入一方死潭,缓慢蒸发时,一切都在悄无声息地离开时,那么剩下的,也许就只有少年时代成功过失败过,辉煌过狼狈过,努力过懒散过,笑过哭过,爱过恨过的一幕一幕了。

我望着操场发呆,同行的女同学把我叫起来,好像是开玩笑地埋怨着我做啦啦队员怎样怎样的不专心,怎样怎样的不是。我笑了,回头望望身后,一个个脸上带着自由不羁的队员们,他们仍是少年。

一如我一路走来的少年时代。

我家的年味

郑自迩
同济大学附属存志学校 初一（5）班

新年，虽无"爆竹声中一岁除"，却有"总把新桃换旧符"，年味依旧不减。写春联、贴春联，欢欢喜喜过大年，无论城市还是乡村，这些活动在农历新年不可或缺，备受人们喜爱。然而在我家，这项活动有点"怪"。

第一"怪"：红纸专由外婆买。临近春节，我总要叮嘱外婆，请她看看"淘宝"，关注那几家春联纸专卖店。一到小年夜前几天，一包包不同规格的红纸，总会由快递员陆续送来。

第二"怪"：先来写"福"热身赛。每年写春联之前，妈妈总要拿出方形大红纸，分发给每个人，家里每人依次写两张"福"。写完之后，将所有"福"依次铺在地板上，由妈妈主持举行"最美福字"公投。

第三"怪"：对联编写自己来。每年第一副春联，由"福"字写得最好的人来写，但是对联的内容必须自己创作。今年写"福"的冠军是我，我拟了四字联"犬吠报晓，鸟语迎春"，虽然出乎大家意料，但获大家鼓掌通过。首先，由我手握大笔，先成一联；接着，大家都来试笔写春联，有长有短，有庄有谐，满屋生辉。

第四"怪"：对联不贴大门外。家家户户贴春联，当然都贴在门上，而我家的春联，既不贴在大门外，也不贴在房门上，偏偏贴在客厅墙壁上。红春联贴在白墙面,满堂红光,更显喜气洋洋的节庆氛围。

第五"怪":作品微信网上派。一次活动,作品多多,挑出一些满意的,委派妈妈和外婆把图发在朋友圈,欢迎亲戚朋友们"订货",分享我家"新年艺术节"的成果。微信刚发,才几分钟,下手快的点赞称谢,没抢到的发个哭脸,真有趣!

正是这些小小的"怪",给我家带来大大的享受。那满屋的中国红,淡淡的松墨香,正是我家以此为乐的浓浓年味。

中国铁路从落后走向腾飞

孙怡然

上海市桃浦中学　初二（1）班

　　我还没走进家门，就听见爸爸兴奋地对妈妈说："去黄山的高铁今年元旦要通车了，以后从上海到黄山只要两个多小时，中国速度创造了世界奇迹。"之所以爸爸今天这么高兴，那是因为爸爸是一名铁路工作者，他从事铁路工作将近三十年，从过去的蒸汽机、内燃机、电力机车一直干到了现在的动车组列车和高速列车。

　　我虽然对铁路不是很懂，但是从爸爸的口中和新闻里，我得知了很多关于中国火车发展的故事。我知道过去的火车既慢又老旧，铁路的基础设施还很落后，站台破旧、安全措施缺乏。我去一趟黄山的外婆家要在火车上花费十几个小时，车厢的窗户还透风，火车一路开一路"咯叽、咯叽"响，让人身心疲惫。以前，常看见铁路工人拿着榔头在火车轨道上检查修理，有时一段路坏了，火车只能停运，坐在火车上等几个小时是常事。现在，管理智能化，既提高了维修能力，还保证了质量，那种坐在火车上等"结果"的事，不大发生了。

　　现在的高铁一下拉近了城市与城市之间的距离，感觉一切都是那么地便捷，一切都变得不再遥远。我听爸爸说过，中国火车有这么快的发展、这么大的变化，是改革开放的成果，是改革开放改变了中国的命运,是改革开放才有了今天的中国速度,有了今天高铁的快速发展。

今天"交通强国、铁路先行"的号召是完成强国之梦、腾飞之路最有力的保障。速度才是硬道理。从"绿皮车"到"复兴号",中国铁路不断突破创新,跑出了让世界为之侧目的"中国速度",安全快捷的"贴地飞行"不再是梦想。

四十年的改革开放,中国铁路从落后到领跑,从学习到创新,铁路发展就是改革开放的一个缩影。四十年的巨变让我们有理由相信,铁路将会成为祖国傲然屹立于世界民族之林的"大国重器"。

指导老师李丽点评：作者能结合自己的亲身经历和感受,以铁路的发展变化为内容来写,语言朴实,入题简洁明快,条理清晰,感情真挚。

吹 泡 泡

苏天瑜

复旦大学附属小学 三(3)班

我相信大家都吹过泡泡。可是,你吹过花式泡泡吗?

瞧,我们班小朋友正在操场上吹花式泡泡呢!甘瑞琳拿出肥皂水,拧开盖子,将吸管放了进去。只见她埋下头,鼓起腮帮子,使劲儿往瓶里吹。不一会儿,整个瓶子被珍珠般的泡泡挤满了。可是她还在继续吹,泡泡们就迫不及待地跳出瓶口,飞向空中。一阵风吹来,泡泡们飞远了。

看这边,李羡东拿出神秘的吹泡泡工具——一个吹风机头,像碗口那么大的特制工具,放在泡泡水里蘸了一下,又拿了出来。他正要吹,一阵微风,泡泡就调皮地飞了出去。这是一个又圆又大的泡泡,在阳光的拥抱下,朝太阳勇敢地飞去。

我也拿出了自己的"秘密武器"——精心配制的泡泡水。我将两根吸管一起放进去,沾满水,然后抽出来放在瓶口,用嘴缓缓地吹起来。一个巨型泡泡诞生了!它懒懒地待在瓶口,仿佛在犹豫是不是应该去减肥了。

不一会,同学们的泡泡都飞了起来。天空中的泡泡有的连在一起,在空中转圈,就像一个舞蹈家在跳舞;有的像一只目标远大的白鸽,在空中翱翔,仿佛在说:"有梦就赶快飞翔!"

操场上，有人在吹泡泡，还有人像捉蝴蝶一样，到处追赶圆圆的泡泡。好久没有这样痛快玩过了，希望我们的童年就像这些五彩缤纷的泡泡，无拘无束，充满欢乐！

第一次得金牌

马永坤

华东理工大学附属小学 四(3)班

"火云凝汗挥珠颗,颗珠挥汗凝云火。"炎热的夏日,汗流浃背,今天是一个难忘的日子,那是因为我要去参加——"台州国际武术比赛"。

比赛场馆门口摆着大气的、一人高的石头大狮子。来自世界各地的练家子,人山人海地挤满了会场,我既激动又紧张,因为我将要面对所有观众和十名裁判。

可是当我真上场的时候,我已经不紧张了,是因为我已经找到秘诀了!那就是——不去注视裁判的眼睛!

我今天打的套路是功力拳。我深深吸了一口气,瞪圆双眼:预备、双叉腰、并步抱拳、霸王举鼎。并步上冲拳,两拳须经胸前再向上冲;顺水投井,马步下栽,两拳经下巴两旁后下冲;乌龙右探海,左弓步格挡横击;乌龙左探海,右弓步格挡横击;直立双叉腰,叉掌并步抱拳;功力端四平,左弓步双冲拳。

坐在台下的妈妈说我双目炯炯有神,手脚发力到位。

就这样如行云流水,全套动作我一气呵成!当我听到台下爆发出热烈的掌声时,我的得分是7.5分,排列第一名,乃金牌得主!

愿时光能缓,让时间永远停留在这令人激动的一刻……

"冬练三九,夏练三伏!"一分努力,一分收获。用心做事,真好。一次我不小心摔跤,头部缝了好几针,可是一点没耽误我去教练处练拳。尽管伤口"嘣嘣"跳着疼,我依然咬着牙坚持。

　　说起"用心做事",要是我不努力,怎么能拿金牌呢?!那个金牌上面可是刻着"台州国际武术比赛,2018年第三届"的字样呢!

　　每当我看到这枚金牌时,心里都会不由自主地对自己说:"哇,我好棒啊!"俗话说得好,"骐骥一跃,不能十步;驽马十驾,功在不舍"。

　　古人尚且知道这个道理,我一定让自己干什么事都"锲而不舍",成为生活和学习上的千里马。

我的作文发表了

姜知安

上海市静安区闸北实验小学 二(3)班

今年七月一日那天,我还在午睡,突然客厅里爆发出一阵犹如杜甫听闻官军收河南河北时"白日放歌"般的大笑。我一下子就被惊醒了,看见爸爸妈妈拿着《新民晚报》跑进卧室。爸爸一把抱住我,说:"你的作文发表了!"我还有点迷迷糊糊,想,作文发表?爸爸老花,妈妈近视,是不是他们看错了?对,只有看到才知道。我拿过报纸一看,真的,在"快乐作文"版上有一篇《阳台上的花》,那就是我投稿的作文!

且慢,是不是我太兴奋,看错了?我又仔仔细细地看了一遍。是呀,还印着我的名字和学校、班级呢!高兴的心情像涌泉一般喷流出来——我深深地体会到了杜甫所说的"漫卷诗书喜欲狂"!

晚上全家人设家宴庆祝,把七月一日称为"我家的作文日"。我喜欢写作文,我要继续写好作文,继续投稿。

微笑的魅力

金钰媛

上海市高安路第一小学　四(3)班

在人的喜怒哀乐各种各样的表情中,我发现最为神奇、最有魅力的要数微笑了。

数学是我的强项,可是我这次单元测验只得了"良好",跟"优秀"失之交臂。如果不是在大庭广众之下,真想痛哭一场。

下课了,老师向我招手,我"做贼心虚",心都揪紧了,真是"哪壶不开提哪壶啊"!我就等着挨批吧!我硬着头皮走上讲台,不敢直视老师的眼睛,耳边却传来了亲切的话语:"别再垂头丧气了,偶尔一次失利,并不代表永远失败。对你而言,得'优秀'并不是难事。"我大着胆子看老师,她的脸上绽开灿烂的笑靥,简直是仙女的微笑,一股暖流从我的心里传遍全身。

我三步并作两步,回到座位,专心地订正错题,还认真地做了错题整理。回到家,我自觉地找来一些同样类型的题目加强练习。我的眼前不时浮现出老师的微笑,不知疲倦地做了一题又一题,练了一遍又一遍……微笑的魅力真是不可估量,它给了我温暖、信心和力量。

又一次单元测验如约而至,我专心致志地审题,一丝不苟地做题,终于如愿以偿地拥抱了"优秀"。老师又笑了,那微笑是夏日的微风,给我凉爽;是冬日的阳光,给我温暖。感谢老师的微笑。

微笑是短暂的,然而它却给我留下了美好的回忆;微笑是无声的,可从它背后我却听到了鼓励的话语。

第一次当主持人

张循齐

上海市江宁学校　三(6)班

在我的脑海里藏着许许多多的第一次,其中最令我难忘的就是第一次当主持人。

记得那是二年级时,班级要举办迎新活动。也不知是老师的错爱还是厚爱,我荣幸地被选为主持人。这对一向腼腆的我来说,可是破天荒的头一回呀!我不想错过这一次机会,在老师的指导下,一句一句认真地练习着,生怕会出什么差错。

演出那天,只见台下的观众黑压压一片。演出开始了。我的心怦怦地跳个不停,我挺直了身子走上前台,强装镇定,露出笑容致欢迎词:"亲爱的同学们,亲爱的家长们,下午好!今天,我们欢聚一堂,共同迎接即将到来的新年……我宣布迎新活动正式开始。"随着我吐出最后一个字,台下响起了热烈的掌声,我不由得松了一口气,精神抖擞地走下讲台。

那一个个有趣的小品逗得台下观众捧腹大笑,那一首首动听的歌谣使大家连连拍手叫好,我这主持人也情不自禁地陶醉其中,竟然忘记报节目了。在老师的提醒下,我大步流星地走上了讲台。可在众目睽睽之下,不知怎的,我竟然手足无措了。我早已熟记于心的台词,忽然间忘得一干二净。我着急地望着台下的观众,两腿不由得瑟瑟发抖。就在这时,我发现坐在前排的黄老师满脸含笑地望着我。紧张的心情骤然烟消云散,那台词竟然又准确无误地从口中吐了出来。真不容易啊!我心惊胆战地走下了讲台。

　　就这样,时间伴随着精彩的节目慢慢过去了,在热烈的掌声和欢呼声中,迎新活动圆满结束。事后,老师们纷纷夸赞我表现不俗。我心想,如果没有老师那充满信任与鼓励的目光,我这第一次登台亮相恐怕会以失败而告终。看来,鼓励和自信是力量的源泉。凡事都会有第一回,只有用信心和行动不断磨炼自己,才能取得成功!

军训的苦与乐

陈睿洋
上海市静安区第一中心小学　三(1)班

　　清晨六点,伴随着"嘟"的一声起床哨,我的军训生活开始了。
　　我不知道哨声所代表的含义,我照睡不误。我的新兵班长把我拎起来,给我上了第一课:哨声就是军人的命令,军人就要闻哨而动。
　　听了班长的话,我迅速爬起来,整内务(就是叠被子),洗漱。这时哨声又响起来,在班长的带领下,我们迅速跑到操场集合,开始一天的训练。第一个课目是"站军姿",整整站了一个小时一动都不能动,站得我大汗淋漓,腿都麻了。这一刻我深深地明白了当兵站岗的不易。站军姿刚结束又一声哨响,那是集合吃早饭。饭堂里兵哥哥们秩序井然,鸦雀无声,真是一个纪律严明的集体。我也学着兵哥哥的样子,快速地吃好饭后自己洗碗,还要帮助打扫卫生。紧接着投入紧张的队列训练:齐步、正步、跑步、敬礼。经过兵哥哥的训练,我尽量做到像教官说的那样:"坐如钟,站如松。"
　　午休起床后,又响起了哨声,集合到会议室学政治理论,我在一旁安静地写作业。不知不觉时间过得很快,学习终于结束了,迎来了一天我最快乐的时光,就是与营院里的一只军犬小黑玩耍。它是一只黑色的德国牧羊犬,我用手抚摸它时,它会向我摇尾巴。听班长说,小黑只跟军人摇尾巴。这时我觉得,我也是一名小军人了。

到了晚上,我自己洗衣服。洗衣服需要一个脸盆,洗之前,要先把衣服浸在水里,浸完后,倒下洗衣粉,袜子要把脚尖和脚跟的部位洗干净,外衣要把出汗的地方洗干净。最后,还要把衣服上的泡沫冲洗掉。这一刻,我终于明白了做父母的不容易。

晚九点半又一声哨响,这是就寝哨。紧张忙碌了一天,我已经疲惫不堪,上床倒头就睡,很快就进入甜蜜的梦乡。

短暂的一个星期军训和军营生活,我却觉得很长很长。到军营当小兵,体验军营生活,参加队列训练、站军姿、搞卫生、打扫厕所、洗衣服,生活训练既紧张又辛苦,它让我深深懂得:做军人必须服从命令,听从指挥,遵守纪律。参加军训有苦也有乐,但更多的是有一份收获。

游 泳 记

杨海芩

上海市第一师范附属小学 二(4)班

每周日,在妈妈的陪同下,我都会准时去游泳馆参加培训。

我的游泳教练是一位温柔和蔼、认真负责的女老师——薛老师。记得第一次下水,我小心翼翼试探,心里特别害怕,总觉得自己会被泳池水吞没,再也上不了岸,再也见不到爸爸妈妈。越是害怕,越是紧张,越是不敢下水,哭着闹着要回家。这时,薛老师笑眯眯地对我说:"不要怕,我会拉着你,会保护你。"握着薛老师的双手,我慢慢地走进了泳池,开始了我的第一堂游泳课。

学习游泳是要有耐心的。薛老师首先教我如何吸气、呼气、换气,还教我如何合理使用双臂、双脚划水,一个动作要反反复复练很多次,到最后全身又累又酸,每次我都想放弃,可看着薛老师面带微笑的脸庞,放弃的想法总是烟消云散。她一点点教我,哪怕我练了很多次仍然不会,薛老师还是一如既往的耐心。在薛老师的细心指导下,我终于学会了自由泳,从泳池的这头游到那头,自己一个人。薛老师笑眯眯地对我说:"能像一条小鱼自由地在泳池穿梭,是不是很开心啊?"是啊,我特别开心,觉得自己很伟大。

妈妈对我说,其实薛老师用她的笑容告诉我,不管碰到什么困难,都要自信地去面对,相信自己会有成功的那一天。

(指导老师:蔡雯君)

别开生面的露天沙滩音乐节

王 乐

上海外国语大学附属外国语小学　五(5)班

暑假,我和爸爸一起去金山城市沙滩参加"天猫国际世界妙物纪热波音乐节"。那是一场别开生面的露天沙滩音乐节!

说它别开生面,首先,举办的场所有别于其他音乐节,它是在金山城市沙滩露天举办的,活动从下午一直持续到晚上。酷暑下的这片沙滩,因为一场特别的音乐节变得更加炙热火爆。沙滩上人山人海,一眼望不到头。人们穿着鲜艳的服装,戴着各种配饰,仿佛过节一般,个个脸上笑逐颜开。

说它别开生面,还有更重要的原因。听爸爸介绍,这是一场集音乐、艺术、游乐、潮物于一体的音乐节,可以看作是文娱消费与新零售的一次交汇。音乐节现场,创造了专属新新人类的四大玩乐购物体验区——漂浮广场(美颜)、立体小镇(美妆)、奇幻市集(食品)、时间游乐园(时尚),让身处沙滩音乐节的观众也体验了不同场景的"国际购物游",我们穿梭其中,觉得眼睛都看不过来。

说它别开生面,对我而言,就是那场音乐会。我终于近距离地观看我的偶像花花——华晨宇的表演了。音乐会的歌手很多,既有中国歌手,也有外国艺人。当华晨宇唱歌时,我们也手舞足蹈跟着唱,唱得十分投入。每当华晨宇要演唱一首新歌时,我们都报以尖叫声来欢迎。花花唱得十分动情,声音很有磁性,时而悠扬,时而欢快,充满了动感,他很会调动场上的气氛,利用歌曲的间奏向台下大叫:"所有人举起你们的双手,Are you ready? Are you ready?"于是大家都把双手举起来,台上台下互动,把音乐节推向高潮。我这个小粉丝也是全情投入,跟唱、挥手、摇摆……等到夜幕降临,场上的歌声、笑声、欢呼声还不绝于耳。今天真是开心啊!

这个露天沙滩音乐节,实在让我难忘!

(指导老师:薛明凤)

特殊的一课

张开媛

复旦大学附属小学 五(2)班

说起上课,有一节"课程"尤其特殊,直到现在我还记忆犹新。

那天,我在海口市西秀海滩玩沙子,远远看见海面上白帆点点,原来是帆船俱乐部的学员们在训练。这可是我从来没有玩过的竞技项目!我顿时来了精神,死缠烂打地央求爸爸妈妈答应掏钱让我上一堂帆板体验课。

换好保暖服,穿上救生衣,我准备下水了。没想到教练却把我叫到一旁,他指着沙滩上的帆板说:"不要忙着玩!要想驾驶好帆板,得先从基本功学起!"

"我先给你讲讲风向和帆的方向。这根长长的大棍子是桅杆,站立的姿势要三点一线,这样就不会倒,这根绳子……"教练用他的海南普通话耐心地解说。我有点心不在焉,心想:"怎么这么啰嗦!那么简单的动作反反复复地说来说去。我又不是来沙滩上物理课的!究竟什么时候才能下水呀!"

教练好像听见了我的心里话似的,微微一笑,叫我和他一起拖着帆板,下海开船。我很有自信地朝着爸爸的照相机做了个"V"的手势,潇洒地向帆板跳去。啊呀呀,帆板随着海浪摇来晃去,我一脚踏空,吃了个"狗啃海水"。教练也不说话,等我费劲地爬上帆板,他直接将帆板驶离海岸。接下来的事更糟糕了。海浪就像和我开起了玩笑:一会儿把我拉进海里,一会儿把我推向岸边,一会儿又高高地把我托起。我站立不稳,又摔了下去,这下糟了,我什么都看不见,只感觉海水直往我的嘴巴里灌。我慌了神,四脚乱蹬。终于,一只大手抓住我,原来是教练把可怜巴巴的我从海里捞了出来。"我不玩啦!让我下船!"我气急败坏地喊道。

教练严肃地对我说:"只有三分钟热度是什么都学不会的!你要学就好好学,不能心不在焉。理论知识和实际操作同样重要!我们俱乐部的国家队队员们个个都比你认真一百倍!"我怔住了。坐在船头往四周望去,国家队队员的船帆排成一列,像离弦之箭,又像操练的士兵。"想好了没有?要不要返程下船?"

教练严厉的话语又在耳边响起。我咬咬牙:"我可不是不认真的无能之辈!"我重新站起来拉住风帆,开始认真地练习。渐渐地,我可以稳稳地站在帆板上了,可以拉住风帆了,可以加速了……最后,我竟然可以自己驾驶帆板了!当我返程归来,顺利登岸后,爸爸妈妈为我鼓起了掌。

直到今天,我都难以忘记这特殊的一课,因为,它让我明白了:只要你足够认真努力,你终将硕果累累。

七、家有萌宠

我家的锹甲

耿张图楠

上海市进才中学北校　七(2)班

　　二年级时我曾在百科全书上见到过一种叫做锹甲的昆虫，长着一对雄壮的大颚，看起来威风凛凛，显得嚣张跋扈，帅到不可一世。我多渴望能拥有一只！四年后的今天，我的梦想终于实现了。

　　在从海南回沪的前三天，我在什寒居然抓到了一只雌的鬼艳锹甲，虽然雌虫的颚没有那么巨大，但我仍然视若珍宝。它有一对绿豆大的小眼睛炯炯有神，全身黝黑发亮，甲壳是根据空气动力学原理而进化成的弧线形。锹甲可以推动相当于自身体重三到四倍的重物，行走时像一台快速移动的战车。据说它吃甲虫果冻，我迫不及待地给爸爸打电话，赶快订购果冻，才安下心来。三天很快过去，为了能从机场顺利地把锹甲托运回上海，我只好把锹甲放在一个很小的瓶子里，然后用衣服把瓶子缠紧，外面再严严实实密封一层黑色的塑料袋，告诉它千万不能动。坐在飞机上，我有些心神不宁，担心这个小家伙可别被吓死或憋死。我的脑海里浮现出各种结果。飞奔到家里我马上打开小瓶，谢天谢地锹甲还活着。我把它放进了一个更大的瓶子里，挤进去半块果冻。虽然已经是晚上十一点多了，可我并不想等到明天，因为有时一个普通短暂的离别也可能就是永远。

第二天早上我睁开眼睛，鞋也没来得及穿就赶快看我可爱的锹甲。还好，但一看到果冻却半滴未少，它一丁点也没吃，我有些着急。毕竟它已经四天滴水未进了，而且还长途折腾过。我小心翼翼地再放了个葡萄，又一天过去了，可是葡萄依然原封未动。我的锹甲慢慢失去了初见时的神采，它已经缩成一团，除了触角偶尔颤抖一下，其他时候已经一动不动了。我喉咙发紧，心已经提到嗓子眼儿，赶紧上网搜了一下，发现要让它度过蛰伏期，需要给它制作一个"家"，并且只能吃有甜味、水分少一点的水果。

　　我赶快找了一个巨大而透明的工具箱，上面打了一排气孔，又和爸爸一起出去四处搜寻回一些木屑、泥土、干草，各三分之一，混合后平铺在工具箱里。我们又把找来的小木棒一段段锯开，放在泥土上，还在旁边放了一只叫声嘹亮的蝈蝈。已经是一个完美的一室一厅带地下室的温馨小"家"了。最后摆上一块香蕉，满怀期待地把锹甲安置进去。

　　第六天早上，我发现香蕉没了。锹甲也打了个洞钻进地下室了。我的眼睛模糊了，一颗悬着的心终于放下了。

　　我发现锹甲是夜行昆虫，白天躲在地下室的土壤里，晚上才出来玩耍或进食。每到晚上，我就等它出来，给它放点苹果之类的食物，食物总是被啃作锯齿状或月牙形。有时锹甲跟跟跄跄地钻出土壤时，浑身会被一层薄土星星点点地黏住，于是我给它身上滴几滴水，用软布擦拭一下它的大颚，算是洗了个澡。有一天，爸爸说，你的锹甲好像很厉害，把我放的苹果割成了两段。"我用手掰开的，因为担心它不易下嘴。"我说。"你不知道，横着的小木棒也被它掀开了吗？"爸爸又说。"我移开的，因为怕它出来时压住头了。"我说。爸爸愣了一下，然后全家笑疯了……

等待青蛙回家

吕牧泽

江苏省运河中学　初一(16)班

寒假伊始,我被母亲大人允许每天玩半小时手机。我下载了一个号称佛系的小游戏——旅行的青蛙,我给我的蛙取名为吕小牧,和我的名字差不多,就算是我的化身吧。

这是一只热爱旅行的青蛙。我给它打点好简单的行囊,刚放入几块烤饼和幸运小铃铛,它就头也不回地出门旅行去了。不知道它要去哪里,也不知道什么时候回来。这一点它可不如我,我去哪里要提前报备,什么时候回家大人们也悉数掌握。

等待青蛙回来的过程是一个不断盼望、不断失望继而又充满期待的过程。在一次次的失望之后,我的心底升起一点小内疚,因为忽然想起了小学时期的最后一个夏令营,妈妈每晚准点打电话给我,叮嘱我要注意安全,不能一个人离队,做事不要鲁莽。我和营友们玩得不亦乐乎,对妈妈的啰嗦非常不耐烦,也对她的担心很不理解,现在,我竟然从一只离家旅行的青蛙身上体味到了这种心情,好希望我的蛙儿快回来呀!

当院子里长出茂盛的三叶草,当小房子的窗口终于亮起了灯光,我的青蛙回来了! 我狂喜地跳起来。旅行回来的青蛙吕小牧为我带回了当地的土特产,还有一张明信片。我为这小小的纪念品而高兴,同时在它身上我又看到了自己的影子。还记得第一次独自离家和老师、同学一起去旅游,我到了山东青州的黄花溪,在青州,我给妈妈买了一把桃木梳作为礼物,妈妈开心极了,平时用它来梳头,用完就放在一个盒子里珍藏。我此刻的狂喜,就是妈妈那时的欢乐呀!

小青蛙明显饿坏了,大口大口扒着饭。吃饱了,又坐在小床上开始看书、写信。它背对着我,我看不到它的表情。有时候,它又坐在桌前专注地削木头。它的一举一动,都在我欢喜的目光里。看着看着,我恍惚又觉得我也幻化成一只蛙儿,香喷喷地吃着爸爸给煎成八分熟的牛排,在食物的香气里被爸爸温暖地注视着。在我看书、玩耍时,妈妈削好水果在客厅等着我,我的日常生活被他们关切的目光所爱抚,就像此刻小青蛙的一举一动,都牵扯着我的目光。

青蛙吕小牧继续着自己的旅行,悄悄出发,无声回来。在它离开的时间里,偶尔有它的朋友前来拜访,我都给予热情招待。拿出糖果的时候,我仿佛又幻化成一家之长,在对着蛙儿的朋友喃喃自语:我的蛙儿正行走在哪一条路上呢?再想起老师布置让我们阅读的龙应台《目送》,竟然有了真切的体会,正像我离家时对着妈妈潇洒地一挥手一样,青蛙吕小牧也用它的背影默默告诉我:不必追。

这个活儿不好干

张恩兴

上海市徐汇中学 初一(3)班

自从领养了一只四个月的母巴哥,原来本宝宝在家中只管衣来伸手饭来张口,现在也不得不荣升为一名"铲屎官"!

可是,一周的试用期下来,我发现"铲屎官"其实并不好当。走到哪总有个四条腿的汪星人一步不离地跟着,连上厕所也没有私人的空间;吃饭时总有一双水汪汪的大眼睛用羡慕的眼神盯着你;好不容易坐下来想安安静静地看一本课外书,总有"刁民"想来分散本官的注意力,在我脚边蹭来蹭去,让你忍不住要陪它玩一会……

一天,我发现狗狗没精打采,流鼻涕、咳嗽并有轻微发烧现象。及时问医就诊之后,本人除了负责狗狗日常的吃喝拉撒睡之外,又多出了一项额外的任务:喂狗狗吃下一片白色的感冒药片。这件事,听起来简单,其实做起来却不容易。

第一个方案,我采用"浑水摸鱼法",将药片混在狗粮里给狗狗吃。没想到,狗狗的智商超出本官的想象,它有本事把一盆狗粮咯吱咯吱都吃光光,独独剩下一片白花花的药片,孤零零地躺在狗盆里。

第二个方案,我采用"强制执行法"。我一手将狗狗搂在怀里,另一只手扒开狗狗的嘴巴,把小小的药片硬塞在它的嘴巴里。狗狗才不会那么轻易就范,它一边梗着脖子、瞪大眼睛,一边喉咙里发出咕噜咕噜的抗议声。趁我一不留神,它拼命地摇头晃脑,使劲挣扎,不一会,就把我好不容易喂进去的药片甩了出来。

第一个方案宣告失败,我白白赔了一盆狗粮。第二个方案也宣告失败,把我累得满头大汗。难道我就此放弃吗?看着狗狗感冒生病后低头垂尾的可怜样,我想,作为一名称职的"铲屎官",我不能就此罢休,为了狗狗的健康,我还是得想出个好法子来。俗话说得好,世上无难事,只怕有心人。我翻阅了养狗秘籍,苦苦冥想了一番,一个好点子终于在我的脑海里出现。

我找来一根狗狗平时最爱吃的火腿肠,切下不大不小正好一口的一小段,在中间挖出一个小洞,正正好好塞进一小片药片,再将挖下来的火腿肠填盖在药片上。哈哈,一个"糖衣炮弹"伪装好了。

我等狗狗有点饿了的时候,把伪装好的火腿肠放在它前面,若无其事地走开,躲在远处偷偷地观察。只见狗狗非常谨慎地对火腿肠嗅了又嗅,用爪子扒拉了几下,检查不出什么异样之后,才"啊呜"一口把火腿肠吞下,最后还意犹未尽地舔了舔嘴唇。"耶!成功了!"

任何的职务,是荣誉,更是担当。"铲屎官"这个岗位虽然辛苦,但它培养了我的爱心和责任感,让我学会了付出和担当,使我收获了以前所没有的快乐和成就感。

可爱的仓鼠

王 翔
福建省厦门市乐海小学 四(5)班

今天我去哥哥家玩,偶然发现他在笼子里养了一只可爱的小仓鼠。

哥哥家的仓鼠可爱极了。耳朵很小,眼睛也很小。它有一双小手掌,而且很温顺。它的皮毛很多,吃东西时,总会把食物存一些在腮帮里。当它饿的时候,会吃之前存在腮帮里的食物。仓鼠在自己房子里睡觉时,会用手抱着自己的身体,像个小圆球似的。仓鼠也有生气的时候,你只要用力去打它,它就会很生气。仓鼠平时,可谓是个乖宝宝。可当它生起气来,就没那么好说话了。它会时不时地跳起来,试图咬你,反击你,活像一头好斗的公牛。

哥哥很会训练仓鼠。他把仓鼠放到地上,当哥哥手指向左边时,仓鼠就会飞快地跑向左边;当他手指向右边时,仓鼠就会飞快地跑向右边;当哥哥手指向上面时,仓鼠就会停下来。仓鼠的神态很像一个旋转的飞轮,因此,哥哥给他取了一个很有个性的名字,叫作"飞轮"。

此外,哥哥还训练仓鼠游泳,没过几天就把仓鼠训练得像一个游泳健将。仓鼠对哥哥很好,哥哥也很关心它。哥哥每天放学一回家,就给仓鼠换食物。他把仓鼠当作自己最好的朋友。

这只仓鼠，凭它的聪明劲，的确惹人喜欢。依我看，称之为"神仓"也不为过。

　　其实，动物和我们人类，原本都是生活在地球上的生物。在生命面前，我们是平等的。只是因为我们人类的智商要远远高于其他普通动物，因此，一些道德败坏之人，便为了一己私利，毫无顾忌地买卖、杀害，甚至虐杀很多动物，进而导致很多动物濒临灭绝。因此，我多么希望大家都能够像我哥哥那样对待动物，像善待自己的亲人一样善待动物，让它们和我们人类一样，享有平等的生存权。

　　让我们和它们成为朋友，共享广袤的大地和蔚蓝的天空。

我和嘟嘟在一起的日子

韩 响

上海市保德路小学 四(2)班

嘟嘟是一只毛茸茸的小鸡仔。两年前的一天,它来到了我的身边。

那是暑假的一天早上,外婆买菜回来,神秘兮兮地将一个篮子递到了我的面前,笑眯眯地说:"打开看看吧!"

我带着浓浓好奇掀开了盖子,一个毛茸茸的小脑袋冒了出来。乌黑的小眼睛,嫩黄色的羽毛,看起来可爱极了。

"哇!是小鸡!"我兴奋地伸出手去,想要把它捧出来。

也许是害怕,小鸡狠狠地啄了我两下,虽然有点疼,但我的脸上还是挂着灿烂的笑容,兴高采烈地给它起了一个自认为朗朗上口的名字——嘟嘟!

就这样,有了新名字的小鸡成为我家的正式一员!在我强烈要求下,外婆外公同意我来负责嘟嘟的三餐。

这是我第一次喂养小动物,心情既紧张又兴奋。还好,在外婆的指导下,我准备的食物并没有被嘟嘟嫌弃。

时间一天天过去,嘟嘟长大了,嫩黄色的羽毛渐渐褪去,尖尖的小嘴也开始变得坚硬起来。看着它的变化,我又得意又担心。小鸡长得这么快,营养会不会跟不上?

我灵机一动,立刻决定采取对应的办法——加餐!

正当我为自己的好主意沾沾自喜的时候,意外却发生了。

又是一天清晨到来,我照例一起床就去阳台看嘟嘟,却发现那里出奇地安静,没有了往常那种清脆的唧唧声。难道它还没有醒吗?

我带着一丝纳闷的心情掀起了盖子。它趴在那里,身体在微微发颤,两只小眼睛闭着,一副无精打采的样子。我的心咯噔一下,一种不好的预感涌了上来,急忙冲出阳台,叫来了外婆外公。"看起来是不行了……""肯定是喂水喂得太多了,拉稀拉得很厉害……"听到他们两人低低的交谈,我的心就像坠入了深谷。

这几天天气热,我就自作聪明地给米饭里加了不少水,还加大了数量,没想到给嘟嘟造成了巨大的负担。外婆外公并没有责怪我,可我还是带着深深的愧疚哭了起来。

如果能提前查一下资料,如果能多问一句,或许就能避免这样的意外了。

嘟嘟的离开让我明白了一个道理,如果要养小动物,就必须先去了解它们的生活习性,这才是对它们真正的爱。

我的袋鼠邻居

王子安

上海市位育实验学校 二(3)班

今年暑假,我和爸爸、妈妈、姥姥一起去澳大利亚度暑假。我们居住的地方是南澳大利亚的葡萄园农庄。在那里有一个袋鼠家庭的邻居,当我们进出的时候,它们总是站在旁边看着我们。

其实一年前我就认识它们。有一天,我们在黄昏的时候去了那个农庄进行短暂的参观。金色阳光洒在一大片草地上,妈妈突然说:"看,那里有袋鼠!"爸爸说:"有三只袋鼠。"我说:"不对,有四只袋鼠,还有一只在袋鼠妈妈的口袋里。"爸爸和妈妈说:"对哦,还有一只小袋鼠在袋鼠妈妈的口袋里。"

我们看到小袋鼠的小脑袋在它妈妈肚子上的口袋里晃来晃去很可爱。我对爸爸、妈妈说:"明年我要来这里度暑假。"澳大利亚在南半球,中国暑假的时候澳大利亚这里正是冬天。

就这样,我在今年暑假的时候又来到了冬天的澳大利亚,来到了这个农庄。不同的是,这次我们住在这里,不仅可以在夕阳下看到袋鼠,而且在太阳升起的时候也能看到它们。不过我发现,我的袋鼠邻居现在只剩两只了,在我暑假逗留期间一直没有看到另外两只,不知道它们去了哪里。我给剩下的两只袋鼠起了名字,一只叫蹦蹦,另一只叫跳跳。

八、童话故事

新龟兔赛跑

胡小川

安徽省合肥市实验学校九龙湾校区　七(6)班

这天,兔子又找上了乌龟。兔子很不服气地说:"上次你赢了,是你运气好。今天,我们再比一次!"乌龟没办法,只好答应兔子:"行吧,怎么比?"兔子高傲地一扬头:"哼,我堂堂兔子,跟乌龟比速度,还要我兔子制定规则?我赢了也不光彩,别人只会说我欺负你!"乌龟也不是以前那个傻乎乎的乌龟了,心中想到:捡来的便宜,不要白不要,趁这个机会,让兔子输得心服口服!乌龟眼珠一转:"那行,我们等个下雨天,就在东边的乱石坡比试比试,坡顶为起点,坡底是终点。"兔子答:"行!"

再说那乱石坡,顾名思义,乱石坡是一个较陡的小山坡,终年荒芜,到处都是大石块,每逢下雨,更是难以攀登。

没过两天,下起了雨来。乌龟和兔子便遵守规则,上到了山顶的平台上,旁边也围了一堆的观众。"三——二——一——开始!"随着裁判发令,兔子"嗖"的一声蹿了出去,刚出平台,就翻了个跟头。等它狼狈不堪地站起来时,才发现自己后腿长,前腿短,下坡对自己极为不利,只能走之字形路线,慢慢往下走。再看乌龟,他慢吞吞往前滑,快要滑下平台时,四肢一缩,便翻了个跟头,背朝下滑了下去。

兔子现在开始后悔了,心想,本来像今天这样的大雨天,我应该是在家里舒舒服服地喝着饮料,看着电视,现在好了,不仅这么受罪,还不知道能不能赢!兔子正想着,终点那儿却爆发出了一阵欢呼声。一看,乌龟已经到了终点!它却只跑了三分之二!兔子顿时脸上无光,心中后悔极了,犯过了的错误,还犯!真是知错不改!

这下,兔子心服口服了。

井底之蛙新编

李宇宸
安徽省合肥市第46中学　八(4)班

一口枯井里住着一只青蛙,它每每抬起头看上方的天空,认为天空只有井口那么大,十分得意。

一天,一只苍蝇飞下了枯井,青蛙向苍蝇吹嘘道:"你看我这井多大,连整个天都能装下。"

苍蝇反驳道:"你多么愚蠢,这天岂是你这井能装得下的?外面的世界多么广阔。你终究是一只井底之蛙。"

青蛙十分恼怒,它趁苍蝇不注意,一口将苍蝇吃了下去。不过它脑中却留下了对井外世界的无限遐想。它开始想跳出井去,然而却始终得不到机会。

一日,青蛙忽然听见外面有大雁的声音,它大声呼喊,一只大雁向井中探着头,青蛙说:"大雁大哥,你行行好,把我带出井吧。"大雁说:"外面的世界不适合你生存,你最好在井里待着。"青蛙说:"没有经历过怎么知道不适合呢?请你带我出去吧!"

无奈之下,大雁带着青蛙飞出了井。

看着广阔的天空和五彩的世界,青蛙不禁发出感慨:"原来我以前是那么无知,世界真大真美好呀!"

它跳进了一条小溪,却发现不远处有巨大的管道朝小溪里排放污水,小溪里气味十分难闻,甚至没有看到鱼虾与同类。它失望地跳了出来。

它又跳着去了一块湿地，惊喜地发现了另一只青蛙。它刚想去打招呼，却听见了一个凶恶的声音："终于露面了，今天你跑不掉了。"它吓得连忙跳进草丛。说时迟那时快，一只老鹰已经叼起了那只青蛙。突然，又传来一声惨叫，青蛙一看，原来老鹰被猎人的子弹打中了。老鹰和那只青蛙从空中坠落……

亲身经历了这些，青蛙明白了大雁说的原来是真的。

青蛙找到了自己的那口井，跳进去之前，它再次环顾了一下外面的世界："看这世界，环境污染是多么严重，连小溪也不再清澈；弱肉强食，竞争激烈，还是井里好呀。希望下次来时，这个世界能有所改变。"

青蛙想，世界再宽广，也不一定适合自己，而适合自己的，才是最好的。即便如此，它还是期待下一次，而那时，一定有不一样的体验吧？

神奇的躲猫猫

石周晟
上海市格致初级中学　预备(6)班

狗狗侠的爸爸妈妈为了让他多吃饭,每天都要管他。狗狗侠心里很烦他们,但又不敢有半点违背他们意思的举动。心想:如果能让我到另一个星球上去就好了,就可以让爸爸妈妈省省心,自己爱吃啥吃啥,不吃也没人管了……

一天放学后,七岁的狗狗侠和小朋友们一起躲猫猫,圆圆的草地上有一座小山,小山的背面有一块旋转的七彩板,他弯着身躲在七彩板后面,狗狗侠想到妈妈美美鸡晚上要管他了,恨不得马上离开地球。还没等他想明白,旋转的七彩板就开始快速地旋转起来,不知转了多久,把他带到了另外一个星球。他很开心,终于来到了可以没有人管的自由自在之地。他来到了儿童乐园,遇到了也从地球来到这里已经一年的小朋友库里,从库里嘴里知道了这个星球的名字叫特别满星球。小库里特别想家,但他找不到回家的路。狗狗侠还沉浸在离开父母没人管的遐想快乐中,才不会搭理小库里。他玩了整整一天,肚子饿了,就跟着小库里来到公共饮食馆帮人洗碗换饭吃,他第一次真切体会到什么叫饥寒交迫。当他好不容易吃到馒头的时候,才知道美美鸡妈妈做的饭实在太好吃,体会到羊大聪爸爸的每一次嘱咐其实是关心。在公共饮食馆的下水道睡了一晚上,狗狗侠与小库里商量怎么回家,他们听说有一只天鹅知道回地球的秘语,就走了九九八十一天,在天鹅湖旁拜访了美丽的天鹅。天鹅告诉他们:只有心中感恩父母,并不停地念"我要回家",再走到一个神秘的路口,正好开启善良大门,才能回家。不过回去以后,要听父母的话,做一个坚强、懂事、善良、努力、上进的孩子,否则,还是会被送回特别满星球的……

狗狗侠和小库里照着天鹅的话做了,不久重回地球。美美鸡和羊大聪早就到警署报了案,当经过四个月的等待,重新见到瘦瘦的狗狗侠时,美美鸡把他紧紧地抱在怀里,手一丝也不敢放松。而狗狗侠也紧紧地抱着爸爸妈妈说:"我爱你们,我现在懂得珍惜了……"

风　　筝

胡天宁
上海外国语大学第一实验学校　初一(10)班

玛雅从学校里带回一只猎鹰绢布风筝，足足有半人高，十分威风。

放学回来，玛雅抱着风筝跑了出去，说是要去公园和朋友玩。高大的风筝遮住了玛雅的身躯，看上去好像是一只猎鹰在小径上跑着。

"猎鹰"顺着草坡"滑"下去，来到一座独栋别墅的门前，在庭院里及膝高的杂草中孑然而行。"杰克，你在吗？"玛雅踮起脚尖，从猎鹰的脑袋上探出半个头来。见没人应答，她又唤了一声："杰克！我带了好大一只风筝来呢！"一个小男孩从别墅大门里跑出来。"玛雅！一起去公园放风筝吧！"

午后的公园里聚集了一帮小孩子，各式各样的风筝在空中飘着。蜻蜓风筝扇动着纸翅膀，燕子风筝身上画着京戏脸谱一般复杂鲜艳的花纹。蝴蝶风筝最为出彩，双翼末端各拴着几条彩带。每当高空的气流袭来，别的风筝都颤颤巍巍，上下翻动，它们却凌风起舞，斑斓彩带飘动，与蝴蝶翅膀上的艳丽花纹相互辉映，美丽绝伦。

玛雅将风筝线捆在风筝上，有一搭没一搭地跟杰克聊起天来。

"你的父母最近还让你学习礼仪吗?""最近倒是不了,"杰克伸了个懒腰,衣服上掉下几片蜘蛛网,"真是太好了,我恨死那个礼仪老师了。""'给我坐直了!杰克!手肘下去!不许大声喝茶!'"杰克弓背缩腰,惟妙惟肖地模仿起那个脑门油亮勾肩驼背的礼仪老师来,逗得玛雅哈哈大笑。

　　"那你的父母呢?最近好像没有看到他们。"玛雅拿起风筝,做最后的调整。"他们最近出差了,现在家里就是我一个人的天下了!"

　　玛雅抓住风筝线,杰克背着风筝在草地上奔跑着。猎鹰乘着风,飞上了深邃的蓝天。它在空中沉浮了几阵,很快稳定在了高空气流中。

　　玛雅手一撇,风筝一个鹞子翻身;胳膊一抬,一个雄鹰提兔;手腕轻抖,风筝在空中起起伏伏,安装在鹰喙里的鹰笛惟妙惟肖地模仿着鹰的叫声,就像是一只真正的猎鹰在蓝天中飞翔。

　　"太棒了!太棒了……"杰克兴奋地鼓着掌,看到玛雅手中的风筝线,突然想到了自己。可不是吗?自己就像风筝一样,一根线连到父母手上,父母想怎么样,自己就要怎么样,再怎么飞,也飞不出父母的手掌心。"觉得它很可怜吗?被这根细细的线拴在放风筝人的手里无法自由翱翔?"

　　"啊!没,没有……"发呆突然被打断的杰克吓得一哆嗦。"没什么不好意思的,我也这么想过。""有、有吗……""嗯,是啊,凡是曾经拥有过孩子的天真无邪心灵的大人,都曾经这么想过。"玛雅从口袋里掏出一把削鹅毛笔的小刀,"想看看割断了线,风筝会变成什么样吗?"

　　杰克还没答应,玛雅二话不说切断了线。"走吧。趁着风筝还在,我们去看看。"玛雅指着渐行渐远的风筝,对着目瞪口呆的杰克微笑着说。两个孩子在田野里奔跑着。玛雅用一根狗尾草测着风向,一会向南飞奔,一会又向北绝尘。

最后,他们在一片麦田里找到了猎鹰风筝。

那只威武的风筝摔得惨不忍睹。鹰喙脱落,被一块石头撞碎在地上,一只爪子已不知去向,另一只在降落时深深插进土里,撂倒一大片麦子。两只翅膀上的绢布羽翼七零八落,随着风飘向远方。

"看到了吗?""自由,永远都是需要代价的。"不管代价多大。杰克失魂落魄地回到家里。

"爸爸,妈妈,我回来了。"

"我今天遇到了一个人,她跟我说了很多话……""我既是风筝,也不是风筝……"

杰克的身体慢慢消失了,黑发女孩在窗外看着,待到最后一丝光点消失时,她打破玻璃,走了进来,将一个风筝模型,轻轻地放在金发男孩毫无生机的身体面前。她掏出一本皮革封面的旅行日志,在空白的一页用羽毛笔写下一段话:我们常以为束缚住我们的条条框框就像束缚住风筝的线,却未曾想过倘若这根坚固而脆弱的线断开,我们又会在残酷的风中摔得何等惨烈。

风筝

阳　　光

常嘉硕

西北工业大学附属中学　初三(8)班

　　我只是一颗向日葵种子,并不饱满,在这寒冬的泥土之下,我等待着生长。

　　一声清脆的鸟语,唤醒了春,那阳光暖暖的,融化了头顶的雪,给我送来了生命中第一口甘泉,我想去看看阳光的样子,于是我便努力地发芽。阳光又送来了温暖,让我在这封存我的泥土之中,第一次感受到了她的美好,我便抽出一抹新绿,想去触摸她。

　　直到有一天,我终于突破了头顶厚厚的土,温暖的土,经她双手抚摸过的土,我第一次看到了她,金黄而耀眼,温暖遍布了我身体的每一丝每一缕。我更加向往阳光了,我努力地向上,向上。

　　细而嫩的茎在阳光的滋润之下变得高大,我伸出了叶子,渴望着每一缕阳光。为了沐浴金色,我尽力向上,尽力张开怀抱,拥抱阳光,拥抱温暖。新绿的叶子早已在她的沐浴下变得有力,也迎来了我生命中的第一次洗礼。

　　世界突然安静得只有蝉鸣依旧,云黑乎乎地压下来,让我喘不过气来。风来了,树林被吹得鼓起来,鼓起来又下去,再又起来。雨来了,我看不见太阳了,剩下的只有这风吹雨打。我努力地向上,似乎想要去冲破云层,回到阳光温暖的怀抱。屡进屡败,风雨打得我抬不起头,却迟迟不见那温暖的阳光,我失去了方向,低下了头,昏睡过去了……

已是黄昏,温暖又一次充满我的全身,睁开眼,金黄的阳光又一次闪烁。夕阳下,我向着阳光,似乎又一次充满了力量,等待着下一次的成长。阳光的礼物——彩虹与能量。

每次风雨都是一次蜕变,我的头顶终于长出了一个花骨朵,很小却充满了生机。太阳又升起来了,阳光照在这花骨朵上,令我幸福,给我希望。于是我每天追着阳光,投入温暖的怀抱,每天都是充满活力,充满生机。

头顶的负担越来越重,终于开花了,我仰着脸,冲着太阳笑,感谢这阳光赐予我生机,赐予我活力,赐予我温暖,给予我力量。一颗颗小的瓜子又咧开了嘴,想要开始自己的生活,而我能做的,只是叮嘱他们,向着太阳微笑,因为是她给你阳光。

于是,我用最后的力气,向着阳光,祈祷着阳光能再一次温暖这些孩子。看着大雪盖住了世界,我安静地闭上了眼,期待着新一代,那些并不饱满的种子,在这阳光下,等待生长……

我喜爱的卡通明星

严行知

上海市七色花小学 三(3)班

我喜欢看动画片,很多卡通明星都是我的好朋友。其中我最喜欢的卡通明星是《精灵宝可梦》里勇敢的皮卡丘。

皮卡丘浑身都是黄的,有一条闪电形的尾巴,耳朵尖上是黑色的,还有一个像巧克力豆似的小鼻子。它走起路来摇摇摆摆,像一只不倒翁。

记得有一集,它的主人小智想得到一个神奇宝贝战斗场的黄金徽章,但是要和娜姿的超能力神奇宝贝战斗并获胜。小智本已找到一个可以对付超能力神奇宝贝的幽灵神奇宝贝鬼斯通,可是到战斗的时候它不知道跑到哪里去了,小智拼命地叫它也叫不出来。娜姿说再不比赛的话就要把他们变成布娃娃。这时,皮卡丘虽然知道自己会输,但它却挺身而出,甘为小智作战,说:"我来吧,我一定会帮你赢的,我不会让你失望的。"于是,它拼命地战斗,十分勇敢。

这就是我喜爱的卡通明星,忠诚勇敢的皮卡丘。

穿越风雨的小鸟

吴芊华

上海市大场镇小学　四(5)班

一只刚学会飞的小鸟,就离开了家,开始了去往海边的旅行。

它飞呀飞,飞过茂盛的树林,越过绿色的草原,来到了海边。这时风和日丽,海浪轻轻拍打着海岸。金色的沙滩在阳光的照耀下发出夺目的光芒。可是,哪知海边的天气就像小孩儿的脸,说变就变!霎时,乌云密布,狂风怒号,海面上波涛汹涌,一道闪电划破了天空,雷声震动着大地,顷刻间,大雨如注。小鸟害怕得瑟瑟发抖,附近又没有躲雨的地方,它真想立刻回到家中。

小鸟大哭起来,大喊着:"我要妈妈!我要回家!"正在这时,从巨浪中冲出了一只海燕,来到它的身边,海燕的声音在风雨中显得格外有力:"小鸟,你不能遇到困难就退缩,面对再多的困难,都要坚强!"小鸟听了,止住了哭声,在海燕的带领下,展开了它幼小的翅膀,穿过猛烈的暴风,冲过重重的暴雨,终于来到了一座山崖下。小鸟感激地说:"谢谢你,海燕!你让我学会了勇敢地面对困难!"海燕笑了笑说:"不用谢,小时候我也是这样的,只有经历风雨,我们才能成长!"说完,它拍拍翅膀,离开了小鸟。此时,雨停了,海面上出现了一道彩虹,一切都是那么美好。

小鸟回到了家里,它想:这次旅行,让我成长了许多,更让我学会了勇敢地面对挫折和困难!

小旺豆发芽记

张乐怡

上海市田园外国语小学 四(4)班

瞧,这是一颗小小的旺豆,它正在泥土中睡觉呢。马上,迎接它的可就不是一件简单的事了——它要长大,它要发芽!

"轰隆隆、轰隆隆",小旺豆被突如其来的春雷给叫醒了,它睁开了睡意蒙眬的双眼,撒着娇对春雷公公说:"春雷公公,干什么叫我啊,我还没睡够呢。"春雷公公可等不了小旺豆,他是个急性子,一看旺豆醒过来了,便使劲放开嗓门儿对小旺豆呼唤道:"轰隆隆,轰隆隆!小旺豆,快起来吧,温暖的春天来到了!"于是,小旺豆伸了伸懒腰,把头探出了泥土。这时,温柔的春雨姐姐来了,用细小的雨丝与圆滚滚的雨珠爱抚着它,滋润着它。小雨丝与小雨珠融在一起,落在小旺豆的身旁,听,它们在跟小旺豆讲悄悄话呢:"小旺豆,快快长大吧,春天可是十分好玩的呢!"小旺豆刚想回答,一阵料峭的寒风吹了过来,吹得她那孱弱的胳膊直打哆嗦。小旺豆缩在泥土里,不敢出来了。

过了好一会儿,它看到旁边的蒜苗哥哥与小葱姐姐并没有在寒风中畏缩,而是努力地扭动着身子,使劲向上向上。小旺豆不解地问:"蒜苗哥哥,寒风那么冷,你们为什么不缩到泥土里?泥土里暖和极了!"蒜苗听见了,朝它看了一眼,笑了笑,说:"很多事都要经历痛苦,面对困难,咬咬牙,不就挺过去了吗?而且现在是春天,'一年之计在于春',我要趁着春天的美好时光快快长大!"小旺豆听了心里一震,低头想了想:嗯,他们能咬牙坚持,我也可以。我也要趁着这美好时光,快快长大！于是,它长啊长,长啊长,终于,它长出了地面,哎呀,地面上多么明亮,多么美丽！太阳公公露出了笑脸,春风在轻轻吟唱着,桃花羞涩地打着花骨朵,柳枝摇着绿色的长辫子……小旺豆已不是小旺豆,它已长成一株小绿苗,迎着微风,跳起了胜利的舞蹈,唱起了成长的歌曲,带给人们春的消息。

　　是呀,我们就像一颗颗种子,而在成长过程中,总会遇到种种困难,只要咬咬牙,坚持下去,前面就定是一个明媚的春天！

森林诗词大会

曹以文

上海市实验学校东校　五(5)班

这段时间,百灵鸟又紧张又兴奋,因为他在积极地准备参加"森林诗词大会"。太阳升起时,他在树枝上大声地诵读;大家午休时,他在树荫下认真地默读;皎洁的月光下,他已经能把当天读过的内容都背出来了。

诗词大会那天,森林里的动物都来了。参赛选手都穿上了漂亮的衣服,准备"一鸣惊人"。在候场时,百灵鸟的心情无比激动。听到"请百灵鸟上场"时,他深呼吸了一下后,就张开翅膀,轻盈地飞上了舞台……

百灵鸟身穿黑色燕尾服,打了一个黑色的领结,显得稳重大方,他面带微笑充满自信地说道:"今天,我给大家朗诵的诗是著名的浪漫派诗人狐狸先生的代表作——《再别森林》。"百灵鸟洪亮深沉的声音响彻剧场,"轻轻的我走了,正如我轻轻的来;我轻轻的招手,作别枝头的绿叶……"百灵鸟练习过了无数遍,他的朗诵抑扬顿挫,时而激昂,时而深情,他似乎化身为狐狸先生,讲述着自己离开森林到大城市里闯荡的故事和感受。台下的观众听得入了迷,完全陶醉其中。百灵鸟一朗诵完,台下便爆发出了雷鸣般的掌声,不少观众激动地站起来拍手叫好。

接下来上场的选手是夺冠大热门鹦鹉小姐,她已经拿下了三届朗诵比赛的冠军。鹦鹉小姐十分骄傲,她拥有过目不忘的本领,还有在主人家学到的地道"伦敦音",根本没有好好练习。她穿着一条红色的礼服裙,头戴绿色羽毛帽,踮着脚尖,高昂着头颅自信地走上舞台。她的声音婉转甜美,但正当她朗诵到"朋友,坚定地相信未来吧"的时候,突然忘记了下一句,她涨红了脸,支支吾吾了半天。这时候,鹦鹉小姐才开始为自己没有认真练习而后悔不迭。最后,她耷拉着尾巴尴尬地爬下了舞台。

　　鹦鹉小姐意外落败,百灵鸟当选新一届森林诗词大会的冠军。观众们都为百灵鸟欢呼,热烈的掌声在林间回荡。百灵鸟为自己战胜鹦鹉小姐而感到万分骄傲,他眼前浮现起夺冠的画面,也浮现起自己反复练习的画面,"只要努力,万事皆有可能",百灵鸟在心里默默地对自己说。

我走进了动物王国

沈哲楷

上海外国语大学附属外国语小学　四(5)班

我自小喜欢动物,小时候最喜欢看的电视是《动物世界》,最喜欢玩的地方就是动物园。长大后,虽然爱好逐渐多了,但动物仍然是我最喜欢的。这不,我的写字台正前方的墙上挂着一幅《动物王国》的画呢!

这天,我放学回到家,坐在写字台前,正要做作业。看着那幅《动物王国》,我的视线模糊起来……哇!我面前出现了一片无边无际的大森林啊!

一只山羊蹦跳着出现在我眼前,我连忙拦住它,"这是哪里啊?"我问道。"这里是动物王国。"它说道。我吓了一跳,但是很快冷静下来,"这里离森林中心有多远?""大约七八公里。"于是我告别了山羊,徒步向森林中心地带走去,一边哼着歌一边欣赏着周围秀丽的景色。

咦?怎么会有哭声?我循声望去,发现一只小象在林中哭泣。我连忙上前询问它为什么要哭。小象说:"我的爸爸妈妈昨天被人类抓住了,割掉了象牙。"看着已哭得几乎说不出话的小象,我羞愧地低下头,人类怎么会这么残忍呢?我又问:"那现在你的爸爸妈妈在哪儿呢?"小象哭泣着说:"被人类带走作为旅游区驮人的工具了。再也回不来了……"

"它们都活不长久了,因为象牙被割掉了。"

我无言以对,向四处张望,林子周围都是光秃秃的,到处是被砍伐的东倒西歪的树木。

唉!人类如此糟蹋自己生活的地方,未来堪忧啊!我拿出随身携带的"未来探测镜",镜子里的景象更是触目惊心。地球早已面目全非:原本蓝色海洋只剩下一点点面积,裸露在外的海底遍布着海洋动物的尸骨;淡水资源濒临枯竭;人们为了生存下去,往地球中心打井找水;森林被砍伐殆尽;天上没有一只鸟……这可怎么是好?

小象拉住我,说:"看得出你是好人,你一定要带信给人类,希望人类再也不要破坏环境,要保护好动物,我们一起生活在一个美丽的地球上。"

我流下了悔恨的泪水……眼前渐渐清晰起来,虽然这只是一个梦,但保护地球、保护动物却不应只是一个梦想。

一颗小豌豆

王若谷
上海中学国际部　五(7)班

第二颗豌豆,就是想飞到太阳上去的那颗,飞到了一朵花上。

那朵花被这位不速之客吓了一跳,紧张地问:"你是谁?"小豌豆着急了:"你不认识我?我是一颗小豌豆,你就叫我小二吧!我的愿望是飞到太阳里去!""太阳?我就是太阳,我是太阳花!"小花说。小二瞧了瞧,太阳花的花瓣,像太阳射出的光芒,太阳花的籽,就像太阳凹凸不平的面,小二就决定在"太阳"里住下了。

这天,一只小白兔蹦蹦跳跳地路过,小二对着小兔说:"看!我在太阳上!"小兔不屑地说:"什么呀!这只是太阳花!我知道太阳在哪儿!"小二毫不犹豫地滚到了小兔的身上,小兔带着小二飞快地跑走了。小兔把小二带到了一个橙子前,说:"这就是太阳!"小二瞧了瞧,说:"喔,原来这才是太阳呢!"小二就在橙子里住下了,它很高兴地想:我的愿望实现得真快呀!

第二天,小兔急忙跑到"太阳"面前,说:"这不是太阳,宇航员要飞到真的太阳里去。"小二急忙滚到小兔身上,跑到了待发的火箭前,小兔趁大家不注意,把小豌豆送进了火箭,自己也钻了进去。

火箭起飞了,小兔和小豌豆向浩瀚的苍穹飞去了。在太空,小兔和小二看见了木星、火星、金星、海王星、天王星、地球……当然,它们也看见太阳了。太阳很大很亮,圆圆的,发出耀眼的光芒。宇航员们挨个儿登上了太阳。小兔和小二也飘到了太阳上。小二激动极了,大声叫道:"我的愿望实现了!"

从此以后,小二和小兔就在太阳上住下了。一天,小二问小兔:"你说我的兄弟姐妹在干嘛呢?"小兔说:"等着瞧吧!"……

指导老师田丽姣点评:以穿越科幻的写法,编了一个生动有趣的故事,想象力丰富,蕴含的道理也很深,很不错。

"错别字治疗所"奇遇记

伍芊怡
江苏省常州市湖塘桥第二实验小学　四(5)班

放学回家,我赶紧埋头写作业,繁多的作业让我不知不觉把字写得飞快。突然,一阵"唐僧紧箍咒"叨叨叨朝我袭来,我猝不及防,一下子便失去了意识。

当我醒来的时候,发现自己来到了一个陌生的地方。咦,那儿是一家什么店?进进出出好热闹啊!我连忙奔过去一瞧,店名可真奇怪:错别字治疗所。天哪,里面有无数个错别字正在等待治疗呢!瞧,"优"字丢了一点,显得不伦不类;"伟"多了一点,感觉画蛇添足;更可笑的是"误导"变成"误异"……一片混乱景象。

哎呀呀,不好!我突然感觉自己也怪怪的,仔细打量了一番,发现自己怪模怪样,居然成了"伍仟怡"?可我明明是"伍芊怡"啊!天哪,这还是我吗?不行,我也要赶紧进去治疗治疗了。

治疗的过程真的痛苦,把接错的笔画——"骨骼"重新擦掉,再装上新的笔画,其间还必须擦干净了,否则新的旧的混在一起会更难看。那碾盘一样的橡皮擦得我是晕头转向,生不如死。周围有一些错别字在大声抗议,在他们的抗议声中,我是听明白了:原来,我们都是由一个马虎的小主人创造出来的,这家治疗所就是小主人的妈妈在检查作业时发现的,正在让小马虎蛋改正呢!

"伍芊怡,快醒醒!"耳边忽然传来熟悉的声音,"改作业怎么改睡着了?"是妈妈的声音。咦,我又回来了?难道刚才是在做梦?想到这儿,我连忙打开作业本,发现一些字居然十分熟悉:"优"字丢了一点,"伟"字多了一点,"误导"变成"误异"……哎呀!原来这个可恶的小马虎蛋就是我自己呀!我的脸瞬间臊得发烫,赶紧认真地把写好的作业重新仔细检查了一遍,把错别字都改正了过来。

这次"错别字治疗所"一日游,让我心有余悸,从此便得了个后遗症:再不敢不经大脑胡乱下笔,每次作业完成后也定会反复认真地检查。

九、吾爱书海

与书结缘

程梦真

安徽省濉溪县临涣中学　高二(1)班

愿与书结一世缘。

当我还是个三尺童蒙,懵懂无知时,躺在爷爷的臂膀里听那段战争岁月;稍大些,坐在奶奶身旁听她读美文古诗,看她眉眼的欢喜;再大些,有了些许主见,些许墨水,些许好奇,我翻开了一本《安徒生童话》。

我想顺着白雪公主的踪迹看一看小矮人的房子,我想摸一摸拇指姑娘的四肢,我想阻止海的女儿走向灭亡,我想给卖火柴的小女孩一个家,我想告诉丑小鸭,"你是漂亮的天鹅啊"……

刘向说:"少而好学,如日出之阳;壮而好学,如日中之光;老而好学,如炳烛之明。"很庆幸,我早早与书结缘。古人为书狂:囊萤映雪,悬梁刺股,韦编三绝,凿壁偷光,牛角挂书,昼耕夜诵……这些成语彰显了他们对读书的痴迷。为什么呢?那时的我痴痴地想,后来我才明了,好书中有先人深邃的思想,有富于哲理的人生格言,有可以医愚的点拨指导……

我喜欢手捧一卷书,泡一杯花茶,剪掉纷扰,剪掉烦恼,剪一段小桥流水的人家。或去开元盛世四方来朝的唐朝长安饮茶插花;或去宋朝汴京的夜市里插科打诨,看烟花猜灯谜听小曲逗蛐蛐逛瓦肆;或去野花深处,去诗人住过的破茅草屋;或去大明湖畔,感慨曹寅错过的金鸡纳……

也许,我会撑一支长篙,伴着一帘锦绣年华,去江南,弄堂咿呀,木下望他,月下捣衣,剥莲蓬,采荷花,一袭青衫恍如水墨画,在青黛瓦中一杯闲茶,坐看落霞。

沈复说:"世事茫茫,光阴有限,算来何必奔忙?人生碌碌,竞短论长,却不道荣枯有数,得失难量。看那秋风金谷,夜月乌江,阿房宫冷,铜雀台荒,荣华花上露,富贵草头霜。"他呀,当年鲜衣怒马少年郎,年光乱煞,如今温饱无着,了无牵挂嗟呀呀,这俗世看不破便罢!像极了那个宝玉,那个曹雪芹。我没有经历过那种大起大落,却能体会这段话的含义,我想,人生能有几回欢?终究一场梦,事事空。

雨果说:"书籍是造就灵魂的工具。"普希金说:"人的影响短暂而微弱,书的影响广泛深远。"高尔基说:"我扑在书上,就像饥饿的人扑在面包上。"为了历史的前进,社会的发展,人们渴求知识,知识是力量,是生产力,是民族之魂。而我喜欢读书,书是快乐,赋予我光彩,培养我的才干。

读书,是将生命中寂寥的岁月变成巨大的享乐时光。

最美的遇见

孙瑜孜

河北省唐山市曹妃甸区第一中学 高二(9)班

于如花的青春岁月里,我邂逅了美得令人心颤的你——诗歌。我想,最美的遇见莫过于此。

你飞入钢筋混凝土的世界里,用你那一对雪白的翅膀,一只为古典诗词,一只为现代诗歌,将我从灯红酒绿、纸醉金迷的俗世小说中救赎。在那个只有你与我的世界里,我"飘飘乎如遗世独立",竟似与远古的屈原共命运、同呼吸。你又如一温婉女子,略施粉黛,却"回眸一笑百媚生",让我如何与你相忘于江湖,又怎能不感恩在青春岁月中与你相遇?

打开记忆的天窗,"忆往昔峥嵘岁月稠",你与我的那些邂逅与约会,可以装订成一本写满故事的书,值得我怀一颗感恩之心一读再读。

犹记你挥一挥衣袖,唤我进入田园,带我体验"东篱采菊"的悠然;犹记你莞尔一笑,与我赏那梅花,让我感受"月夜浮香"的淡雅;犹记你眉头紧蹙,领我踏入庭院,与我倾诉"把酒黄昏"的凄美;犹记你携我之手,带我入茅屋陋室,使我领略"庇天下寒士"的胸襟。

我感恩与你的每一次相遇,感恩与你品读世态炎凉,更感恩你赠予我无尽启迪与慰藉。

曾几何时，我耕耘了一片田地，却只收获屈指可数的麦粒，汗水与泪水交织。付出与回报不成正比，"零落成泥碾作尘"的心痛，使我怀疑自己的能力。我望尽天涯路，然而柳暗花未明，这个时候，我再次遇见了你。

你从远方走来，在我耳边低语："希望在不断的寻找中失去，憧憬在不断的失去中再现。"我渐渐明白，含泪撒种乃人生常态，失去大于收获——正是让我回望猛醒之时。在我困顿之时，你吟出"长风破浪会有时，直挂云帆济沧海"的诗句，是何等豪迈，又何等自信！

理想与现实之间隔了一片沧海，乘风破浪真的要看时机，踯躅不前也许酝酿良机。于是，我与你倾心相谈，你的声音充满着激情，"不去想身后会不会袭来寒风冷雨，既然目标是地平线，留给世界的只能是背影"。我深深懂得，一旦选择追梦，便再无退路，只有放手一搏，于风雨中前行。于是，在你的鼓动下，我的青春少了迷茫与彷徨，多了坚定和勇敢。

感谢有你，我的青春轨迹与你有了最美的交集。这一次次最美的遇见，是值得我一生珍藏的财富。感谢你在我的世界里，留下深深的烙印，让我除却浮躁，步履坚定，即便路途艰难也让我意志如铁。正因与你的不断相遇，使我的青春美丽无憾、真实无欺！

待事须有"三分生"

姜　涵

江苏省盐城市亭湖高级中学　高三(10)班

清代学者彭端淑在《为学》一文的开头这样写道:"天下事有难易乎? 为之,则难者亦易矣;不为,则易者亦难矣。"然而窃以为,对待一件事,"为"与"不为"固然重要,但以何种态度去"为"则更为关键。

在我看来,对待任何一件事情,最好的态度便是——谨慎小心,正所谓"小心驶得万年船"。"谨慎",能让难事变易;"不慎",则有可能使易事变难。

就像打牌,当你拿到一手坏牌时,常常如临大敌,步步为营,结局可能并不太差;当你拿到一手好牌时,却往往踌躇满志,马虎轻敌,反而把一手好牌打砸了。

著名京剧表演艺术家、四大名旦之一的荀慧生先生曾自述演艺精髓:"一个'熟'字摆在哪儿都好,唯独摆在演戏上,是万万要不得的。"也许不少人会纳闷,演戏"熟"怎么会不好呢? 这是因为,"熟"能生"流",也能生"油"。这戏一"熟",演员便会过于自信,待事不慎,疲疲沓沓,或因不走心而演不出新意,或因故意卖弄而失之油滑。待事须有"三分生",就是要对自己要做的事业有一种生疏感,有一定的距离感,像对待一件陌生的事情那样去认真准备,全身心付出,让驾轻就熟变为推陈出新,让轻车熟路走出无限创意。

读过王蒙小说《组织部来了个年轻人》的人,都会记得其中一个重要角色刘世吾的一句口头禅——"就那么回事"。这位曾经历过战火淬炼、工作经验丰富的中年干部,到了和平年代,工作热情锐减,无论对待什么事情,面临何种问题,都觉得"就那么回事",以一种"公式化"的方式对待所有工作,这便是因"熟"而"油"的典型。所以他的人生的每一天便成为昨天的机械重复,他的事业也就注定毫无亮点。

要说对待事业始终保持"三分生"的态度,我首推清华教授朱自清先生。朱先生从教数十年,著作等身,功成名就。但他每上一堂课之前,都会觉得莫名的紧张,都要一遍遍地精心备课,不让自己在课堂上出一点瑕疵。很多大家十多年、数十年从事同一项工作,却始终对工作保持着一种新鲜感和创造力。这是一种人品上的慎独精神,是对自己的事业保持着一颗敬畏之心!想想这些先辈,再看看我们这些后生小子,又怎能因为刚看见一丝丝成功的光亮,尝到了一点点收获的甜头,就"熟"而生"油",不思进取了呢?

待事须有"三分生",有这"三分生",我们才不会对自己的事业掉以轻心,才不会有了一点阅历便觉得一切"就那么回事",才不会在人生的惯性中滑向终点,最终空留怅恨。

杏 花 微 雨

沈子茜

上海市进才中学　高一（2）班

读了一整年的安意如。

从去年一月开始，苏州诚品的初见，到今年一月读完所有我认为有价值的作品，耗费了整整一年时间，终于想到来写点什么，以纪念这段寻常路上，桃花般的遇见。

今年，依然是在姑苏城里，雨夜，写她。

这并不是我最喜欢的作家，我也不再把她视为名家或者导师般的存在。更多的时候，只是一个能与我交谈甚投机的朋友，一个谈天说地、论诗词歌赋的邻家女子。

我们本不相熟，也无需在文字外相熟。现如今，再见到安意如这个名字，我只消淡然地说，她写的书有许多可读之处。

她说自己愿望隐居，想避世修行，我是不信的。文字里偶尔泛出的轻率张扬和嗜烟的癖好让人轻易地读出那些粉饰。特别是当涉足林清玄的小品之后，才知道什么是真正清净无杂念的人。有些人止于心，而有些人止于笔，从文字里，真真假假看得分明。

抛开这些，更多的，是我欣赏她。

我喜欢她解释光阴和风景，恬淡、深远，像铺开的长轴画卷。从她的字里行间看世界，总是天高云淡，水静风清。在世俗里糅合出了自己的一方清净,纵使达不到绝对纯净,也别有一番独特的、市井修行的味道。就像姑苏庭院里的雨,沾染了半点烟火气,敲在草木深深的片瓦屋檐,落地,仿佛从未来过,只有空气里停留着她的香。

  我学着她那份沉着,试着跳脱出正面临的环境,悉心看遍每一处美好。她身上的古意,落到我的手中、眼里,让我对这个世界有了新的认知。一切平常的都是美好,一切失意的也是慈悲。时而的一点禅意,也让世俗、让市井充满诗意。

  就像烟雨的苏州变成姑苏,烟雨的南京变成金陵。安意如,她像雨,悄然无痕地把人带到时光深处去,唤起泗湿的白墙灰瓦,淌成玲珑的石板清流。她说之于江南,"我只做他的过客,不做他的归人"。

  所以,安意如这场细密的杏花微雨,之于我,也只是过客而已。她说:"山河浩荡,岁月悠长。"

  每次看到这句话,我都想摘抄。

寻 秘 古 蜀

陈冠桦

上海财经大学附属北郊高级中学　高一（5）班

中华文化博大精深，上下五千年经历了无数个辉煌灿烂的朝代，但我偏爱秦汉之前的几个朝代。要说原因，因为南派三叔的《盗墓笔记》中三叔对吴邪说："战国以前的墓啊，那是出神器的地方！"后来我去查找了一些资料，了解到秦汉之后的古墓都是有固定形制的，但这之前的古墓和遗址则没有。文物是历史最好的证据，战国之前的神秘的青铜器非常吸引我。

于是，这个寒假我跟随着历史老师的"安利"，来到了四川广汉三星堆遗址博物馆参观。三星堆遗址中出土了无数精美的青铜文物，其中最让人震撼也有些不解的当属两种——青铜面具与青铜树。

先来说说青铜面具。面具，顾名思义是给人戴的，想必应该是祭司之类的人。但是让人费解的是，为何要铸造得那么庞大呢？正常人不可能戴得了这么沉重和巨大的面具。再者，为何这面具的形状如此诡异？为什么他的眼睛向外凸成这样，而且脸都这么方呢？既然是要给人戴的，为什么要把眼睛嘴巴鼻子都铸成密封的？这样祭司怎么看怎么呼吸呢？一个青铜面具却有着这么多令人匪夷所思的疑问。

后来我查找了一些资料，大概有这几种说法。第一，为什么有一些面具的眼睛和耳朵如此夸张，这有可能是象征传说中的千里眼和顺风耳。第二，这个面具之所以要铸造的那么庞大，可能不是给人戴的，而是戴在一些巨大的神像上的，因为青铜的稀少，所以不可能整个神像都用青铜，因此古人就铸造青铜面具用来凸显神像的威严。这样一来，为什么要把五官密封的问题也能得到解答。但这终究是我们的推测，真正的真相早已随着时间烟消云散。

最后，来说一下三星堆中我最喜欢的文物——青铜树。树在世界史上都有着举足轻重的地位。在三星堆，也有着这样一棵用青铜煅成的古树。一进入"通天神树"这个展厅，我心里就想，这大概就是三叔说的神器吧。我甚至可以脑补出当时考古人员发现时的惊讶。从造型来看，这青铜神树应是代表东方的神木"扶桑"。

这次的三星堆之行我收获满满，不仅让我大饱眼福，而且更加深了我对古蜀国的了解，使我对历史学习的兴趣越发浓厚。

《围城》读后感

陈子烨

上海市澄衷高级中学　高二(4)班

最近,我读了钱锺书先生的名作《围城》。

这篇小说围绕着主人公方鸿渐而展开叙述,故事开头讲述的是方鸿渐从国外伪造文凭后留学归来,情窦初开的他,陷入了与苏文纨和唐晓芙二人微妙的关系之中。作者通过叙述一件件生活琐事来入手,让我们从生活细节中看到了世人百态。我更能感受到书中对人生的一种无奈和感慨。

比起金枝玉叶的苏文纨,方鸿渐更加偏爱俏丽高尚的唐晓芙,而自己伪造的文凭,却成为造成两人诀别的因素之一。从唐晓芙家离开时,互相爱着的两人都没有选择挽留,最终天各一方。看到这里时,心中痒的厉害,只因为两个人的矜持打破了可能拥有的圆满结局,为何不能放下傲气去追求想要的生活呢?文中最终没有写唐晓芙的结局,这可能是作者刻意所为,一个没有被圈进围墙之中不同的结局。

紧接着方鸿渐前往三闾大学赴任,他在大学中的教书经历,也算丰富多彩,他见识了不同人物不同的性格:如李梅亭的自私自利,高松年的老奸巨猾,同学们的懒懒散散,同事们的见风使舵,都给我留下了极其深刻的印象。对方鸿渐的际遇我感到惋惜,可这又是他必然的结局。

因为一次意外的玩笑,导致方鸿渐和孙柔嘉的订婚,开始恩爱的两人在相处之中还是产生了裂痕,由于家庭、工作上的原因最终导致了矛盾的恶化,也造就了最终悲剧的发生。

　　文中无处不反映了当时的社会风气,每个人都在满足自我的同时,又造就了自私自利的一面。如果方鸿渐能直接遇见孙柔嘉也许就不会出现这样的结局,最初从国外留学归来的方鸿渐才是他真正的自我。然而,在不尽如人意的环境中,他被潜移默化地改变了,在生活中最难保持的就是真我。怎样的风气造就了怎么样的人,在与人的交往过程中,方鸿渐也变得越来越冲动,对爱情的渴望也变了味道。人往往会在激动之下做出不假思索的举动,在这时最好的办法是想一想,我们是否换位思考过。

　　如同题目一般,文中写到这样一句话:"围在城里的人想逃出来,城外的人想冲进去。对婚姻也罢,职业也罢,人生的愿望大都如此。"在方鸿渐没有得到时,他对一切都显得特别渴望,在得到以后,开始显得不耐烦。时至今日,很多事情也同样如此,在我们对某样事情感到厌倦时,不妨去想想曾经渴望过的时光。

　　文章最后写到了祖传的老钟,作者带有几分讥讽的寓意。时间会在无意间将人们改变很多,也许方鸿渐要是能在五个小时前冷静下来,做出不同的选择,一切也可能会随之而改变吧。然而小说没有写下去,人生也没有"如果",很多遗憾也就无法避免了。

一书一世界

董心诣

北京市第171中学　初三（14）班

购物狂欢节那天，我仅用三元一角便淘到了五本自己想看的电子书，其中刘慈欣的短篇小说集《孤独的进化者》刚下载好，我便迫不及待地读起来了，令我惊喜的是第一篇竟然是期中语文考试阅读题《带上她的眼睛》，这让我尝到"相见恨晚"的滋味。

享受完阅读带来的快乐之后，我突然回忆起了这十几年来读书心路历程中的点点滴滴。

在我幼儿园时期，唯一一件可以令我妈脸上添光的事，就是在同龄小伙伴几乎还大字不识的时候，我可以当着其他家长的面，把贴在幼儿园墙上的简短通知一字不落地念出来。我妈至今都学得出那位家长脸上惊愕的表情，又说我其实没什么天赋，就是走到哪里都要问这字怎么念，那字是什么，渐渐就认识了很多字。现在看来只能归功于小时候的好奇心太重，面对奇怪的符号总想知道它们代表什么含义，于是就不停发问。这无形中为我后来的阅读打下了一点儿基础。

虽然我现在一点也不淑女，但我最早的启蒙绘本来自童话寓言里的各种公主。一次和同学们忽然聊起童话，脑海里便浮现出十二个王子变身成黑天鹅的样子，然后才反应过来那是童话里的插图，顿时勾起我的无限回忆：那时也没有手机、iPad 什么能玩的,又过了看天线宝宝的年龄,只好读各种书,一坐就是一上午,沉浸在魔幻的世界里无法自拔,每本书都被我翻了十几遍。现在想想,童年能有书相伴,拥有不离不弃的伙伴真是件美好的事。

看着书柜上的一本本书,不仅书中的内容让我感到充实,在读书过程中的感受也同样值得回味。

在读《白鹿原》结尾的那天我刚拔完牙,又疼又难受,但一捧起《白鹿原》我就与书融为一体:朱先生去世,村里人哭,我也跟着一起纵泪,好像我也望见那头白鹿;最后以鹿子霖悲剧的死收场时,我被震撼得久久说不出话,同时又惊喜于五十万字的书竟被我坚持读下来了,毕竟现在读书的时间无法与小时候相比了。还有读《三体:死神永生》最后高潮时我正坐在学校春游的大巴车上,合上书一边重温着作者宏大的想象力,一边努力克服在车上看书所带来的眩晕……

我非常喜欢小说《岛上书店》里的一句话:"我们读书,因为我们孤单;我们读书,然后就不孤单。"无论在现实生活中遇到多少困难,承受多少压力,至少书籍可以是我的归宿,也是我最亲密的伙伴,带给我力量。

无人为孤岛,一书一世界。我将与书继续同行。

读出诗和远方

赵静怡

河北省涉县天铁集团第一中学 七(5)班

你若问我在闲暇之余会做什么,我会说两件事情,一件是读书,另一件事还是读书。书是我的良师益友,书也是我生命里的贵人。读书,与我人生紧紧相连。

小学课文《我的"长生果"》,生动描述了读书带给作者的很多益处,让作者受益匪浅。再读这篇文章,联想书籍带给我的好处,我也感慨万分。这么多年来,书籍赋予我的也太多太多了。

"江城如画里,山晓望晴空。"在二〇一一年的秋天,我走进了神山小学,园中的白杨高大挺秀,碧绿的叶子在风中翻飞,像一双双小手,欢迎我们的到来。

"弟子规,圣人训。首孝悌,次谨信。"入学不久,学校就开展了"朗读国学经典"的活动,每个学期,我们都要背诵一本国学经典。发下书的那一刻,我迫不及待地翻阅了这本书,惊奇地发现,我竟然背诵过这本书的许多内容。当老师问道:"哪位同学会读这本书?"我骄傲地举起了稚嫩的小手,端起书来,大声地朗读。老师满意地点了点头。

从此以后,我成了一名小领读员,每天早晨,我总是第一个到校,带领大家朗诵,让我小小的虚荣心得到了极大的满足。

在这之后,我们学习了拼音,我的阅读量由此不断增加,《伊索寓言》《安徒生童话》等，成了我的枕边书。一二年级的看图写话是我最拿手的一道题目。每一次考试过后，语文老师总要我为大家朗读一遍我的看图写话。我的语文老师是一位很严格的老师，她早早地就开始让我们写周记，同学们总是为了周记愁眉苦脸，不知道从何下手，更别提字数够不够了。而我的周记总是最出彩的那一个，也是字数最多的那一篇，常常受到老师的夸赞。周记本上的每一个"优"，就是读书对我最好的回报。

"予独爱莲之出淤泥而不染，濯清涟而不妖，中通外直，不蔓不枝，香远益清……"五年级的时候，我开始背古文，《爱莲说》是我背的第一篇古文。背诵着朗朗上口的古文，享受着文中幽美的意境，如茶如歌。自此，我的作文也越来越精彩，我的文字也生出了美丽的翅膀，飞向了《清漳》书页，飞向了《天铁通讯》，飞向了米寿之年的《新民晚报》。如今，我还做了校报编辑，成了我们校报的小主人。

因为读书，我还结识了好多"书友"，我们常常一起谈《三国演义》，论《红楼梦》，说《傲慢与偏见》，我们在交流中答疑解惑，我们在交流中友谊蓬勃，能和自己志同道合的人聊天，实在是人生一大快乐。

现在，书籍与我的生活息息相关，每天晚上睡觉前，不论多晚，我总要读几页书，才可以安心睡下。书籍就如一盏明灯，点亮了我的人生，让我的人生充满诗和远方！

邂逅小西湖

包臻飏

上海市兰生复旦中学 六(6)班

假日,我去杨浦区营口路的长海新村探望小学同学。这是一座建于二十世纪六十年代的老式公房。进小区没多远,见右边有一堵高高的围墙,围墙门上写有三个大字——西湖园。揣着对这三个字的好奇,我跨进园门。

扑入眼帘的是那郁郁葱葱的环湖大树,枝繁叶密的香樟树间,有雀鸟不畏冬寒,一声高一声低地吟唱着。湖边众多白发翁妪或在树下打拳舞剑,或倚岩石,抬腿弯腰,或沿湖漫步;也有三五儿童,追逐于小道之上,嬉笑于花树之间;最可笑竟有老翁在此湖垂钓。此景此情不由让我想起《醉翁亭记》曰:"醉翁之意不在酒,在乎山水之间也。山水之乐,得之心而寓之酒也。"看来垂钓老者垂钓之意似乎也不在于鱼,而在于乐。此时我真正明白欧公的《醉翁亭记》原来是乐在于自身。

横贯东西的那条"苏堤"将湖分为内、外两湖。外湖,绿波清澈;内湖,涟漪荡漾。冬日的堤柳,不似春日曼妙妩媚,但湖水依然能清晰地倒映出柳树的绰约多姿。平添三分情趣。堤东,有观景之亭,入亭可见湖里有"三潭印月"。我不知此湖内三潭,于仲秋时节是否能和杭州西湖的"三潭印月"一样,也会呈现空中月、水中月、塔中月,三月同辉映,但筑园人有此奇妙构思,也恰恰是为了仿西湖之名。堤西,有袖珍拱桥,虽无雕栏玉砌的奢华绮丽,也无断桥残雪的浪漫传奇,但小桥玲珑古朴,惹人遥思。桥下有洞,日光下澈,见湖内金鱼不畏初寒,恰似柳宗元笔下鱼儿一样"往来翕忽,似与游者相乐"。

  湖中没有盛夏那般"接天莲叶无穷碧,映日荷花别样红"的美丽,却偏偏留下半湖枯荷,衰败之意,让人心生落寞之感。我观残荷忘神,脑中忽迸出"秋阴不散霜飞晚,留得枯荷听雨声"之句!那是李商隐的《宿骆氏亭寄怀崔雍崔衮》的诗!濛濛细雨中,诗人是徘徊于竹坞间,还是坐在亭栏下,他是对残缺枯荷情有独钟,还是被细雨打残荷触动了灵感,于是,挥笔写下。这刻骨铭心、凄婉哀怨的诗句流传千古,也令后人遐思无限。

  邂逅小西湖,让我喜欢上她!在二十世纪建造的老式小区内筑此一景,不由得钦佩当年小西湖的设计者匠心独具,为芸芸众生留此一美,功大莫焉!

我和书的故事

胡宇轩

上海市莘松中学　六(2)班

书籍是我从小到大的"知心朋友",打开一本心爱的课外书,就如同进入一个五彩斑斓的世界,总会让我爱不释手,欲罢不能。

我打小就是个不折不扣的小书虫,每次一看到有趣的书,我的双腿就像被铁钉钉住了一般动也不能动,一看起来就如痴如醉,而且一"醉"就几个小时,甚至连吃饭也忘记了。书中那跌宕起伏的情节,主人公惊险刺激的冒险旅行,世界各地的无限风光,书中的一切都那么令人着迷。哈哈,你看那可笑的堂·吉诃德竟然把风车当作巨人来进攻;还有我最喜欢的沈石溪动物系列小说笔下的动物们,个个充满灵性,他们在浩大的原始森林里演绎着一个个关于爱和勇气、善良和正义、奉献和牺牲的故事。

书带给我一个丰富多彩的世界,也教会了我许多的道理。但是随着学业的增加,看课外书的时间也就不可避免的减少了。糟糕的是我最近迷上了"哈利·波特"系列,我深深地着迷于神奇的魔法世界,恨不得能钻到书中去。于是我抓紧空闲的每一分时间来看书,甚至于连上卫生间的时间也不放过。

比如我总是悄悄地把书带进卫生间,自以为神不知鬼不觉。可是时间一长,就被明察秋毫的爸爸妈妈发现了。他们已经有所怀疑,并且时不时还来个突击检查。有一次我正躲在卫生间里悠闲地看书,没想到门突然被打开,我心里想完了完了。定睛一看,原来"入侵者"是老爸,吓得我差点把书扔到马桶里。我磨破了嘴皮,好说歹说才平息了老爸的怒火。看来这也不是个长久之计,我只好另外换个阵地。

  为了不影响学习,爸爸把我的"哈利·波特"系列藏了起来,并且还规定只能周末看。我虽然很想反抗,但是抗议的话被爸爸严厉的目光生生锁在了喉咙里。为了心爱的书,看来我得拿出百折不挠的精神和老爸玩猫捉老鼠的游戏。经过几天的侦察,我发现书就藏在卧室的第二个柜子里。明明书就近在咫尺,我却到处找。真是最危险的地方也就是最安全的地方呀。于是我打定主意:准备晚上等爸爸睡觉以后偷偷起来看书。到了晚上熄灯后,我一骨碌爬了起来,拧开了一支手电……这是为了不让老爸发现我在看书。顿时,一道雪亮的光柱射了出来,我小心翼翼地下了床,一边举着手电,一边竖起耳朵听动静。我刚准备把柜子打开,就在这节骨眼上,响起来脚步声。我瞬间打了一激灵,像耗子见了猫一样,赶紧爬上床。也许是太急了,我的脚撞到了床脚上,痛得我快流泪了。我只好忍住,听着动静,过了好一会我才长长舒了一口气,自己都有点草木皆兵了。我又打开手电,爬到柜子前慢慢拉开了柜门,仿佛里面不是书,而是一枚定时炸弹。终于谢天谢地谢老爸,我成功地拿到了书,钻进被子里借着手电的光美滋滋地看起书来。也许是我太得意忘形了,竟然都没有留意爸爸进来,接下来自然不可避免地挨了一顿批评。

  虽然对于我和老爸的约法三章——规定只有周末完成作业后才可以看书,我有点烦恼,但是书带给我的快乐远远比烦恼多。我与书之间有笑有泪的故事还将继续进行着。

顾诗书,醉倾城

周清晨
浙江省平阳县新纪元学校蓝田校区　初二(4)班

如果要概括我与诗书的情缘,那"初见惊鸿,再见倾城"最合适不过了。

"北方有佳人,遗世而独立。一顾倾人城,再顾倾人国。"自小,诗词便如这诗中佳人没有来由地闯入我的世界。

很多人首读之诗是诸如《望庐山瀑布》《咏絮》等,其文朗朗上口,孩童默诵毋需甚解。而我呢?我从小读熟的第一首古诗却是《古朗月行》。

"小时不识月,呼作白玉盘。又疑瑶台镜,飞在青云端……"这首诗仙李白的长诗被今人剪辑成多个版本——绝句、律诗、长诗……

而我却能背诵整首长诗,从头至尾,一气呵成。这首诗不仅蕴含了儿童的率性与天真,又糅合了古代神话,有趣至极。

有这首《古朗月行》打底,再读《咏絮》就容易多了,"一片一片又一片,两片三片四五片。六片七片八九片,飞入芦花都不见"。小时候与外公在村子里住过一段时日,偶有一日出游芦苇荡,才真正领略了"飞入芦花都不见"的美。从那以后,我读诗不再不求甚解,愈发喜欢在诗词的海洋中咬文嚼字,上下求索。

豆蔻时节,正是少女怀春的年纪,虽然至今未尝这心动的滋味,但此时趁势品读那些缠绵多情的《诗经》、宋词,岂非正好?

"我住长江头,君住长江尾。日日思君不见君,共饮长江水。"李之仪先生的这支《卜算子》词浅意深,蕴味非常,颇有些《上邪》《子衿》的感觉。我虽未到怀春的年纪,读这些诗词,却也能领略到初恋的懵懂美好,憧憬一场美丽的邂逅。

对古诗词喜爱如痴,并不影响我对新诗的欣赏。"现在呢,乡愁是一湾浅浅的海峡,我在这头,大陆在那头。""我达达的马蹄声是个美丽的错误,我不是归人,是个过客。""悄悄是别离的笙箫……沉默是今晚的康桥。"《乡愁》《错误》《再别康桥》这三首诗是我极为欣赏也极其喜爱的,轻诵文稿,看夕阳红霞褪尽,归鸟的羽翼染上夜的色彩,感受天地间那浓得几乎化不开的愁绪,心头也淡淡晕开了一抹宿命的紫色。

每一个人都是极为矛盾的个体,就像屈原一面感叹世道污浊,一面悲叹自己的清白;像曹孟德一边强调自己对大汉忠心不二的赤诚,一边暗度陈仓谋权窃国;像苏东坡明明心中悲伤落寞,还自嘲闲人月下漫步。反观自己,向来言语喧闹,但在读诗的意境里,我却也可以安静一个下午。

且诵且行,我与诗书的故事就像文成公主轻揭头纱,就像杨玉环初遇唐明皇,都遣散了半世烟花,风华刹那。这些倾国倾城的故事,毋需鲜衣怒马演绎,铅墨淡香渲染,只需一次回首,一番吟咏,便可体味。

一盏孤灯,一卷诗书,于我,就是美景良辰。

书香如风拂,小禾逢春长

陈思翰

浙江省宁波市庄市中心学校 505班

我坐在树下看书,柔风抚摸片片绿叶,光影戏弄团团浓荫。倚在树旁,我醉心于手上油墨的清香……在我看来,书籍是我生活中最知心的朋友,是伴随我成长的歌谣。

我喜欢在临睡前,翻上几页,重温一个个经典的传奇;喜欢在周末,漫步书店,聆听书中人物的声声召唤;喜欢在节假日,步入图书馆,寻觅书中阐述的真理……

因为对书爱得"深沉",还曾闹过笑话。记得有一次,妈妈叫我去买酱油,路上,我还在津津有味地看曹文轩的《青铜葵花》,到了杂货铺,老板问我要买什么,我脱口而出:"买葵花。"老板一头雾水,他诧异地问:"葵花?我这里可没有葵花卖。我想想,你是不是要买香瓜子?要不我改天就进点货。"这一问,把我从《青铜葵花》温馨感人的场景硬生生地拉了回来,我忙不迭地说:"不是,不是,我要买什么呢?让我想想。"想了老半天,想不起要买什么,我只好抱歉地对老板说:"算了,干脆回家问问吧!"书,让我沉醉其中,忘记一切。

因为对书爱得"深沉",我学会了包容。有一次,一个同学不小心打翻了水杯,弄脏了我的课桌,泡湿了我的书本。我看着那片水渍慢慢化开,气不打一处来。怎么谁的也不洒,偏偏洒到我的桌子上,是不是我老实,专门欺负我。我越想越气,甚至连她的道歉也置若罔闻。后来,我读了《心态全集》《名人故事》等,我豁然开朗,世上谁不犯错呢?何况是无心的。"相逢一笑泯恩仇",天大的事都能化解,我怎么对一件小事耿耿于怀,我的心情渐渐缓和了,我向她致歉,我们冰释前嫌。书,让我学会包容,重拾友谊。

书读百遍不嫌多,常读常新增信心。看李清照独上兰舟,分一缕愁;伴李煜凭楼远眺,随秋叶飘荡;随王勃登高望远,叹一声"落霞与孤鹜齐飞";伴汤姆·索亚历险,环视世界之千奇百怪;闻"神舟"升空,举国上下欢腾雀跃。看书读句,无情渐有情,品词感怀,常得精髓长润惊魂。

书,是我人生中不可缺少的伴侣,它渡我翻山过海,穿越时空,与历史对话,与明天同在。书香如风拂,小禾逢春长,清香溢心怀,万禾绿满川。我愿做一个幸福的读书人。

指导老师金玲点评:本文语言流畅,行文自如,用优美的语句,描绘了有书相伴的美好境界,相信小作者定会伴着书香,枕着书梦,活出快乐人生!

代代相传的书缘

吕家溱

上海市大华小学 四(3)班

　　太公太婆(我对爸爸的外公和外婆的称呼)家的相册里珍藏着几张二十世纪四十年代的老照片。其中有一张是太公在王开照相馆拍的标准照,虽然微微泛黄,但仍然清晰。照片上年轻的太公儒雅而又英俊,透出一股书卷气。

　　太公出身于书香门第,受过旧学和西学的熏陶,精通英法文。他是个出色的眼科专家,也是嗜书的读书人。太婆告诉过我,太公年轻时曾经为了一本法文参考书,花了一天一夜从南市区到宝山区吴淞中学的一位老师朋友那里借阅。

　　太公不但爱书,还是爸爸儿时的读书引路人。爸爸五六岁起,就开始跟着太公记诵古诗文,看古典小说,要背《汉语成语词典》,还教他学 Follow Me 和太公自编的英文教材。现在一部分太公钢笔手写的英文教材还藏在家里,他写的英文字和现在我们写的大不相同,每个字母之间连笔流畅,头尾的笔画还有点花式,很是漂亮。

　　太公和太婆经常带着年幼的爸爸,前往当时宝山县五角场的一家新华书店买书,爸爸经常捧着新买的书坐在门口,津津有味地读书。爸爸告诉我,现在五角场不属于宝山区了,而且几经改造,面貌一新,原来那家新华书店早已经不在了。但我还是能想象到,一个能让孩子爱上阅读的地方,必定有动人之处。

太公传递给子孙后代的,是"宁可食无肉,不可居无书"的爱书情怀。爸爸把它继承下来,并传递给我。我们的爱好和志趣,都体现在家中满满登登的书房、书架上。我们对众多藏书爱护备至,生怕损坏丢失,里面有些书的扉页上还盖着太公从前给爸爸刻的藏书章。小小的我也拥有一枚自己的藏书章,刻着篆字"家溱藏书",凡是喜欢的书,我都会盖上这枚印章,就像小老虎在炫示自己的领地。

前年年底,九十六岁的太公去世了。我敬重他,怀念他。我常想,我要到太公去过的吴淞中学、五角场好好走一走,看看昔日的上海,是怎样变成如今美丽的现代化都市。我也会去仔细寻访那里的书店——也许在那里,我会重续太公的书缘。

诗含成语味更浓

毛放飞

上海市静安小学 五(1)班

小时候,外公教我背诵唐宋诗,为了有助记忆,他往往归纳若干主题。如四季花卉主题,春天有什么花？夏天有什么花？如四大名楼主题,谁写过黄鹤楼？谁写过滕王阁？如杭州西湖主题,白居易写过几首？苏轼写过几首？其中有一个主题,当时觉得有些散漫,各首诗之间缺乏有机联系。现在懂了,实际上那就是成语主题。

成语主题里面的唐宋诗,都是些名篇,短的四句,长的八句,却都包含了一至两个成语,很有趣味,也很有实用价值。

给我印象最深的是两首七绝和两首律诗。两首七绝,一首是唐代孟郊的《登科后》:"昔日龌龊不足夸,今朝放荡思无涯。春风得意马蹄疾,一日看尽长安花。"记得外公一边教我背,一边对两个成语引申说:"高考登榜,进士及第,'春风得意'一下是可以的,但千万不能得意忘形；'走马看花',观风景是可以的,但看书学习,还是要脚踏实地,仔细认真。"另一首七绝是唐代杜牧的《题乌江亭》:"胜败兵家事不期,包羞忍耻是男儿。江东子弟多才俊,卷土重来未可知。"在解读"包羞忍耻"和"卷土重来"两个成语时,外公启示我:"一个人失败了不要紧,但要经得起挫折,完全可以忍辱负重,再重振旗鼓。"

律诗之一是唐代常建的《题破山寺后禅院》:"清晨入古寺,初日照高林。曲径通幽处,禅房花木深。山光悦鸟性,潭影空人心。万籁此俱寂,惟闻钟磬音。"此诗中的成语"曲径通幽"和"万籁俱寂",经常会嵌入现在的一些游记文章中,映入你的眼帘。另一首是宋代陆游的《游山西村》:"莫笑农家腊酒浑,丰年留客足鸡豚。山重水复疑无路,柳暗花明又一村。箫鼓追随春社近,衣冠简朴古风存。从今若许闲乘月,拄杖无时夜叩门。""山重水复""柳暗花明"这两个成语,时下恐怕普及率是最高、点击率最多的了,几乎人人耳熟能详。

此外,浓缩而成的成语"寸草春晖",由唐人孟郊的《游子吟》传出;漂亮的"人面桃花"从唐人崔护的《题都城南庄》走来;"筋疲力尽"是宋人李纲描写的《病牛》;"折戟沉沙"则是唐人杜牧《赤壁》中出现的场景。现在,只要一提起这些成语,我脑海里马上会浮现出它们的藏身之"诗",知道它们来自何方。

如果把这些蕴含成语的经典诗篇,喻作一顶顶美丽的桂冠,那镶嵌在其间的成语,就犹如一颗颗璀璨的宝石,彼此之间,相得益彰,交映成辉。真可谓,诗含成语味更浓,成语入诗更传神!

在阅读和欣赏名诗意境时,又能领略到成语之美,自有一种别样的乐趣。

十、街头即景

老 北 京 元 素

季灵睿

北京市第八中学　初三(5)班

"冰糖葫芦哦！三块钱一串的冰糖葫芦嘞！"循着一声连着一声的嘹亮京片子，我走在北京前门街前，把三张泛黄的纸票递进了小贩的手心里。

皮鞋在裂纹斑斑的青灰石板上发出清脆的响声，眼前这些极具老北京风味儿的一切把我的目光牢牢地吸住了。绿底红纹带着明黄尖嘴儿的燕子风筝，我伸出手一摸，嘿！这纸竟溜儿薄！看看在天空飞得无拘无束的"纸片"们，却暗自佩服起这了不得的手艺。几个小姑娘踩着绣花鞋经过，有红有紫，有荷花有杜鹃，全部一针一线地缝在那双不大不小的鞋上，那朴实无华的橡胶底，配上传统的绣花工艺，却也那般好看。

跟随着涌动的人流，窄窄的胡同出现在我眼前。抬眼，青砖红瓦，礼义廉耻的牌匾，无一不记录着岁月的气息，历史的斑驳。一片嘈杂从远处扩散而来，紧接着，一位黄包车师傅急急路过，木质轮子凹凸不平，折叠起来的绿篷已变为墨黑，谁知道它经历了多少风吹雨打呢？车夫的白毛巾搭在脖子上，炎炎烈日下，汗水从他的发间、额头洒下，但伴随着的，却是他比太阳还要闪亮的笑脸。我正感慨着黄包车这样的文化竟能一直流传下来，鼻子却已经被远处豌豆黄的香味儿吸引了。买了一瓶拿在手里，还是热乎乎的,冒着白气,用签子在它的身体上轻轻一划,淡淡的香四下氤氲开来。迫不及待地送入了嘴里,软却富有嚼劲,我为浓郁的豆香点了点头,发出满足的赞叹。

  天空开始泛黄,人烟少了许多,衬得胡同有一种沉睡了的感觉。我走到了路尽头,看着远处的高楼大厦,转身跑到糖葫芦小贩的摊边又买了一串,拿在手里,边走边吃,咬着薄脆的糖衣,嚼着酸酸甜甜的山楂肉,心中泛起一丝感慨。

  黄包车、豌豆黄、冰糖葫芦……都是老北京百味中的一种元素,品着手中的山楂串儿,浑身热腾腾的!北京的古老伴着开放的现代,当今与历史,开放与传统,丝丝入扣地结合在一起,生活在北京,踏实、心安,我的心里是满满的幸福感。

(指导老师:张会)

来自陌生人的感动

李睿哲
吉林省榆树市八号镇初级中学 八(2)班

  陌生这个词确实陌生。第一次直面陌生,是我的第一次独自出游吧,因为独自所以陌生,因为陌生所以感动。

  这是第一次自己去那个并不算太陌生的城市,之前和妈妈去过几次,不过都是妈妈牵着我的手,我从来没自己走过。准确地说这次是被我的堂弟绑架去的,他到我家玩,走的时候要我把他送回家,之后我就和他登上了去城市的车。

  旅途中并没有发生什么特殊的事儿,而令我感动的,是在我要回来的路上。我们下了车后,我那不靠谱的堂弟把我领出车站,在这个陌生的城市中转了大半圈,又带着我吃了一碗米线,然后竟然自己溜走了,把我留在了这个陌生城市的街头。来不及抱怨,我开始寻找车站准备回家。

  因为出来得太匆忙,我没有带钱,更没有带手机。一摸衣兜里仅有的两元钱,不敢打车,只好选择走路。太阳很毒,晒得我发昏,走了好久也没找到车站的影子,我估计是因为不认识路,早已经走得南辕北辙了。这样走下去,什么时候能找到车站?我发起愁来,想找一个人问问路。

  路上人不多,都行色匆匆,我不知道问谁,更不知道该怎样开口问。这时候我前面的路口突然走出来一个和我年纪差不多大的少年。看着年龄相当,也就没有了那样多的顾忌,我蹿到了他的对面,直截了当地截住他:"同学你好,请问车站怎么走?"

他显然吓了一跳,但马上恢复过来,看了看我,说:"你也去车站呀,正好我也去,那我们一起吧。"说完大步流星地向前走去。

我没想到他这样热情,紧紧跟着他,转了几个圈之后来到了车站。他转过身看看我问:"哎,你去哪儿?"我报出了自己的站名,没想到他惊叫起来:"怎么这么巧,刚好我也去那。我们一起走。"我说好,手却伸进衣兜里摸索着我那两元钱。他按住我的手,说:"不用,我们遇到了就是缘分,我给你买票。"说完直接买了两张票。

一路上我都在想,我怎么这么幸运,一出门就遇见了天使。

这里也是课堂

胡宇轩

上海市莘松中学 七(2)班

说起课堂,有很多人会先想到学校,但在学校之外,也有许许多多的课堂,有许许多多的物和事会教会我们一些学校里不会教,却会让我们受益终身的东西。一双善于发现的眼睛是十分重要的。我为什么要发出这样的感叹呢?因为在上上个暑假,发生了一件直到现在都让我记忆犹新的事情。

当时的我是一个没有耐心,一遇上挫折就放弃的孩子。常常因为学习上遇到困难,就停下不动了,这让我的父母很是苦恼。因为人生处处是挫折,怎么可能不碰上呢?但是暑假里的一件小事,却让我改变了这一坏习惯。

那时,我又因为碰上了困难,一道题就晾在那儿不做了,这一幕正好被爸爸看见了,但奇怪的是,他并没有说我,而是把我带到外面,指着灌木丛说:"看!"灌木丛里有啥好看的? 我心里满是疑问……

但我还是照着做了。在灌木丛间,我看见一只小小的蜘蛛,大约只有五毫米那么大,此时它正在忙着吐出丝线,织出一张比自己大数倍的网。"这有什么好看的?"我问。"你继续看。"爸爸不动声色地回答,看不出他葫芦里卖的是什么药。

突然一阵风吹了过来,我一看蜘蛛网,原本就要大功告成的网此时被吹断了,一下子就前功尽弃,小蜘蛛抱着一根丝线在风中飘荡着。随时可能有性命之忧,这蜘蛛真可怜。

我想,如果我是它,就不会再结网,那么耗体力又很容易失败的事情鬼才去做呢!但是出乎我的意料,它并没有放弃,而是继续辛苦地织网。

这一幕看得我脸微微发烫。但同时也不服输地想到,也许再经过一次挫折,它就会放弃。然而事情就好像和我对着干一样,当蜘蛛网又一次被吹断时,小蜘蛛依然没有放弃,而是再一次继续织网。看到这一切的时候,我的心灵被震动了。我这才发现,我所经历的挫折和它相比是多么的微不足道,而我却早早地放弃了。我感到羞愧难当,恨不得找个地缝钻进去,我被它的精神感动了。

就在这时,蜘蛛网织好了,太阳也下山了。小蜘蛛挥舞着它的触角,骄傲地望着自己的作品。我突然有种想感谢它的想法,是它让我懂得了一些课堂上学不到的道理。"走吧。"爸爸轻声地说。

我点点头,若有所思,在离开前向蛛网的方向又看了一眼,就是在那个地方,上了一堂足以影响我一生的课。

温　　暖

汤恺琳

上海市彭浦初级中学　初二(4)班

上海的冬天,是一种湿冷,平常还好,一旦刮风,无论你穿多少衣服,风也能把身体里的最后一丝暖意赶走,会让人感到无法承受的寒冷。

一个周六的下午,风很大。父亲带我去参加一个活动,天黑了我们才坐地铁回家。上了车,还有空座。我坐在爸爸身边,空调大概坏了,坐在车里,只感到彻骨的寒,我紧紧地依偎在爸身边取暖。

靠站了,车门打开,一位身穿旧迷彩服的爷爷上车了,松树皮一样粗糙的手上还拎着一个大大的工具箱,绛紫色的脸上满是岁月留下的一道道印痕,头发和胡子都已灰白,眼角边也布满了密密的鱼尾纹。车厢里还空着一个座位,他却站在边上,没打算坐下,也许是因为他的衣服和手上沾满了灰尘和油漆,怕弄脏了其他乘客。空座两边是一位老婆婆和年轻叔叔。他们抬头看了那位爷爷一眼,不约而同向两旁挪了一点,又向爷爷点点头,大概是邀请爷爷坐下。爷爷不好意思地对两人笑笑,小心翼翼地坐了下来。

也许是太累了,爷爷坐下后就打起了瞌睡,头随着车厢行进不停地晃动。慢慢地就靠在那位叔叔肩上了,专心看手机的叔叔,抬头看了爷爷一眼,又继续看手机,但可以看出,他身体明显开始绷紧,还微微将肩膀抬高,估计是想让爷爷睡得更舒服些。那位婆婆抬手做了一个手势,让边上的两位哥哥不要聊天了。突然间,本来有点喧闹的车厢安静了下来,只能听见地铁行进时发出的"哐哐"声。

过了一会儿,爷爷突然醒了,发现自己靠在别人身上,看到对方原来干干净净的衣服上也沾上了些灰尘。他十分惶恐,再三向那位叔叔道歉。叔叔却回答:"老伯伯,没事的,真没关系的。"坐在另一边的婆婆和爷爷开始聊起了家常,爷爷不时发出爽朗的笑声。车厢又恢复了喧闹。

一切发生得突然但又十分自然。就在这一瞬间,目睹这一切的我,在寒冷的冬天感觉到了一种温暖。看,车厢里的灯变亮了,像太阳一样,照得我心里暖洋洋的。原来,人们相处时,一个简单动作,一个浅浅微笑,一句"没关系",就传播了正能量,让心里充满暖意。心变柔软了,世界就变得温暖而美好了。

指导老师夏雯点评:上海正值冬天,但是读了这篇文章,感觉周身暖洋洋的。美好的文字、美好的情感确实有打动人心的力量。小作者用细腻的笔触为我们描述了发生在地铁里的暖心故事,动静之间,细节之中,我们看到了普通人身上的"善良"和"理解"在闪光,这真是一班开往春天的地铁。

窗前的麻雀

刘逸扬

北京市第 171 中学　初三(7)班

早晨的清风从窗口飘来,送进鸟儿的欢叫声:"呱呱!"我顿时睁大了眼睛:咦,麻雀什么时候学会鹦鹉叫了?转头看向屋内,这才想起自己已经不在熟悉的家乡,而是在美国了。

自从上小学,我就开始关注麻雀,这种我幼时极爱欺负的鸟类了。北京盛产麻雀,大街小巷到处能瞧见它们挺着高高的胸脯,成群结队地互相聊天,可人一走近,立刻就怂,一秒就逃得无影无踪。但唯独我窗外的麻雀不同:因为我每天都在空调机上撒一把米粒,给它们开小灶。

久而久之,麻雀们也不再用警惕的目光注视我了,渐渐聚拢在我窗边的金银花丛中,把聊天平台转移到了这里。每天早晨,它们都会用愉快的叫声把我吵醒,然后一只只耐心地蹲在铁栏杆上,等候着我。等我拉开窗帘,便拉着圆润的飞行曲线,各自待在一个准备扑食的角落,静静地看着我打开窗户,撒下一把小米,然后便以迅雷之势冲下来,一边快速啄食着米,一边抬起玲珑小巧的脑袋,用黑色的小眼珠打量着我,仿佛在对我表示感谢。饭后,会有几只麻雀仍然蹲坐在窗台上闭目养神。有个别胆大的,会贴着玻璃向屋里东瞅瞅西望望,还试探地啄啄窗户,结果自己也吓了一大跳,惊慌地向后退。

想到这里,我情不自禁地笑出声来。虽身处在万里之外的异国他乡,心中却总也放不下家乡的那群麻雀。不知在这个炎热的夏天,它们是否还在那金银花丛中躲避正午燥热的阳光?是否还挤在对面楼的空调管道上,默默地注视我天蓝色的窗帘,等待我拉开,微笑着在窗台上撒一把米?它们会不会再有一只,因为淘气,从墙上没装空调的洞里,钻进空荡荡的阳台,焦急得不知出路?

整个早餐时间,我都在想着家乡窗边的麻雀。不知不觉中,我已经和它们有了五年的友谊,而它们也成了我家乡的牵挂。我想象着,几天后,我回到家,一把拉开窗帘,直视着刺眼的阳光,只听耳边传来惊喜的鸣叫,一抹棕色从眼前掠过。

或许,这些麻雀,在别人眼中,是平淡无奇的一小角,但在我心中,却是随心牵挂的朋友,是生活中的一件趣事,是夜空中闪烁的星星……

人在旅途

钱如玉

上海市洵阳中学　八(3)班

整理好衣衫,拉上行李箱,那一刻,我觉得自己非常酷,像无所畏惧的小王子,任我乘风破浪,踏上一个人的旅途。第一次,怀着兴奋的心情,坐上了那趟"神圣"的高铁去北京大舅家过暑假。一路上不期而遇的暖,交织着我的笑容,还有不设防,如梦而来。

我是一个较内向的人,有些怕生,坐在座位上,低着头,不敢与人四目相对。但对面的那位似乎看出了我的不自在,找我搭起话来,突如其来的问候,让我有些猝不及防,我比较警惕,只是随便应付了几句。那位普通的老妇人知道我是一个人来的,竟夸了我一句:"不错,真独立!"听得我美滋滋的,暖意涌上心头,不自在感顿然消失。因为她,我与周围的人拉近了距离。老妇人有着海藻般的发丝,多皱的眼皮,松弛的皮肤,弓曲的脊背,一双眼睛却炯炯有神。普通的她却在我心中散发暖意,慈祥而又亲切的笑容实在美好,那一刻,心似乎停止了跳动,时间静止了,我使劲地记住了这短暂的邂逅。

下了车,便去找地铁。初来乍到,人生地不熟,偏偏这里的路标极其混乱。我十分纠结,想问却羞于开口,胸口像堵了石头,一层垒一层,直逼嗓子眼。在心里重复了一万遍的话,可到了嘴边又一下没了。发出的声音就像给蚊子盖了个钟罩,还是个抽干了空气的真空钟罩。我无奈地来回徘徊。犹豫不决的纠结感,从此到彼,没法挣脱。几声干咳引起他人的注意,一位中年大叔蹲下来问我怎么了,我刚说找地铁,他便要带我去。可是,我没答应,你瞧他油腻腻的头发,一双大拖鞋套在脚上,怎么看,都不像一个正经人,何况,哪有那么热心的人? 最终,他给我指了路,让我自己走。他有些担心的眼光被我完全忽略,只留下个背影,甚至,我连头都没回一下。按照他说的路线,我果然找到了地铁。他没有骗我,他就是一个热心也可以说是过于热心而且无所事事的人。但是,却给我树立了一个高大的形象,其貌不扬但热心可贵。暖意阵阵涌来。温柔的笑容又出现了,只不过这一次是在我自己脸上。

出了地铁站,就是大舅家了。尽管是头一次独自出远门,但一路走来,平淡无奇的经历仍让我感受到温暖、真挚的感情,从不曾与我疏离。那些平凡而普通的人给予我帮助,鼓励我前行,照亮我的世界,是夜空中最闪耀的星星。我从未如此强烈地期待着,期待着下一次不期而遇的温暖,期待着下一个旅途。

指导老师刘欣荣点评:世界那么大,我想去看看。属于小小少年的旅途,会有什么呢?"无所畏惧的小王子"似乎在期待一场盛大的冒险。然而旅途中搭话的老妇人、地铁口油腻的中年大叔,这些人都过于普通平常。唯一不平常的,是少年的反应。过了刚出门的兴奋,少年其实一直处于不自在和警惕之中。所以才会有面对老妇人问候时的"随便应付",才会有面对大叔指路时的"连头都没回一下"。但是,即便是这个时时处在紧绷中的少年,也终于在陌生人不经意的夸奖、过于热心的指路中,慢慢放下了心防,体会到了"不期而遇的暖"。路人在被拒绝之后依然展现出的善意,更见其温暖,也更能打动人心。平中见奇的写法才是这篇文章最独特最吸引人的地方。

不一样的推销员

王若谷

上海中学国际部 五(7)班

记得上个学期,爱菊小学(我以前的学校)民乐团去法国演出。法国的"马卡龙"特别好吃,那里无论走进哪家餐厅都有。

到了法国后,头一两天我们都在准备入住、演出等。临走前两天,导游带领我们去逛街。

我们走入了"龙卡街"。那里路的两边整排都是"马卡龙"店。当然,每家商店前都有自己的推销员。

一家名叫"林顿"的糕点店,他们的推销员十分可爱,一个二十来岁的女性,穿的像一个"马卡龙",整个人圆圆的,衣服还有几个夹层,"马卡龙"上托出一个个小盘子,每个盘子都放着不一样的甜品,供大家试吃。

另一家店,他们的推销方式很奇特,假如你走在街上,一位推销员会冲到你后背,并蒙住你的眼睛,让你张开嘴巴,把"马卡龙"送进你的嘴里,常常把你吓一大跳。还没等你"吓"够,美味就在舌尖化了,那感觉真不错!

在这条街一个比较阴暗的地方,"隐藏"着一家举世闻名的"马卡龙"店。其实店主并没有在街上建造房子或商店,店主是在做好"马卡龙"后,运到现场,员工躲在"冰箱"后面,那所谓的冰箱是一个模仿成垃圾箱的东西。当你路过"垃圾箱"时,员工会走出来,并把你拖进地下室,也就是店主家的地下车库,不知情的人会以为遇上了"歹徒",哇哇乱叫。只是一小会儿,没来得及挣扎,已有人让你慢慢享受"马卡龙"……

法国是个"马卡龙王国",也有着许许多多"马卡龙推销员",他们各显神通,以奇特的方式推销这种美食,令人印象深刻。你如去法国,别忘了去试试哦!

指导老师田丽姣点评:文章内容、构思都不错,让读者看到了很"不一样"的推销员,推销方式很奇特。

雨撒欢了

张弛笑宁

河南省洛阳市涧西区东方第二小学　五(4)班

　　我听奶奶讲,雨是天上的使者。于是,每到天空阴雨时,我都愣愣地仰望那些天使满怀柔情的轻吻大地。透过窗看去,湿润明亮的马路,一排排被雨洗过的绿色树叶,人们匆忙的脚步声和着风声在欢迎雨的到来。雨忽大忽小,大的好似黄豆般从天空拉出一条直线,打得路上行人睁不开眼睛;小的又如飘在空中的细沙,轻轻地抚摸人们的面孔,在空中任意地舞动。我知道,这时的雨在尽情撒欢!

　　雨是苗条的,掉到地上肯定会粉身碎骨的。果然,不出我所料,雨一掉到地上就被摔碎得无影无踪了。雨明知道有危险还是选择飘落下来,这种勇敢精神值得我学习!

　　雨是一个愿意跑到屋顶上就马上让几盆花草洗个澡,想到矮墙上就把干泥巴打个透湿的顽皮孩子。雨打着、扑着,被风吹着、鼓着、扯着大地如一张灰色的牛皮……

　　"叮叮叮",雨掉到叶子上,立刻变成了晶莹剔透的露珠,声音犹如小鸟站在枝头上放声歌唱,歌声婉转动听,又像钢琴弹出清脆的旋律,那声音真美妙。

　　"咚咚咚",雨一会又来到变电铁箱上,就把铁箱当成了鼓,它很卖力地敲着。

过了好久,雨终于停了下来,我打开窗,用鼻子嗅了嗅空气,嗅到一股淡淡的清香。原来是雨姑娘把小草唤醒了,小草在向我招手呢!

　　雨,是一种自然现象,撒欢是它的天性。

记忆中的爆米花

苗博涵
上海市闸北第二中心小学　四(4)班

　　他又高又瘦,脸色枯黄,嘴唇紧紧抿着,穿着的 T 恤衫很久之前是洁白的,因为他的工作而变得皱巴巴的。每天,都能看见他卖出一包又一包热气腾腾的爆米花。

　　儿时,我住在小小的阁楼,每天都向下张望,就是为了等那个卖爆米花的人。清晨,他就推着小车到大街上,奋力吆喝:"卖爆米花嘞,卖爆米花嘞!"他用自己沙哑的声音,唤醒沉睡的人们。他的小车是红白色的,上下挂满了铃铛,发出一阵阵清脆悦耳的声音。有时,七八个孩子,约五六岁,咻溜咻溜地奔下阁楼,手里死死地攥着几张毛票,嘴里嚷嚷着:"我买一包!"那爆米花开的是顶着嗓子眼的价——三块五一包。没钱的向别的人借,借到的便欢天喜地,借不到的就忿忿不平地嘟囔:"你、你等着,我再也不跟你做朋友了!"卖爆米花的人接过那几张被汗水浸湿的毛票,慢慢悠悠地把钱放进口袋,推着小车继续走……

　　一天,我刚用所有的零花钱买了三包爆米花,便一屁股坐在石阶上吃了起来。过了一会儿,当我再次抬起头时,却发现一个小男孩儿正望着我。

　　"你看见我爸爸了吗?"他急切地问我。

　　"你爸爸?不认识呢。"我仔细看着他,又脏又瘦,手里还拎着不知道哪里捡来的酒瓶子,一看就知道——这是一个拾酒瓶的孩子。

"你有瓶子吗?"他突然问我。"有些。""哪里?""跟我来吧。"我带他上楼,拿走了放在角落里的几只空瓶。"谢谢!"他异常激动,好像我送了他什么重礼,"告诉你吧,我爸爸整天起早贪黑卖爆米花,就为了攒我上学的学费。""还有,我收到了一份通知书。""嗯?"我有点疑惑。"就是——"他拿出一张纸,挥舞着,"入学通知,我可以免费念书啦……""好了,我得走了,爸爸要着急了。"没等我来得及说什么,他就蹦跳着下楼了。说不清被哪种思绪牵动着,我立刻也飞奔下楼。

十字街头的拐角,只见在夕阳下,一个小男孩儿兴高采烈地对他父亲说着什么。父亲用那宽厚的手掌轻轻抚摸着儿子的头,又一下子紧紧抱住了儿子,落日的余晖洒在他们身上,亮闪闪的……

每当我看到卖爆花米的小推车,都想起那位辛劳的父亲和他的儿子,他们父与子之间淳朴的爱一直感动着我。

路 边 一 课

王昱涵

上海师范大学附属第三实验学校 四(2)班

一天下午放学回家,我和爷爷走在南宁路上。走着走着,我突然发现前面有一辆小鸣单车倒在路上的一个积水塘里,多可怜的一辆单车呀,像一头受欺负的小鹿倒在路上。我仿佛听见了它在痛苦地呻吟。

爷爷停下了脚步,气愤地说:"这骑车人品德也太差了,车骑过了,应该把车摆放在应该放的地方,倒下了更应该扶起来才对。单车大家共享,秩序也要靠大家维护呀!"又对我说:"来,我们把车扶起来吧!"我不解地问:"爷爷,车不是我们弄倒的,与我们无关。再说你七十多岁了,平时又不骑车,干嘛要扶这车呢?"爷爷没有回答,指着不远处的墙上写的语录说:"你看!"顺着爷爷手指,我清清楚楚看见了那墙上写着"勿以善小而不为,勿以恶小而为之"这一句古训。我霍地站直了,大声说:"爷爷,我明白了。"这声音只有回答老师提问时才这样大。

爷爷弯下腰,颤巍巍地搬起车把,我也使出吃奶的力气搬起车后的轮子,一前一后,我边搬边喊:"三,二,一,抬!"车子被我们扶正了。接着,我们又把它推到路边,放在停车的横线内。此时,我们早已累得气喘吁吁。一个披着长发的阿姨骑着一辆"ofo"的单车从东往西行,她停下了,一个戴着眼镜的叔叔骑着

"赳赳"单车从西往东行,也停下了。阿姨和叔叔向我们竖起了大拇指。爷爷只是微微一笑,和我继续往家走。

夕阳的余晖正洒在路上,路边的绿树红花像镀了一层金,灿烂得耀眼。今天的南宁路似乎成了一个课堂,这老师是我那年逾古稀的爷爷,学生呢,自然有我,还有那披长发的阿姨和戴眼镜的叔叔。不知路边看到此事的人以及看到我写这篇作文的人愿不愿意做我爷爷的学生。

一 张 相 片

张仕祯

上海市莘庄镇小学(南校区) 五(8)班

我的日记本里夹着一张相片。相片中,一位长满络腮胡的大爷正缓缓地弯下腰,准备捡拾起地上的垃圾,旁边还有几位老外。每每看到相片上这位拾荒的老者,心头总会涌出一种说不出来的滋味,很扎心,又有些许的惭愧。

记得前些年,在爸妈的陪伴下我们一行三人来到了久负盛名的八达岭长城。那天,天空中飘淋着些许丝雨,游人三三两两,地上也是湿湿漉漉的。我们撑着伞,顶着风,艰难地行进着。行至半途,我双脚仿佛陷入万丈泥潭,不再听命于它的主人了。"再也走不动一步了,我累极了。"我喘着粗气,就像负重拉着车的马儿一般。爸爸妈妈见我这狼狈样儿,又好笑又无奈,便携我找了个烽火台暂避一下风雨。就在此时,我看到三个衣着光鲜、金发碧眼的外国人,有说有笑地朝我们这里走来,不经意间一只饮料空瓶已经被其中的一位老外随意地丢弃在了地上。而此时,没有一个人站出来并指出老外乱扔垃圾的行为,或视而不见,或事不关己,就仿佛空气中什么都没有发生过一样。老师一直教育我们应该对不当行为敢于说"不",正当我还在犹豫是不是应该上前做点什么的时候,不知从哪走出来一位大爷。大爷来到了那位乱扔垃圾的老外面前。他只有一米六的个头,与三个高大威猛的老外形成鲜明的对比。然而大爷却显得不卑不亢,先用普通话,再用并不流利的英语对老外喃喃片语。或许是语言上存在着沟通障碍,或许是老外觉得失了面子,他们并没有理会大爷,径直走开了。大爷见老外并没有理会他,便不再多语,而是来到了空瓶旁,在他准备弯腰拾起的那一刻,我轻轻地按下了手机的按钮。我很困惑,也很惭愧:困惑的是在老外乱丢垃圾时路人甲所表现出来的麻木,惭愧的是自己犹豫不决,没能像大爷一样上前制止。有时我在想,如果这几位老外行走在名古屋的街镇上,或许手上的空瓶会被文明地放在垃圾箱内吧。要想获得他人的尊重,首先自己要成为一个值得他人尊重的人。个人如此,国家亦如此!

　　回到家后,我特意印出了相片,规整地夹在日记本中,时时提醒着自己要做一个文明的中国人,更要敢于对不文明现象说"不"。文明小事,从我做起!

十一、诗情画意

这也是语文课

黄悠佳

上海市金山中学　高一(7)班

这么多年月过去,那时候的天应是胜比今朝好。那样干净的天空下,那些人一笔一画,描绘下了他们全部的见解。再看那些见解,这可不也是语文课。

曾有幸抄过一篇《人间词话》。因为没有现稿,四处拼凑来各大家们的手笔与章法。偏爱行草,米芾和王羲之的作品自然成了首选。

两人笔法不同,米芾偏刚瘦,王羲之显张扬。于是将全文分为章节、片段,再各自来按路临写。每次抄写个一至两段,不算多。

可是要将章法字字连贯起来,却是一件很难的事。《兰亭序》好看,字形颇多也好找。可酒醉之笔终是搭不上米芾清晰的勾提。序里那些个"吹"字,收尾之笔皆是书法说的"螃蟹捺",折三折,便是不好配《蜀素帖》的笔锋,猛的一点显突兀。

老师见了笑我:"不都想好了么,分几段而后,各人笔路各分段。混淆在一起,算什么?"

老师说,字不齐全是必然,自己按着路数来,没准又是一番风景。再不行,那就去读懂他们的字。

读懂他们的字?

他们的字不过是几张白纸上几个不同的笔画以不同的方式书写并组合在一起。那么，抑或是……读懂他们的人？

　　文章的意思就在那里，再去深入赏析，便是真正意义上的语文课里要做的事了。我现在要做的，是去读，深入赏析那些字，那些人，那些背景。是字面的"语文课"之外的事。

　　我去翻了那些史评，查了那些资料。

　　我一边读着"永和九年岁在癸丑暮春之初"那会稽山阴小亭子里的酣畅，一边嘀咕酒真是个好东西；一边感叹洒墨成文的淋漓，一边悄悄想着如果我也饮酒三升，是不是也可以创作出这般神迹。不过，我应该是没有怀素大家那般好的酒量的。

　　就这样，似乎是对"字"有些懂了。《人间词话》也抄得还算顺利。只是，意料之外的读那些"人"的时候，我总觉得还读到了什么别的东西。

　　他们写的字，当真是我们读一段背景，了解一段历史即可懂得了的吗？

　　很多很多年之前，他们，和很多很多年之后的我，一样的姿势坐着或是站着提起笔。然而，一落笔，便是一整个时代。

　　他们读着岁月，写着诗；我读着诗，写着他们。一提，再一捺；一斜笔，一收尾。墨香纸香氤氲开来，这也是语文课。

看《秋思》

许书铭

上海市澄衷高级中学 高一(3)班

那天,学校戏剧社排练结束后,老师请我们四个同学去观赏在上海东方艺术中心举办的《秋思》——名家名作朗诵音乐会。这是我第一次坐在那么大的剧场里欣赏演出,无论是舞台的灯光、音效,还是名家的朗诵功底都让我受到震撼。

开场是胡乐民先生朗诵的《满江红》,他独自走上舞台,穿着一件雪白的长褂,站定后他单膝下跪,声嘶力竭地一遍遍呼喊着"陛下",就这两个字,他用各种声调、语气演绎,没有一句是同样的读法。他以这个词喊出被冤的悲愤,以及想继续报国、英勇杀敌的雄心。不得不佩服胡乐民老师的功底啊,他把短短的一首词变成了一则感人的小戏,听得我热血沸腾。《满江红》我也是背过的,只不过从没研究过背景。"壮志饥餐胡虏肉,笑谈可饮匈奴血",我一直以为是岳飞血战沙场为激励军队士气所写的,怎么可能是被冤枉时所作呢?之后我查了《满江红》的写作背景,对我以前的无知感到羞愧,也不禁感叹朗诵的力量,听完这首词,我都要流泪了。胡乐民老师还朗诵了李白的《将进酒》。还是一件白长褂,高雅、纯美。他迈着凌乱而不失庄重的步伐走上了舞台,既表现出了醉酒的状态,又体现了文人的洒脱。他吐出的每一个字都把李白的豪放表现得淋漓尽致。

童自荣先生朗诵由美国作家埃德加·爱伦·坡所写的《安娜贝尔·李》。穿黑西装的男子为观众高歌一曲,那就是配音艺术家童自荣,让我最为佩服的是歌中的颤音,余音缭绕,妙不可言。他的手中还拿着一本黑色的书,先生坐了下来,打开这本薄薄的书,开始了他的朗诵。这是一首悲伤的关于爱情的诗,书中记载的也许只是一个故事,或者是主人公追求爱情的日记,而先生所扮演的男子可能只是个讲故事的,或者就是那个故事的主人公。无论答案是哪一个,都无法掩盖朗诵者的悲伤,以及在最终失败时的愤怒。我们被引入故事之中,为未得圆满的爱情唏嘘不已。这就是朗诵的力量,短短几秒钟就让观众感受到作者的情感和心态。

　　这场成功的表演与团队合作是密不可分的,灯光师每一次精细的打光,服装师配上了合适的服装,台上铺满的落叶是舞美人员的设计,还有恰到好处的配乐,每个朗诵者辛勤的排练(所有演员都是脱稿背诵,即使长达两页的朗诵词,年过古稀的丁建华先生也是不打一个格楞地背出。可见台下他们花了多少努力!),以及导演细致的安排,有了这些,表演才能成功。

　　我看完这场表演,心里有很多感受,不仅仅是对这些名家表演能力的敬佩,还让我回忆起暑期我在《天下之利》剧组的种种经历。虽然这两场表演的形式和站在舞台上的演员的功底有天壤之别,但戏剧的团队合作精神是相同的。我不仅学会了演戏,更学会了包容和适时退让。剧组虽然已经解散了,但这些美好的东西将永远留在我心中。

月 里 凤 凰

周逸棻

重庆市涪陵第五中学校　高 2019 级(5)班

圆月高悬!

明月,水一样倾泻着光辉,给山间飞驰的汽车,还有昏昏欲睡的旅人些许慰藉。天穹就像水清洗过似的,洁净、光滑、明朗,凸显着月的圆润、皎洁。这样的圆月之夜,我旅行在神话般的凤凰。

最早撩动我的心弦,促使目光的专注,得缘于沈从文先生笔下的《边城》,那时我正着迷于乌江悬崖下的龚滩古镇。那美丽的翠翠,还有碧绿的清水江以及那条牵绳的渡船,都让我神往。今夜,我的心愿在月光下得以飞翔!

窗外的大山,在月的光辉里,青黛着,沉默着,庄重着,凝神着,丝毫不见凤凰的飘逸。在汉族的图腾里,凤凰是百鸟之王,美丽中透着神秘,神秘中隐藏膜拜,那么,在苗族的图腾中,凤凰,她是怎样的形象?月夜的大山,凤凰,沉睡在月辉下,安详、静谧、亲切而又那么遥远。

从车窗望去,陡峭的山顶上,有烽火台一样的建筑,那就是南长城。就像一条巨大的绳子,紧紧地拴在绵延的山脊上,拴在舒缓的平川上,拴在狗吠的村庄后,拴在袅袅的炊烟还有吃奶孩子的呢喃中。这道修建于明万历年间的南长城,全长一百九十公里。围绕它的争夺,不知道有多少汉民和苗民发出过震天动地的呐喊和悲怆的哭泣。"苗不出境,汉不入侗",一道冷冰冰的城墙,阻隔了多少梦和思念?这片神奇的土地,这片曾被一百九十公里长的城墙合围的山水,有多少青葱,多少歌谣,多少碧绿,多少梦幻?目视着飞快划过车窗的山峦和村寨,我心旌摇动,一派遐思。还是那轮圆润的明月,静静地看着我,不回答我的疑惑。其实我知道这几百年的沧桑她都尽收眼底,可是那都成过眼烟云了,因为这短短的一百九十公里,又怎么可能阻隔山和水的情缘?更何况苗汉心与心的火热,一道冰冷的城墙,怎能不被融化?

　　密林中,几所村居的灯火隐约透出温馨,同车的朋友刚才被"赶尸"的传说吓得僵硬的心脏,这才有了些热气。我和圆月都笑了!远远看见一派灯火,在朋友们的欢呼声中,凤凰,展开了她的双翼拥我入怀!我好奇地打量着脚下的土地,还有土地上陌生的人、陌生的建筑、陌生的灯火,凤凰呢?我问自己。

　　血粑鸭的香醇还在唇间齿尖回环,我开始了对她的探访。夜已经很深了,路灯都幽幽地释放出睡意,幸亏脚下的鹅卵石烙着步履,夜风才舒展一下她的青丝,拂去旅行者身上的行尘。圆月高悬着,更明更亮更静,照得古城所有房屋上那展翅的凤凰雕塑,都闪着光华,月光像涓涓细流,从静止的神鸟身上,流淌到湍湍奔流的沱江。

　　沱江,凤凰城生命的源泉,此时已经安静地进入了梦乡,尽管有江边霓虹的光彩,也已经不能打扰她月出而息的千年习惯。你听,那水的潺潺,一如沱江沉沉的鼻鼾。满江细碎的月片,起伏着,碰撞着,叮咚有韵,好像苗家姑娘胸前、头上的银饰,迷惑着我的眼。而江边肃立的山岗,却不为所动,古板地端着长者的架子,摇摇密密的林子,睡去。

驻足江边青石板岁月的刻痕,我放目搜寻,不见沈从文,不见熊希龄,不见黄永玉。我不知道"凤凰三杰"是否在这样的月夜里像我一样独游凤凰,也不知道当年飘泊异乡时的沈从文,在异乡的月夜里是如何思念重重大山中这片清静的月华。那时候,沱江的水是这样清吗?沱江的水是这样的银光闪烁吗?沱江边的吊脚楼,可曾高挂着温暖游子的红灯?

雾气从江流中升腾起来,顺着吊脚楼的木柱,飘进江边古色古香的民居,混着月光,越发的朦胧中透着清晰,召唤我走向清静的院落。古老的院落不闻狗吠,更没有游人刺眼的闪光灯,就那么静静的在月夜的梦乡中休憩着。那些雕花的门楣、青砖的墙面还有房檐高傲的凤凰的翅膀,全在清净的月光里发着亮,越发衬托着我陶醉的身影那么深沉。一条又一条迷宫般的巷道,不知道伸向何处,牵引着我,顺着她的神秘走向更神秘。巷道中静寂无人,没有虫鸣没有蛙叫,偶尔传来孩子的梦呓,把温暖和安详传进巷道外闪着月片的沱江,再顺流而下,出大山,出南长城的桎梏,把这片神奇土地的富足、安宁、静谧、美丽浸漫进遥远的天地,滋润着这片土地上旅行者躁动的心。

夜更深了,月依然圆润光明。我站在城外的一块无名高岗,俯瞰这通灵的小城。在一派光华与氤氲中,凤凰,美丽地睡着了!从心底传来黄永玉的诗句"我的心,只有我的心,亲爱的故乡,它是属于你的",不由艳羡……

读 雨

方科杰

上海市鲁迅中学　高三(4)班

　　下过雨了,心终于静了。
　　我坐在店外露台的木长椅上,听见一些不规律的声音断断续续,滴,滴,滴答,滴,滴答,这种不容易察觉又是雨后一些悬空的平台下必不可少的悦耳的声音,亲切,我十分喜爱。这些声音竟也叫我想到钟摆,当然我们所见的时钟都是规律的,可人生的钟摆未必,时而转得极快,时而愈渐缓慢,不过前辈们的眼里,这钟大体确是愈转愈快的。
　　我也稍有体会了,这一晃我已高中毕业,如梦一场,高一刚进入学校的情景竟历历在目:那时和一位新认识的男同学一道在学校唱歌,如今毕业典礼上,我们还是在一起唱,也是有头有尾。即使声线都变了,总感觉现在的我还与以前无异,依旧少不更事。我思考着这毕业究竟代表了什么,或许是一次歇脚,好让自己有精力去越过更险的江河,甚至山崖。忽而我疑惑了,觉得自己并没有这样的感受,自始至终我一直在忙碌着,忙什么,有时自己都讲不清,细数却忙得实在。高中期间,我好似和学校分离,置身事外地完成一切学校给予的任务,担任了部长,当上了学生会主席,却并没有如此兴奋;而更多的校外的或者自发的活动,则令我印象深刻,比如剧组,比如走访历史遗址,尤其是在剧组担任了主角,加入剧本创作小组,我的青春就忽而鲜艳了不少。因此当我春季高考前带着所有的东西走出校园的时候,走得如此随意,如此轻快。

  我才发现自己很早就已按照自己的方式开始生活了。面对一些压迫,一些不理解,我竟能早早地笑对,人都有自己的生活,何必去打扰呢?许多烦躁压抑的日子,我便选择关手机,选择看书,选择写作,选择喝茶,尤其是那些下雨的日子,找一静处靠窗而坐,静静地看着外面匆匆的鞋子与轮胎,什么也不去想,手里捧一本书,倒也安心了许多。随后跟着地图走访魔都的各处历史遗址,听听那些历史大家最平凡的故事,不论所谓的正派还是反派,是的,他们总能打动我,他们搅弄风云时所散发出的人性本真,我对此如数家珍。除去他们,便是这座城市中的"野",下过一整夜的雨后我凌晨归家,倏忽出现的一声一声纤细呼唤,瘦小的身躯垂着尾巴绕着我的腿打转,我的眼角便不由自主地积液了。而后我就近买来香肠,一点一点喂,就在凌晨四点至五点的短短一个小时内,天刷地一下亮了。破晓的威力时常叫我觉得空虚,而后看到腿边的这只小可怜遽然站住不动了,目光没有方向地张望,我也望去,的确找不着方向。这时候我喜爱的那种夹着忧伤的孤寂感便来了,谦卑,渺小又安稳,天拉的很长,知道太阳出来了却找不见,就像农场主睁开熟睡的眼睛,我缩在被窝里打着哈欠,等待清晨的第一手温柔的抚摸。我就这么习惯了夜劳日眠的生活。

  空气的温度高了起来,店外石板桌下的雨水声也渐渐缓了,看见一滴沿着那根挺直的桌腿与其他雨滴交接着而下,最终也渗进地上的木板缝中不见了踪影。于是我又沉醉了,仿佛听到雨神在说:"恭喜,恭喜。"我才意识到,那些雨,就是我走过的青春。

  答,答,答,规律又平稳。雨啊,原来你也是来庆我毕业的!

苔　花

苏　洋

浙江省宁波市镇海区龙赛中学　高一（16）班

"花落花飞花满天，红消香断有谁怜……"

哀婉的戏腔不知从哪户人家辗转而来，在氤氲烟雨的弹格路拂过青苔，缘深巷而去，又有三丝两缕落入身旁的老人耳中，幻化为无伴奏的哼唱，撩动少年心弦。

被龟裂粗糙的手有力地攥着，随着《黛玉葬花》的越剧曲调被一下一下拍打着。孙儿与外婆一起晃悠着身子，丝丝白发与黑发交杂，却是一丝不苟。在细碎琐事旮旯中挤得放不下的日头里，这种小时光自是吝啬。

细细端详着外婆花白的鬓角，眼前的她已褪去红颜，早年细小的纹路已不再收敛，肆意吞噬她的样貌，眼角眉梢却抑不住对越剧的深陷不已。

若是母亲不说，孙儿难以想象在细腻手掌上轻轻拍打，龟裂不堪的竟是一双甩动水袖的小生的手。不知那身水袖至今尘封在哪个角落，那份绕指柔肠又被哪位看客藏于心间……身旁老人的心跳声沉重有力，贯穿胸腔，着陆于我柔软心田。

今日的母亲已不是当年痴迷于收音机前的女郎，也不是处处受亲人牵制不敢踏出家门半步唱越剧的小姑娘了。她会抱我坐在身前，守着老式电视机，播放她珍藏于匣子里的越剧旧像；

她会拽着年幼的我奔波于看客之间,瞳间尽是艳羡和憧憬;她也会甩着衣袖,唤着我乳名,迈着方步,双手佯装端着腰挂,左一步,右一步,举手投足是年少的遗憾。

现如今,耳机里播放着《十八相送》,电视里放映着越剧《红楼梦》,私家车里《五女拜寿》不时听闻。水袖挥舞的小小梦想也在我心中种植,我常在睡梦中幻想我穿着青衣的模样,那样落落大方,那样自信夺目……

时间是疗愈伤口的良药。八十五岁高龄的外婆已不再提起年轻时水袖翻扬中,台下"文人雅客"的唾弃和不屑;四十多岁的母亲也过了因亲人反对不能参加越剧培训而垂泪的年纪。她们哼唱越剧调调时眼里的希冀,走着方步,挥手抬手间的自信变得怡然,落在少年眼中,已不仅仅是一份对越剧的热爱。

几代越剧艺人将青春埋葬在亭旁小镇,将粗茶淡饭、柴米油盐捧到了怀里。谁也未曾料到,二十一世纪将乡村振兴的春风吹进了小镇。手工皮影戏,草帽编织,革命纪念馆,越剧博物馆……飞檐下的手工作坊一家家好不热闹。

外婆的眉眼间尽是欢喜,紧紧攥住我的手走到街头,指着不远处的五星红旗:"看,囡囡,每天五点多都有兵升国旗,走,我带你去看。"自从亭旁广场有了升旗台,外婆每天似乎有了动力,天微亮,候在那儿,痴痴地望着,望着……她也会惋惜地和我说,今儿下雨没得皮影看,明儿定有。她骄傲地带我走进草帽纪念馆,孩子般地向我宣告,这儿的草帽花样她都会打。她去的最多的越剧博物馆,天天演绎着人间悲欢,还有外婆欣然的目光。

游客穿梭在石街巷里,赞叹着,惊艳着,照相机的按键声不时惊扰着小小苔花。平凡小镇里的无名苔花,在石街角落,亭亭玉立,自信大方。

小镇一片文气、雅气,还有隐隐约约的"天上掉下个林妹妹",听得令人回肠荡气。

"白日不到处,青春恰自来。苔花如米小,也学牡丹开。"

（指导老师：张莹）

纳木错的气息

王　轩

北京市第一六一中学　初三(3)班

靠在大巴的软座上,驶在坚硬的泥土道路上,突兀的石子路让车子颠簸起来。

我确实在"飞",并且上升了两千米。从海拔三千多米的拉萨到达五千多米的念青唐古拉山脉。气压越来越低,我感觉人被压在座位上了。

不过这并不能阻碍我欣赏美景。脚下感受着纳木错土地的气息,我缓缓靠近湖边。地上并不泥泞,我不能走快,但仍感受到天空似扑面而来,在头顶上方环绕着我。云朵不再是云朵,而是千万个小水滴,如棉花糖一般,它们拥抱着我,仿佛要把我推入梦境。视线渐渐模糊,我闭上眼睛。耳旁游客的声音淡去,我感受着纳木错天空的静谧。

"而或长烟一空,皓月千里,浮光跃金,静影沉璧。"白天,当烟雾完全散开时,远处山峰纯白的塔尖首先露了出来,往下是青色的山腰漫延到湖水岸边,犹如抹茶冰淇淋上浇了一层白巧克力。再往下看,太阳在云雾的遮挡下发出淡淡的光晕,映着宽阔无边的纳木错。湖水在阳光的照耀下变幻着色彩,轻快的水波晕染着沉静的深蓝。湖面与天空一线,却不显一丝突兀。

靠近湖水,咸水湖的气息总是带着海水里没有的清凉。牦牛脚下踏着清澈见底的湖水,它们白色的毛发轻轻扫过湖面,发出一阵阵厚重的叫声。藏族姑娘披着的洁白哈达随风飘起,头上的首饰也像风铃一般,碰撞着发出悦耳的响声。我微闭双眸,感受着纳木错湖水的气息。

突然,一支歌谣打开了我的思绪……

"黄昏我站在高高的山岗,盼望铁路修到我家乡。一条条巨龙翻山越岭,为雪域高原送来安康。那是一条神奇的天路耶喂,带我们走近人间天堂,青稞酒酥油茶,会更加香甜,幸福的歌声传遍四方!"

是《天路》,我第一次听藏族同胞们的歌唱,声音清脆又震撼人心。虽然青藏铁路离纳木错还有二十五公里,但丝毫不影响人们的吟唱。走在纳木错的土地上,高原反应还在,但听着悠扬的歌声,想着我来时的天路,真应该感谢祖国的繁荣昌盛。正是因为改革开放,遥远的西藏通了铁路,修了公路,天涯若比邻,引领我来到了纳木错,来到了这人间仙境,享受着独有的美妙气息。

纳木错,神圣而又高远,我浑身上下每一寸肌肤都感受到了它的气息。这气息静谧、安宁、超凡脱俗,我从心底油然升起对大自然的敬畏和对祖国的热忱。

我想,这应该是纳木错的气息。不,这就是纳木错的气息!

(指导老师:张会)

春风下的小树

吴一凡

上海市第二十五中学　预备(1)班

你栽过树吗？你见过一棵树从小到大的生长过程吗？你见证过它从一棵小树苗长成参天大树吗？我就有过这样的经历。

六岁时，我在家门前栽了一棵小树。我满怀欣喜地将捧在手心里的小树苗小心翼翼地种进土里，就像在播种一个希望。尽管，它是那么的小，那么的微不足道。我经常给它浇水、施肥，还会和它说说心里话，仿佛它什么都不懂又什么都懂。

七岁那年，我到爸爸工作地去上小学。临行，我给小树浇了一次水，施了一次肥，和小树说了很多很多话。我担心它没人照顾会被风刮伤，被牛羊啃了树叶，被杂草抢走了营养……小树静静地望着我，只有树叶沙沙作响，它应该也是舍不得我走吧。车徐徐开动，小树在我的视线中慢慢消失了。

两年后的暑假，我跟随爸爸妈妈回到家乡。下了车，我飞奔到我的小树边。天哪，当年的小树已有了一层楼的高度，树叶密密地挤在一起，树干也粗了很多，长得是那么的茁壮，我惊喜极了，又唱又跳。我赞扬它的独立、自强，它变得那么强壮，完全藐视挤在身边与它争阳光、雨水的杂草。

清晨，我打开窗户，看着窗外秀丽的景色。一阵清风徐来，那清新的空气直沁入我的心脾，我深深地陶醉其中，目光落在那棵树上,发现它似乎又长高了。

  我目不转睛地望着眼前这棵小树,在清风的吹动下,它的每片叶子都哗哗地响起来,像一双双小手迎着朝阳在鼓掌。一只小鸟停在树梢上,树枝轻轻颤动,似乎在说,欢迎你,小鸟。在金灿灿的阳光照拂下,它浑身动起来,似乎在跳舞,摇摆得如此欢悦。

  假期过得飞快,我又要再一次离开家乡,但小树已经不再是当年那棵弱不禁风的小树苗。我放心地向它挥挥手,我再也没有担忧了。我坚信它拥有这份坚强和力量,一定能够长成参天大树!

山水遐思

黄奕宁

复旦大学第二附属中学　初一(2)班

　　古往今来,人们总喜欢把自己的情思寄托于山水之间,赋予山水以生命,仿佛它们也能思考,也有喜怒哀乐。我也会将感情倾注在山川河流上,也会借"高山流水"之景抒发内心之情。不同的境况,则会带给自己不同的感受:喜悦时,便觉得它们同自己共享一份欢愉;失落时,似乎它们也在帮助我倾吐内心的哀愁!

　　黄山之绝、泰山之雄、衡山之奇、华山之险、嵩山之秀,无不各有千秋,让人忘情赞叹。有些山,逶迤绵延,层峦叠嶂似乎无边无际,千山万岭浸没在淡淡的薄雾中;还有些,奇峰突兀,绝壁如斧劈一般,山谷里倾泻着奔腾不息的瀑布、溪流;更令人神往的,是覆盖着皑皑白雪的千秋西岭,尤见窗外,几只山鹰迎风而翔,好一个"山远天高烟水寒"!

　　山,既有"会当凌绝顶,一览众山小"那种勇于挑战自我、俯视一切的雄心和气概,也有"国破山河在,城春草木深"的忧国悲己的感伤与无奈,又有"明月出天山,苍茫云海间"所寄托的思念和不舍,还有"山重水复疑无路,柳暗花明又一村"在逆境中对光明与希望的期待……

　　山,有所似也! 而水,又何所依?

上善若水,虽无言,而非无声。各地的水,自然是以其独特的风貌与气质而闻名于世。湖,以其平如镜、风拂水面起微澜之美而动人,不然怎么会有"万顷湖平常似镜,四时月好最宜秋"的诗句来赞颂它呢?

　　若将湖比作一位亭亭玉立的少女,海则恰似一个喜怒无常的硬汉。时而辽阔无边,雄浑而苍茫;时而浪潮汹涌,澎湃而激昂;时而温柔宁静,泛起朵朵白浪。几叶白帆,在那一片蔚蓝中若隐若现,眨眼间,再去仔细寻找,却消失不见,怎么也找不到了。

　　江与河,则是水的另一种表现形态。盈盈一水间,寄托依依柔情;清波碧浪涌,宣泄迢迢离愁。水面波光涌动,偶尔有几只商船,往返于河道间,带起阵阵波澜,久久不散;远眺之,又如一条晶莹的丝带,镶嵌于平原上,消失在远方。也有些汹涌的,混沌一片,是那么的沉重,黯淡,裹挟着泥沙,不欲示人,急匆匆地逃离……

　　古人云:仁者乐山,智者乐水。仁者之乐,恰似山峰,岿然矗立,崇高、安宁。智者之乐,宛若流水,阅尽世间万物,悠然、淡泊。观山看水,动静相伴,引人入胜。

　　心怀山之遐,水之思,反复斟酌,推敲而忘我,这何尝不是一种令人愉悦的境界呢?

拾花·酿春

吕昕蓉

浙江省金华市汤溪镇初级中学 七(4)班

　　世间的一切遇见,都从第一朵花开开始。春风犹如指尖般轻轻划过,瞬息间,拾得满心清香,借着朦胧绿意折几缕春色藏入心房,酿出<u>丝丝</u>柔和的春情。

　　春,是诗情画意的。"竹外桃花三两枝,春江水暖鸭先知。"这是大才子苏东坡眼中一年最好的春处。遇见这之前,我得先去寻找一番心灵的春天。

　　跨出院门,空气中溢出隐隐桃花香,与各种花香混合在一起发酵。远处湖面氤氲着一片缤纷,为春抹上靓丽的唇彩。柳树伸展着柔美的发枝,采上几朵倒映在湖中涟漪里的云朵作发髻,整理自己的云鬓。公园里鸟的低吟附和着声声欢笑,奏出春之乐曲。

　　欣赏了一番美景,我转了个弯走向一条弄堂,这里既阴凉又潮湿,正是乘凉的好地方。这时的我对眼前的一番春盛颇觉无聊,四处张望时,忽见拐角处有几<u>丛</u>隐约的紫红,霎时觉得新鲜,走进细细端详,却嗅到一股刺鼻的腥味,望了望脚下的小水沟,心中不禁掀起同情和怜惜:如此娇小美丽的小花,却偏偏长在一个那么隐蔽、那么黑暗的环境。我犹豫着跨了过去,只听见声音从耳边传来:"小姑娘,这边的富贵花不看,跑那臭水沟去看野花哪?"

　　只要是花,都是生命。"水陆草木之花,可爱者甚蕃"嘛。我蹲下身子,鼻尖触到花蕊,竟有一股纯色清香。令我不解的是一丛花都是从泥里长出来的,而并非一根多枝,在旁边杂草中,它们亭亭玉立似位贵人,可却没有玫瑰的娇艳,茉莉的芬芳远溢,迎春的开朗热情,但素雅、纯净、真实、可爱。在如此恶劣的地方,连白居易眼中"野火烧不尽"的草都如此敷衍,而它们却依然昂首挺立着,不自卑,不自亢,尽力展现自己生命的本色,不论何时何地,都心存光明与热忱,以自己纯洁的心灵去面对世界。

　　此时此刻,我坚信自己已经遇见了这场心灵的春天,它让我有勇气去迎接未来的每一个春日,若以一颗安然热情之心去生活,那么每一天都是青春,都会春暖花开。

　　心灵的春天,若初遇,当如诀别心珍惜。

　　春会走,花会落,我拾起这水沟旁,芊芊之草中飘落的花瓣,借着最原始的清纯春色,再酿一番春情永存心房。

听 雨

包臻飑

上海市兰生复旦中学　六(6)班

　　古往今来,雨声从来都是文人最爱的声音,伴着那潇潇的雨声,他们饮酒、聊天、作词、挥毫……

　　那一次我与外公外婆一起乘船去日本时,夜色降临,我站在船舷旁,望茫茫大海一片漆黑。突然,海上下起了濛濛细雨,雨飘拂飞扬,洒在脸颊,凉飕飕的。不知何故,此刻,我思念起了母亲,下雨了,她在上海是否安好……又莫名地想起了"巴山夜雨涨秋池"的诗句,诗人在濛濛烟雨中,乘着小船,经过了巴山。他听着那窗外阵阵雨打船篷的声音,思念起妻子。"何当共剪西窗烛,却话巴山夜雨时。"古人在雨中思妻,我在雨中思母,绵绵细雨连接人的情感却是一脉相通!

　　一样的听雨思念,但因人而异,各不相同……

　　南唐后主,在被人监视的过程中度过了自己的余生,我曾闲来读他,竟发现他曾无数次地透过那监狱似的小窗听雨。那凄切的雨声,凭添他思念故国的强烈之情?"晚雨秋阴酒乍醒,感时心绪杳难平。"为缓解自己内心的不平,他只能借助诗词来消愁!然而,"雨深秋寂寞,愁引病增加。"他面对"故国不堪回首月明中"的痛苦,哀怨"无奈朝来寒雨,晚来风"。那一阵阵细雨声都是对失去的往日的怀念……一国之君落到如此悲惨下场,也许他未意料到？然而，他也许更没有意料到，如果他不是个亡国之君，还能写出如此哀婉凄凉的词么？我想，未必！

同样是听雨，可南宋的那个和尚却听出了不一样的感觉。他站在江南的乌篷船上，听着那篷外阵阵的寒雨……春寒料峭，他却已感受到春天的气息："沾衣欲湿杏花雨，吹面不寒杨柳风。"志南诗僧也没料到，一首小诗竟然被人诟为诗僧"林下风流"的诗案，一时各种言论纷至沓来。不管是对是错，就这短短的一首诗，他把自己的名字载入了宋代诗史。

那夜坐船，听大海潇潇的雨声，竟听出如此感触，于是记之。

一次遇，一生暖

田炜钰

山东省寿光市实验中学　八(3)班

前几日，心血来潮去逛早市，买回了一小盆含苞的玫瑰。看上去娇艳欲滴，十分诱人。把它安置在了阳台上，当晚，就开出了些美丽的花，玫瑰的花瓣层层叠叠着，紧实有致，那是一种含蓄而奔放的美。

这盆花与我有着莫名的缘分，越看越入迷。白日，我就把它放到阳台上。放学一回家，我就把它拿到我的书桌上，静静地嗅着它的花香，心满意足地陪着我；心烦的时候，我就拨弄着枝条和它说说话，它就像是我的垃圾桶一样，我把烦恼一股脑地倾泻，它也好像懂我一样，默默微笑默默开放。在我开心或难过的时候，也曾弄伤过它的枝叶，当时没想过弄它会不会疼，过后后悔道歉过，只是它的花叶开得更小了一些，不像之前那么张扬，也可能是它伤心了的缘故吧。

以为会一直就这样的相守，可是没多久，它猝不及防地开始凋谢了。

玫瑰花瓣一片一片地落下，由外而内。几小时前它还几乎保持着完整，一转身就片片飘落，每捡拾一片花瓣，我就心如刀割，因为不愿相信，我爱的那盆娇艳的玫瑰，就这样离我而去……它原来是那么娇艳漂亮，簇拥着满盆的花香，让我喜悦，无论我如何摧残它,它都那么坚强,可如今你怎么了?你怎能不经我的允许就凋落呢?那一刻,我切身感受到了黛玉姐姐"花谢花飞花满天"的心境。

轻轻关上阳台的窗,不想再让它经受一丁点儿的风,我想,温室的花朵不是会开得更艳丽嘛!许久已不敢随意搬动它,怕会少了一缕花丝。不管室外如何变化,我的玫瑰在屋内苦苦挣扎着,它显然知道不能违背大自然的规律。

我的内心是纠结的。看着阳台那堆已经枯萎了的花瓣,有的已晒干,变成了褐黄色,有的新鲜的还沾着露水。望着望着,我泪眼蒙眬,想起那盆妖艳玫瑰陪我度过的时光,或许它的出现只是惊鸿一瞥,但留给我的无人知晓,无人理解,无人能懂。没有人会在意它的存在,可它就曾经出现在我的生命中,从怒放到凋零,从欢愉到伤悲,它陪伴我的每一个岁月都是它生命中走过的心意!顿时,心生温暖,一盆玫瑰尚且如此,那人与人之间呢?就像母亲的唠叨与愤怒,可依旧阻挡不了她为我没日没夜洗衣做饭的事实,那一刻,我幸福地扑在了母亲的怀中……

人生中最美的时刻莫过于邂逅的是一盆玫瑰的盛开,相信那姹紫嫣红的花儿,那盆干枯的枝叶,能陪我走过以后的岁月,在我心中依然盛放出美好与灿烂!有一个美好的心去聆听和拥有,是最幸福的。一次遇见就可以成就一生的温暖。

这才是我想要的

朱彦合

上海民办华二初级中学 八(2)班

妈妈看着我,等我做出回应。可我的心却像扭成一团的麻绳,不知从何解开:妈妈说的对,上初二了,学习要紧,把书法放掉吧;哦不,难道书法不是我想要的么,它可是我坚持已久的兴趣爱好,可时间……淡黄的阳光柔柔地洒下来,仿佛又看见那铺着的雪白的宣纸,幽幽的墨香在空气里氤氲,那么恬静美好。我能放弃吗?

我想起初学隶书时的情景来。开始我自以为楷书写得不错,那字形扁扁、结构平正的隶书自然也就不在话下。哪知"成如容易却艰辛",我写了一些,可老师却毫不留情地指出我的隶书结构死板,笔画软而无力。我回家后仔细对着原帖练了几沓宣纸。老师仍是摇头,说,字形好了些,但还是没有那种韵味。我听他一说,似那学诗的香菱,有些灰心,可暗地里却较上了劲。我极认真地临写着,看着,思考着"这里笔画粗细是有变化的,下面的一横要写出蚕头燕尾";一张又一张地写着。经过一个暑假的苦练,仿佛是不经意间,我感到自己的笔画厚重古朴了好多,也有了不少醇厚的隶味。老师微笑地点头,为我打了大大的两个五角星。我快乐极了,感到只要努力练习,有何困难不能迎刃而解呢!

那时的我是多么"衣带渐宽终不悔,为伊消得人憔悴"啊,而当突然间"蓦然回首,那人却在灯火阑珊处"又是何等让我欣悦啊!难道我便放弃我爱的书法吗?

那些深藏在心底的画面一帧帧重现:我端坐在桌前,手持毛笔挥洒着飘逸的行书,心中沉静了,忽然就懂了王羲之"群贤雅集、流觞曲水"的幽情,悟了"翩若惊鸿、矫若游龙"的晋韵;还有一幕是老师教导着我们"初学分布,但求平正;既知平正,务追险绝;既知险绝,复归平正"的艺术境界……我如痴如醉地听着,思索着这是否也是人生三大境界,规矩到成就,最后又归了悟的淡然……书法是我的爱好,我在其中砥砺前行,感悟颇多。它正是我想要的啊!我对妈妈说:"我想要坚持书法!我会协调好它与学习的关系!"妈妈很吃惊地望着我,最终也同意了。

有趣的是,我依然坚持着书法,学习反而更好了。更重要的是,我很快乐,也很满足。我懂得了什么才是我想要的,也感到了为它执着是怎样一种幸福的感觉。

(指导老师:程峰)

梅　花

周映彤

上海市民办明珠中学　七(3)班

我曾见过无数种花,唯独对梅花情有独钟。不为别的,只因梅花是那样的与众不同。

我第一次看见梅花时大概也就六七岁。当我见到那一株株在凛冽寒风中傲然绽放的梅花,并没有想太多,只是觉得她好看。确实,纤细的褐色枝干,就像少女的柳腰,一树红梅如血;微风轻抚,红雨阵阵,美极了。

第二次赏梅,正好赶上下雪。我和父母走在林荫道上。路上已结了一层薄得仿佛达到了极致的、一踩就会碎裂的冰霜。而林荫道的两旁,是一株又一株的梅树。

和林荫道一样,纤细的褐色枝干上早已附上了一层晶莹的白霜。不仅是枝干,尤其是那正开着一朵朵梅花的枝桠。一层说厚也不算太厚的积雪正缀在那比树干还要纤细柔弱的枝头上,沉甸甸的,似乎就要把它们压断。在这挂了一身霜雪的枝上,一簇又一簇的梅花正凌寒怒放。

赏的是红梅,这一次,我却从这些梅花里看到了其他的东西。

在寒风中,梅花或仰、或倾、或倚、或思、或语、或舞。有的倚戏冬风,有的含苞羞合,总之千姿百态,令人目不暇接、流连忘返。然而,她们都有一个共同的特点,那就是——任你悬崖百丈冰,我自凌霜傲雪,花枝犹俏。一树梅花鲜红如血,在白雪衬托之下更是突出,一阵寒风吹过,伴随着正飘着的小雪,下起了一阵美丽醉人的梅花雨。

我站在一颗梅花树下,静静地看着她在凛冽的风雪中不屈地站着,将自己最美丽动人、摄人心魄的一幕傲然绽放于世间,不禁陷入了沉思。

有那么多诗人赞美梅花、歌颂梅花,是因为看似娇弱的梅花,有着一身傲骨。她从不在春天里与百花争艳,却在寒冬腊月中为人们送去一缕芳华。她永远都迎着寒风傲然盛放。她是一种敢于向困难和阻碍挑战的花,是一种代表着勇气、坚强、毅力和不屈的花,是一种让人肃然起敬的花。

我爱梅花,也想去做一个像梅花一样凌霜傲雪绽放的人。

(指导老师:满晓晗)

黄鹤楼上秀书法

欧阳田融

上海市迅行中学 八(3)班

"昔人已乘黄鹤去,此地空余黄鹤楼。黄鹤一去不复返,白云千载空悠悠。"因为崔颢的这首诗和李白登楼的故事,使黄鹤楼成为天下名楼。今年国庆节,我从上海去看望刚考取武汉大学的"哥哥",顺道登上了黄鹤楼,满楼的诗歌和书法让我一饱眼福。

当天,黄鹤楼四楼正举办游客自创诗句写书法仪式,我跃跃欲试。正当拿起笔时,却为自创诗句发了愁,真有一种"眼前有景道不得,崔颢题诗在上头"的痛感。"弟弟,我们先上楼,楼上风景更好,等参观完了再下来写不迟,说不定那个时候你就有了灵感啦。""哥哥"看出我的窘态,安慰我说,"欲穷千里目,更上一层楼。"

望着眼前陪我长大的"哥哥",我满生敬意。"哥哥"和我没有血缘关系,是爸爸帮困结对找来的。记得哥哥来我家时,我才两岁半,第一次有了"哥哥",甭提多高兴呀,终于有玩伴了。

哥哥是安徽人,当时正在上海读小学。他的父母在我家对面经营着一个小水果店,哥哥吃住都在店里,我常看见他伏在柜台上做功课。由于家庭穷困,小生意难做。哥哥不仅学习全靠自己,还要抽时间帮助父母打理生意。爸爸了解到哥哥的境况,与妈妈商量后,决定帮帮他。于是,每个周末,爸爸妈妈有空时,就会接他来我家做功课,不懂的题目由爸爸负责讲解,等吃好晚饭、帮他洗好澡后,爸爸再把他送回家。每逢节假日,爸爸带我去公园、科技馆、少年宫等处参观,甚至外出旅游,都会带上小哥哥。这个时候,海滩边沙滩上,都清晰地留下我和哥哥的脚印。

  由于哥哥是外地户口,在上海读完初中后,需要回老家安徽参加高考,但爸爸一如既往地打电话鼓励他、关心他。小哥哥很争气,初中毕业考取合肥市一所重点高中,高中毕业今年考进武汉大学。小哥哥常说,是我的爸爸妈妈帮助他点亮了童年,实现了读大学的梦想。对我何尝不是呢?因为哥哥的励志学习,让我赶有目标,学有榜样,时时给我激励和力量。一眨眼,十年过去了,我也成长为一名初中生,虽然我们天各一方,不能常相聚,沙滩上从两双脚印变成一双脚印,但我们会时常打电话、发微信,互相鼓励,表达思念之情。

  "哥哥"是自立自强、刻苦学习的榜样,是不怕穷困、勇于担当的典型。何不为哥哥写一首寄言诗,表达我的祝福。我一边看风景,一边在脑海里苦苦寻词组句,等下楼时我已胸有成竹,想好一首七绝:"珍惜生来四尺长,德才内蕴讲担当。寄言哥要真心学,热血男儿骨作钢。"

  我折纸濡笔、饱蘸浓墨,把这首诗用楷书一挥而就。当在现场赠予哥哥时,全场响起了热烈的掌声。黄鹤楼上秀书法,既是对哥哥考取大学的祝福,也是对自己的勉励,这个画面将成为我和哥哥最美好的回忆,真可谓"悠然心会,妙处难与君说"。

水墨西湖

陈昱辛

浙江省杭州市大关小学教育集团申花校区　六(5)班

"最爱湖东行不足,绿杨阴里白沙堤。"闲步白堤,湖边的杨柳垂下鲜绿的枝条,随风舞动。柳梢轻轻沾至水面,带起阵阵微波,圈圈涟漪,荡漾着扩散。远处绵延的丘陵,就像一幅用绿色渲染而隐约勾勒出一些柔美线条的中国画。点点渔舟,每行于湖面,划开片片近似鱼鳞的纹路。雨意濛濛,保俶塔隐隐矗立,时而为云雾所挡。忽一阵,风疏雨骤,桃花瓣纷飞,甚是唯美。正如苏轼所赞,"水光潋滟晴方好,山色空蒙雨亦奇"。

六月的西湖,风光则不与四时相同。"接天莲叶无穷碧,映日荷花别样红"的景象又一次浮现在眼前。一大片一大片的荷叶盛着颗颗晶莹剔透的露珠,一阵风掠过,荷叶左右摇曳,露珠随之滚动,"啪嗒"一声落入水中,泥鳅似的小鱼立马四处逃散,只留下动荡的水面。荷花更是艳丽,这儿一朵,那儿一朵,如北宋周敦颐独爱之莲,"中通外直,不蔓不枝,香远益清,亭亭净植"。放眼望去,增添了几处的粉白。再俯下身子,近看那细腻的花瓣,由粉至白的渐变温润和谐,每片花瓣饱满而丰厚,轻轻触及,那柔滑的手感,一不小心,碰落一片,心里既是抱歉,也装着喜悦。

时至秋日,一池残荷,半蓬枯叶,竟令文人垂青,"秋阴不散霜飞晚,留得枯荷听雨声"。这个金色而短暂的季节,只是骄阳与寒风之间的过渡。待到飞雪之时,银装素裹,断桥欲断。《湖心亭看雪》中也说到大雪三日的情景:"湖中人鸟声俱绝……雾凇沉砀,天与云、与山、与水,上下一白。"

　　梅花凋谢,桃枝初发,四季轮换,时光匆匆,西湖悄然而变,唯独不变的是我对江南西子的赞叹之情,那独特的美景,犹如一幅浓妆淡抹的水墨画卷,印在我的记忆中,随时赞赏它,叙述它……

充满童真的水墨画展

郝心榕

上海市建襄小学　四(3)班

"鱼不要太干,要湿一点,头要画一个圈,眼睛要浓。尾巴长一点,像女孩子的裙子。胡心尹画得不错,大家可以过来看看。"这是上海中国画院画家庞飞在教我们建襄小学书画社的同学如何画鱼,他们已经坚持了八年,并年年办画展呢。

九月二十一日上午,下着很大的雨,仿佛在浇灌什么。我很开心地来到今年的画展开幕式,伴随着凉爽的秋风,画院美术馆里灯光璀璨,一股墨香扑面而来。一幅幅充满童真的画作整齐地排列着,好像在诉说一个个动人的故事。这时,我还发现了一幅巨大的画。可是她被一块大红布遮住了,这更加激起了我的好奇心!随着开幕式的启动,我心中的谜团终于被解开了。这幅画的名字是"春色满园"。听到这个名字,我的脑海里浮现出了一句诗:"春色满园关不住,一枝红杏出墙来。"是啊,如此美好的景色怎能被一扇小门关住呢?这美好的画卷,不正像我们生机勃勃的校园吗?原来,这还是中国画院送给建襄六十周年校庆的贺礼。

我们的画家们戴上了红领巾之后,最精彩的时刻到了,许多同学都围绕在一张长桌前,我也跟着他们凑了上去。我发现有的同学在作画,有的同学却像我一样当着"旁观者"。但是,我们这些"旁观者"并不是无事可做，正忙碌地猜测着他们要画什么呢！我们的猜测五花八门。就在这时候，大画家们出场了。他们给整幅画画龙点睛，添上了小鱼小虾等，画面马上变得栩栩如生；最后，他们再画上龙飞凤舞，写下了"荷和美美"四个字。我们这才恍然大悟，原来这是一片荷花池，它仿佛象征着我们学校师生就像生活在一个温馨的大家庭里，和和美美的。正当我们沉浸在这美好的意境中时，大画家、中国画院副院长陈翔老师告诉我们："孩子的作品往往是有境界的，许多小朋友画中表现出的真善美，也让专业画家得到不少启发。"后来，陈静校长告诉了我上海中国画院首任院长丰子恺先生的故事。丰先生曾经说过，小孩子是天生的艺术家。在他看来，儿童大都是最富于同情的，且其同情不但及于人类，又自然地及于猫犬、花草、鸟蝶、鱼虫、玩具等一切事物，他们认真地对猫犬说话，认真地和花接吻，认真地和玩偶玩耍，他们往往能注意大人们所不能注意的事，发现大人们所不能发现的点，所以儿童的本质是艺术的。

难怪，上海中国画院从她一九五六年筹备开始（一九六二年正式成立），就一直以博大的爱心钟情于祖国的儿童绘画事业。如今，画院和建襄都经历了光辉灿烂的一个甲子，两家单位共同编制的《画苑新苗》教材我们马上可以拿到学习啦，真高兴！

十二、思绪飘零

当青春年华染上一抹军绿

董心诣
北京市第四中学　高一(9)班

当正值青春年华的我们穿上一身帅气军装,会是怎样的一番体验呢?抱着这样的憧憬与向往,我和新班集体的老师同学们开启了高中生活第一站——军训。起初,我觉得这六天军训时光一定会过得很漫长,但现在细细回首,不仅每一分钟都是很美好的回忆,还让我磨炼出了人生中必不可少的品质。

虽然初一时我已经训练过军姿,但时隔三年,站军姿对于我来说依然是个考验,因为站军姿从来不需要过多的技巧和方法,它仅仅需要的是强大的意志去克服一切纷扰,来让你专心致志地做好当下的事。"哔——"教官一吹哨子,十五分钟的站军姿训练就开始了。很快我就遇到了困难,因为我的颈部肌肉过于敏感,而穿在里面的T恤比较贴身,于是我的脖子处特别痒。苏轼曾说:"忍痛易,忍痒难。"在教官来回严格的巡视下,我感觉连心跳都是小心翼翼地,更别说挠痒痒了。

于是我慢慢深呼吸,想把注意力分散到其他身体部位,这个方法的确减轻了一点瘙痒感,但我还是感觉浑身难受。啊,我当时多么想整理一下衣服,可后果就是让其他同学因为我乱动而一起受罚。这时一个声音在我脑海中响起:再坚持一下,好吗?我也不知道这"一下"是多少时间,但却给我带来了希望,我在这一秒里站直,下一秒也如此,下下一秒……总归会结束的吧!于是我就抱着这种信念,身板笔挺地站完了这十五分钟,说来也怪,渐渐的这种瘙痒感也不见了,我调动自己身体里的每个细胞都配合着站军姿,享受着这种向上挺立带来的自信的感觉。在生活中不也可以运用这个方法吗?当觉得自己完不成这件事时,先不要着急放弃,再坚持一下,说不定就能守得云开见月明。

军训的生活可以用"紧张而有序"概括。无论是吃饭喝水、洗澡还是起床都像打仗一样,有着严格的时间要求,同时每天还要上交一篇随笔。这就意味着我们在军训时的每一个动作都不能磨蹭,要尽可能的省时间。军训时我住在上铺,每次上下铺很麻烦。于是我想方设法地减少上下铺和打开行李箱的次数,因为这都很浪费时间。比如我每天午休有闲暇时间打开箱子时,我会提前把下午洗澡用的换洗内衣都装进洗浴包里,这样教官限时三分钟下楼集合时我只需回宿舍脱个外套换个拖鞋,抓着洗脸盆就能下楼了。提前完成了睡前洗漱和随笔后的剩余时间,我就用来睡觉了,毕竟睡眠才是最好的休息方式。每天吃饭的时候我也会先把盘子里的青菜一扫而光,在家里从没有这么自觉过……大约进行到第四天时,我完全适应了军训生活,总之军训生活也为我即将迎来的高中住校生活打下了一定的基础,它锻炼了我的自理能力。

当青春年华被染上一抹军绿,这军绿不仅代表着一段美好单纯的军训旅程,激励着我们要像军歌里唱的那样奋发图强,同时让我们还磨炼出像军人一样挺拔的身姿和坚韧不拔的意志,更重要的是,它标志着我们接受了困难的洗礼,正一步步走向一个成熟、能自律的人。通过军训,或许我们每个人都可以骄傲地说一句:"我长大了!"

生活点滴

杨成鑫

江苏省盐城市亭湖高级中学 高三(1)班

生活是什么？原谅我实在找不出一个特别合适的词语来形容它。如果允许运用比喻，我会将它比作一泓清泉——一泓终日在我们身边潺潺流淌的清泉，那么有声有色，无论发生什么，它都将以其固有的轨迹和速度不疾不徐从容向前。

"春赏繁樱，夏观夜星，秋见霜菊，冬遇落雪。"这是日本作家川端康成对自己生活的经典描述。在他看来，一个人生命的意义往往与他的精神追求和生活细节相关。一个人生命的河流应该是宁静的、温润的，生命的意义不是靠名与利来堆砌，而是生活中一点一滴的美好体验的叠加。在你一生中，时时有花有雪相伴，处处有星有月相随，夫复何求？

孔子曾这样赞美他的弟子颜回："一箪食，一瓢饮，在陋巷，人不堪其忧，回也不改其乐。""人不堪其忧，回也不改其乐"，究竟原因何在？我想，就在于一般人只能感受到物质带来的忧乐，而颜回却能在自己所孜孜追寻的"道"中获得更为美好的体验。箪食，瓢饮，陋巷——物质生活的清贫反而促使他更加专注于自己的精神生活。而这种不同凡响的生活，使得他精神的味蕾更加地敏锐，以致钝化了肉体的感觉——而这，又是多少凡夫俗子能够体会得到的？

从古至今，想要摆脱平庸的生活现状的人很多很多，但大多数人都是想通过名的炫目和物的奢华来遮掩自己精神世界的贫瘠——当然，也许一部分人就根本对精神世界无感。而事实上，只有打造一颗不为物欲所缚的心，铸就一个不为虚名所囿的魂，才能真正体味到生活的美好，感悟到生命的真谛。

柯南·道尔曾说过："我的一生就是力求不要在平庸中虚度光阴。"古人早已为我们设计出让我们摆脱平庸走出虚空的最佳途径，这就是"读万卷书，行万里路"。行万里路，是用你的双眼和双脚去触摸大自然的美好；读万卷书，则是用你的思想和灵魂去拥抱同样五彩缤纷的精神世界。

细想想，生活其实很简单：非吾所有，虽一毫而莫取；该我所得，亦不必多谦让。而这个"得"字，更多的还是应当和精神联系在一起——比如多欣赏大自然的优美，多体味读书的乐趣，多感受亲人的温情，多沐浴友爱的光辉……

停一停追名逐利的脚步，净化心情去追求精神世界的丰盈——诚如斯，即便别人不堪其忧，你亦会不改其乐！

一部戏曲电影给我的启迪

叶哲梵

上海市澄衷高级中学　高一（3）班

今天老师组织我们观看 3D 京剧电影《曹操与杨修》。我对京剧几乎毫无所知，若不是老师安排，我自然不会自己主动去看。怕我们看不懂，老师介绍了剧情。原来是"三国"故事，我有了兴趣。电影一开始，曹操与杨修相遇在墓地，这不同寻常的场景立刻吸引了我，但看完才发觉不仅戏好看，还是一部良心电影。

这部电影讲的就是曹操赤壁之战惨败后，在祭奠郭嘉之墓时遇到了同来扫墓的杨修，两人相见恨晚，结为知己。之后杨修成了管理军粮、战马的主簿，并向曹操立下军令状，半年之内便可将急需的粮草征来。他的确做到了，功劳最大的属他的好友——孔闻岱。剧情到这，第一个重要事件出现了，曹操在军粮到之前听信谗言，将孔闻岱杀了。杨修得知后悲痛欲绝，曹操却不承认自己的过失，还谎称是梦中杀人。杨修故意在曹操半夜守灵时将曹操夫人送去试探，不承想，曹操真的亲手杀死了妻子，就为了圆自己的谎。看到这里我落泪了。这是我无法理解也不能接受的，为达目的不惜一切手段，曹操竟是这样一个不择手段的人！他鲜明的人物特征在此表现得淋漓尽致。两位好友开始有了芥蒂。

  后来,曹操带兵出征,收到诸葛亮的一首藏头诗,杨修聪明过人,一下就猜出这是一个陷阱,让曹操赶紧退兵。曹操认为杨修太过聪明,自己显得毫无能力,坚不退兵。或许这也是曹操与杨修矛盾激化的另一个关键点。曹操的军队被困于斜谷之中,曹操以"鸡肋"作口令。杨修听后大喜,认为曹操说的"弃之可惜,食之无味"是想退兵,便擅作主张安排手下大将退兵去守粮仓。终于,曹操彻底无法忍受杨修的"目中无人",以扰乱军心的罪名,要将其处死。

  此时,杨修却又立了大功,他擅自安排的大将成功抵御了诸葛亮军队的偷袭。将士们纷纷为杨修求情,这似乎是火上浇油,曹操更不肯刀下留人。此处,曹操有一句台词:"我实在是不想杀你,可我又不得不杀你。"为什么呢? 我仔细思考了一番,总结杨修的死因有这两点。

  首先是两人性格上极大的冲突。曹操疑心重,觉得杨修是因为其杀孔闻岱而耿耿于怀,才阻碍其出兵斜谷,还时不时故意卖弄自己的才华,使他难堪。而杨修是个直言不讳的人,觉得曹操是被其身边的奸臣迷惑,看见曹操做得不对一定要说。之后矛盾的产生也不难理解了。杨修的直白总是让曹操在众将面前颜面尽失。有时他接受了,内心还是很不情愿,而身旁有一个奸臣还常煽风点火,他自然更听不进杨修的忠告。曹操心胸狭窄,认为自己才华不及杨修,就更加容不下他。杨修的逆耳忠言,终于大大得罪了曹操。

  其次,是君臣关系,在杨修被处死前,曹操说过这样一句话:"杨修智谋世少有,料事如神更无俦,欲留下这运筹帷幄的擎天手,妙笔为我写《春秋》。可难将这赦免二字说出口,何人能为我解忧!"这句话深刻体现了他内心的纠结。他作为丞相,已说了要处死杨修,怎能言而无信,再不忍,也只好杀了。是的,这又是面子的问题了。只能说这两个人是在错误的时间,错误的地点,做了错误的事。

  这部京剧电影完全看得懂,非常好看,它给我的影响是深远的,它在教我们做人的准则和方法。若是杨修说话行事委婉一些,给曹操留点面子;如果曹操虚心一些,胸襟开阔些,这些让人痛心疾首的事便不会发生了。从这点看,为人处世既要有原则,坚持真理,也要有策略,给别人留有余地。这样才能保护了自己,还能减少阻力,使自己走得更顺畅。

技 与 心

王欣怡

上海市第四中学　高二(5)班

　　上海似乎是没有秋冬两季间的明显过渡,昨天气温还二十多摄氏度,艳阳高照,今天就能直降十多摄氏度,一夜入冬。人们在措手不及地忙着撤去凉被翻出厚被时,埋怨着天气的种种不是,倒是把之前夏季酷暑难耐时对凉爽的渴求忘得干干净净了。

　　现代人的生活似乎总是一边得到一边失去着什么,这就让人对变化产生了微妙的复杂心理,人们既期待变化带来的便捷、希望与机遇,又极力排斥着可能同行而来的未知、困惑与不安。这就让人在矛盾中将失去和美好不分由说地等同起来,也使得怀念变化前的过去更理直气壮起来。

　　不是吗?

　　老人们常常怀念过去家庭聚会时的热闹,美酒佳肴伴随着家长里短的絮叨,天伦之乐就那样满满溢出了。而如今,一场家宴会被时不时打进或打出的电话切割得七零八落,会被只顾低头摆弄电子产品的儿孙们冷落到寂寥。老人们无奈地摇头叹息:现在怎么变得连好好说会儿话都难了?

　　父母们常常回忆起他们的儿时,那时每到放学后,孩子们就从各家各弄堂聚拢来,追逐嬉闹玩耍,非得等到天色渐暗,大人们的召唤声四起,才会恋恋不舍地散去。而在如今的现代小区,别说难见成群玩耍的孩子,就是同一幢楼里的孩子们也可能相互间不清楚姓甚名谁了。孩子们的闲暇时间不是奔走于各色补习班,就是窝在家中流连在电脑前或手机上的游戏里。

在拥挤的上下班地铁里,甚至在车流滚滚的马路上,随处可见那些置自己与他人安危于不顾,"心无旁骛"埋首手机的年轻人,他们忙着微聊,忙着刷屏,忙着网购,忙着追剧……他们忙着在虚拟与现实的世界间不停来回穿梭。

如此想来,我们的生活,我们的时间如今都被诸如此类的变化给毁了,亲情、闲情、人情大多被累及得零碎不堪,变化真是造成如今这些不美好的罪魁祸首了。

然而细究一下,又疑惑了,真是吗?

难道不是因为有了视频通讯的发展变化,才让那远隔重洋的亲人朋友的声音和容颜近在咫尺,彼此的牵挂得以安抚?

难道不是因为网店和网银的诞生与迅猛发展,才能让过去遥不可及的天南地北的货物,现在只要动动手指,几天里就能触手可及?

难道不是因为城市轨道交通的发展建设,才能让密集又错综复杂的地铁,每天飞驰在城市间运送着滚滚人流,让人们对出行远近的考量由单纯的距离度量转变成用地铁的换乘时间来衡量?

难道不是因为信息技术的大力发展,有了各类论坛和数据库,才能让学术交流、问题查询、流行资讯等庞杂信息可以随时随地的得以分享?

还有更多的变化,大到日益清澈的苏州河,纵横交错的高架交通体系,小到随处可见的共享单车,快速便捷的快递业务,等等。

而这些不正是人类文明、社会发展、科技日新月异的极大体现吗？

但我们在享受发展变化带来的无限便利时，却又把日渐淡漠的人心人情归咎于它，推卸着原本不属于它的责任。

就好比那食盐，用好了能提味调鲜，用多了却能齁死人，这当中的分寸得是那使用人需好好掌握的，与那食盐本身倒是毫无关系的。

这个世界因为人类的智慧而瞬息万变，充满了活力；但这个世界也会因为人性的膨胀而充斥着贪婪诱惑，喧嚣浮躁。迷失在欲望追逐中的人们，永远渴求着下一个成功与满足，就像旋转着的陀螺，没法再停下来，去细细感受内心的平静与安乐了。

如此想来，豁然开朗。

古语有云：不忘初心，方得始终，初心易得，始终难守。亲情、闲情、人情这些人类的情感终是得靠人心去呵护维系的，而这本就是生活的一部分，不会因为技术的发展变化而改变。

唯 有 努 力

吴一菲

上海市复兴高级中学　高三(7)班

午后,空中没有一丝云,头顶上一轮烈日,没有风,树木都无精打采地待在那里。下午老师要带我们进行"红色定向走访"活动。我从小住在虹口,上学也在虹口,对虹口熟悉极了,心里嘀咕着,这么热的天,不知要去"访"什么！一下午走下来,才知我对虹口的孤陋寡闻,连经常走的马路都只知其名,不知其实。

第一站去了塘沽路,找到62号,是临街一座老建筑,两层楼。老师请出个老太太,年纪很大,腿脚不便,一开口却思维清晰,滔滔不绝。原来是地下党当年的邻居。她告诉我们,这里是中共地下党在上海的最后一个秘密电台旧址。叶人龙、陈秀娟在此以修汽车为掩护,在上海地下党电台屡遭破坏、电台革命同志不断牺牲的危急时刻,在黎明前最黑暗的时日,他们不顾个人安危继续情报工作,为解放上海发挥了至关重要的作用。距塘沽路不远的吴淞路口,就是当时国民党宪兵队所在地。敌人做梦也不会想到,中共的秘密电台就设在他们的眼皮底下。望着三层阁上的小窗,我们似乎听见了嘀嘀嘀的发报声,穿过历史风云依然在响,这是革命前辈的嘱托,我们不由得对这座毫不起眼的小屋肃然起敬。

第二站是四川北路永安里,周恩来同志在上海唯一的住址。

我们第一次来到这里,都既好奇又激动。有女生穿过弄堂喊着"栀子花,白兰花……"充满了老上海风情。我们扮起"周恩来"和"邓颖超",想象他们在白色恐怖下告别时的场景,仿佛回到当年,既感伤又不舍。在顾顺章、向忠发叛变后,作为中央特科负责人的周恩来,临危不惧,坐镇虹口,赶在敌人动手前,指挥上海地下党及电台安全转移,最后他才从这里化装撤退。安静的石库门曾经风云激变,留下多少可歌可泣的故事值得我们回味!

同学们漫步在第三站多伦路的时候,偶尔一转头,看见了"陈赓"与"茅盾"。有人上前模仿画像中的动作,有模有样,风趣生动,引得众人哈哈大笑。又到了景云里,最先映入眼帘的便是"冯雪峰"家,接着看见了"茅盾"家、"柔石"家……大家都兴奋地跑上去,与这些老建筑合影,还戏称自己是"穿越到二十世纪二三十年代"了。我们放轻了脚步,唯恐惊醒了这一大批伟人。

简单的半天,充满着无数的回忆。我们打开历史大门,走进了已远去的年代。虹口有许多红色遗址,通过走访,遗址在我们眼前活了起来。我觉得自豪,我生活在这片英雄辈出的热土。我更感到责任,无数先辈留下的伟业,理应由我们来继承。

我们唯有努力,唯有奋进,才能挑起这沉甸甸的重担!

涅槃的落汤鸡

王 元

上海市实验学校 高二(6)班

尼采是个狂人,但他讲的"极度痛苦才能解放"之说,却并非尽是他活在自己精神世界中所发的疯言疯语。中国自古以来就有这种思想了。前有哪吒还骨肉给爹娘后反得一身好筋骨,后有孙悟空在炼丹炉里一烧反得火眼金睛,真可谓将"向死而生"贯彻到底,这种意义上的痛苦所带来的解放都颇具凤凰涅槃的美感。我曾怀疑这话是否无奈的逆来顺受换了张面孔,年岁渐长却发现痛苦确实可以使人焕发新生。

痛苦给人带来生命的力量与面对未来磨难的勇气。于痛苦中,我们挣扎着离开,这所有的经历都让你成长,"杀不死你的,都会使你更强大"就是这个道理。《项链》里,因为没有华装丽服而哭泣的夫人,在失去项链后成了锱铢必较的市井妇人。众人皆叹其命运多舛自食恶果,我却从中品出她获得的生活力量。纵使没了纤纤素手,她却从一个活在幻境中的人变成了极富力量的存在,往后的日子一定生活得极为轻松。她时常会想到偿还债务的那十年光阴,便觉得世间再无难事。痛苦之后,解放了的是我们精神中的力量,彻悟的是奋斗与努力的价值。痛苦给人带来生命的另一种状态。杜甫前期也会写宦游相关的作品,叙写长安的繁华,而安史之乱后,他饱受战乱之苦,却从这乱世折磨中悟出大爱,他成了我们所熟知的"沉郁顿挫"的杜子美,他写《茅屋为秋风所破歌》,他是唐朝乃至整个中国历史上,士大夫人道主义的代名词。这种经历也让有志之士如苏东坡或《月亮与六便士》中的主角等人成了另一个胸怀天下或跨越了一个精神境界的"我",一个豁达而自由的"我"。痛苦之后,解放了的是我们看待世间的新态度,彻悟的是我们的自我价值何在,开拓的是在从前从不会见到的新精神世界。痛苦给人带来突破限制的能力。我们打破常规后破壳而出的,往往是宝贵之物。日心说是这样,不愿承认上帝创世说的唯物主义也是这样。痛苦之后,解放了的是我们不敢去想的事情,彻悟的是我们所能去的地方不只这俗尘框定的一亩三分地。

　　诚然,有人受了挫折一蹶不振,不仅没有汲取到生的力量,成为涅槃的凤凰,还成了那水中的落汤鸡,但尼采所说这话的前提本就应是这个人并未被压垮,在承受生命不能承受之重后,于已过去的痛苦中获得力量是打破限制,获得崭新的经历,弃小我而成为更大的"我";获得勇气,去面对接下来生活中的挫折。我们承受了这份生命可能并不友善的馈赠,我们扛住了,谓之成长,谓之解放。

自　立

杨衷浦

天津市实验中学　高二(8)班

"人,只有站起来后这个世界才属于他。"自己站起来,便是"自立"。人唯自立,才能在世界有立足之地。

只有自立,才能在世界生存。

在荒芜的沙漠里,很少有植物能够生存下去。但有一种植物,不但能够在缺水的沙漠生存,还能开出美丽的花,它就是尖毛草。尖毛草从破土而出的那一刻起,便使出所有的力气向下生根,只有一个目的,便是去寻找地下的水源,只有如此,才能不依赖雨水,生存在这干旱的沙漠中。一株尖毛草,把根扎在地下几米、十几米之深处,它的根有无数细毛和刺,长度、深度、占地宽度远远超过地面上的植株。它的根系像尖利的细爪,牢牢地抓住、伸展在地下。通过几年甚至十几年的时间,完成了"自立"的过程,才成功地活了下来,并开出小小的却是生机勃勃的花。只有不怕寂寞,坚持下去,才能在世间生存。

只有自立,才能使自己进化。

很久以前,有一位从五岁就能认笔墨纸等文具并能作诗的天才仲永,他靠着上天赐予的早慧无师自通,写出的诗文让人啧啧称奇。他的邻居都来求他作诗,他的父亲看到了商机,不让他念书,带着他到处为人作诗,以此谋利。但仲永的天赋毕竟有限,一再的压榨下,他的天分也慢慢地被榨干,而变得平庸无奇。他过分地依靠天赋,而不求上进,一事无成,若发现天分让他继续学习,在学习中进行自立,仲永必能成为世界上难得的天才。人要自立,才能进化。

只有自立,才能全面发展。

在当今社会,许多父母对孩子非常溺爱,让他们衣来伸手,饭来张口,只追求考试成绩而忘记了培养他们的生活上的各种能力,人就变得越来越退化,不会洗衣、做饭,甚至不会与他人交流,更有甚者,连剥个白煮蛋、穿衣服的能力都没有。当他们进入大学,走入社会,就成为了高智低能的人,而寸步难行。所以我们要学会自立,全面发展成为世界的主人,在社会上才会有立足之地。

只有自立才能生存,只有自立才能进化,只有自立才有发展。从自然界的尖毛草,再到古代的仲永,又或是现代的学生,道理都是一样的。人,只有自己站起来后,世界才能属于他。

掌灯者的祝福

郑博文

吉林大学附属中学实验学校 高一（12）班

掌灯者，承接文明，继往开来也！

在历史的星空中，有着无数璀璨的明星，而他们是群星之北斗，是河汉之东光。

他们从远古走来，打破思想的桎梏，成为第一代照亮星空的人。正如德国哲学家雅斯贝尔斯提出的"轴心时代"的观念，各地文明的掌灯者开始唤醒这个世界，在中国出现老子、孔子这样伟大的思想家，在印度出现释迦牟尼，在西方出现犹太教的先知，在希腊就出现了苏格拉底、柏拉图。他们建立教别门派，开天辟地的思想得以开始蔓延。文明伊始，鸿蒙初开，他们身先士卒，正道直行也。

随着文明的不断发展与融合，一些思想逐渐被利用，成为帝王们统治的工具，历史与文明的天空被专制锁住。但千年的文明已经让人们知道了"不破不立"的真理。思想若要进步，则必要舍去封建传统，放下恩怨缠绵。这次，他们是革命者，以刀剑之利劈断文明之锁钥，让血肉之躯刺痛阻绝文明者的双眼。

可是改变谈何容易？在弘文书院的一句诗文仿佛昭示了革命之路，"寄意寒星荃不察，我以我血荐轩辕"，这是鲁迅先生在那个礼崩乐坏年代的一声叹息；"今八股已废，人才将辈出，我辈死，中国强矣"，这是戊戌六君子对后代的期盼；"非经百炼千锤后,莫使刀圭误后生",这是北大之父蔡元培先生对新文化的守望。这是他们揭开时代的宣言,这是他们用生命换来的祝福。

昔矣,乾坤朗朗,万里无云,

今兮,繁星闪烁,岁月如歌。

文明的发展,少不了改革,让江鱼真正觉醒的是初见光明的震撼,让火鸟得以腾飞的是历经涅槃的改变。"不破不立,无本无成"的大观被文明所包容,转化为前行的动力。

千百年来,文明生生不息,代代相传,而文明之灯能够传承下去,照亮后人,原因不在于它自身的所谓顽强的生命力,强大的延续性,而在于是否有人为它添置火种,是否有人为它遮风挡雨,是否有人能让它燃烧得更旺!

诚如诗歌中所说:"我想他们会向我围拢,会来看我灯一样的语言。"这是掌灯者对被光照亮的人们寄托的美好祝福与希冀。哀乎如诗所言:"当我用手去阻挡北风,当我站在峡谷之间。"北风尚寒,凉了掌灯者,峡谷尚窄,照不亮大千世界。这是作者的一句叹惋,是对社会的,也是对文明的。就在本世纪初,一个精美到可以与汉字媲美的语言——卡陶巴语,在美国一个印第安部落的一位老人去世后,永远失传了,千百年的文化发展亦不知有多少栖息于此,却付之一炬,而此时此刻又不知有多少璀璨的文明正在被人遗忘。

我陷入了沉思,文明之灯,暗了;历史的星空,淡了;先人的祝福,远了么? 不,他们一直存在着,可是未来呢? 这些掌灯者开创并发展的文明终究是会远去的,而只有当我们成为文明的掌灯者,继往圣之绝学,为前世留下先人余光,为后世创立新学,促进发展,方可为万世开太平,保历史与文明的天空昌盛永远。

只有那样,我们才能骄傲地回应千百年来掌灯者的祝福,告诉他说:"文昌则人强,人强则文明愈昌,文明之火,归彼大荒。"

走向未来的勇气

周　健
湖南省长沙市南雅中学　G1512 班

有人曾说,高三是黑色的,尝到的是枯燥,得到的是失望。进入了高三,对周围一切的感知也确实有了变化。原本无形的压力恍若突然有了质量重如千钧,原本不可捉摸的时间仿佛成了湍流。

来自心仪的大学的诱惑、来自家人的期盼、父母日常的叮嘱,它们都使我开始焦虑着学习生活中的一切,敏感着一分一题的得失,努力着把已领悟的越垒越高,拼搏着把一本本书越读越薄。我既急切地渴望着时间快速地流逝,甚至想着如果明天就是高考那该多好!可是,我又希望时间能再慢一些,复习准备能更充分一点。我不是个轻言放弃的人,也许令我烦躁的不只是学业的繁忙,还有青春的躁动和不愿重复单调度过每一天的不甘。

每天端坐不断学习是否有意义呢?我思考着什么才是人生,有些迷惘的时候,我看了电影《降临》。故事没有复杂的情节反转,但关于时间的讨论和水墨质感的风格,深奥而充满神秘感。但最令我感叹的不是设定在逻辑上的巧妙,而是电影关于一个古老命题的探索:"如果提前了解了你们要面对的人生,你是否还会有勇气前往?"影片中的女主角肩负使命尝试与外星人交流时,天赋异禀的她习得外星语言的同时也拥有了外星人的思维模式,拥有了超能力。不幸的是,她"看到"她尚未出生的女儿会得罕见的绝症,甚至"看见"了自己白发人送黑发人时撕心裂肺的恸哭。因为这种能力本就彻底否定了"祖父悖论",所以余生于她无疑是晦暗的。"唯有时间这种东西,我不知道我是得到了它,还是在失去。"对于人类而言,时间最大的魅力就在于不确定性!在于我们的未来拥有一切可能性!可是她,已被早早剥夺了对未来的憧憬。这是何等的悲剧!她心里一定希望自己从不曾了解未来的这一切。即使是她未来的丈夫,当得知了她所知的"预言",都悲痛愤然地离开了她。但女主角还是选择了坦然面对,她还是"选择"了和她丈夫结婚,她还是"选择"把她女儿生下来,坚定地陪伴着直到白发人送黑发人。我非常欣赏女主角面对已知未来的勇气!这不是认同宿命观。或许,人与现实的妥协并不代表着窝囊,而是一种平常心,一种胸怀!这当然不意味着我们可以选择无作为和接受平庸,而是懂得即使生活有时或许会辜负你的努力,你也千万别轻言放弃。

北野武说:"无聊的人生,我死也不要。"我有了新的感思。

其实我们的人生又哪是完全无可预知的呢?不同人的一生纵然独一无二,却逃不过聚散合离。对我而言,我愿意坦然面对未来的一切!这可期的未来,恐惧与躲避从来不应成为一种选项!只有如史铁生那般弥足珍贵地拥有向死而生的勇气,才能获得置于死地而后生的坚韧。高三也许不是人生中最美好的时光,甚至可言煎熬。

我们的人生又何尝不如八音盒一般,循环往复。但就像梭罗在《瓦尔登湖》中所写:"我看到那些岁月如何奔驰,挨过了冬季,便迎来了春天。"我想我会微笑着走向未来,是为了在未来能微笑着看向过去的自己。

就这样走进我心里

宜芸迪

上海市建平中学　高一(5)班

我曾对文言文或是诗歌这类古代人的东西有些排斥,不是因为其语言文字深奥难懂,也非题目不好做,仅仅是觉得这些人这些事都离们我太过遥远,以至于当我们细细觅寻时,却找不到那些风云时代的残留痕迹,独剩那些刻板的死记硬背的主旨、情感、手法和技巧。

于是我将它们严严实实地挡在心门外,冷眼呆板地做着试题,内心毫无波澜。

直到那一句"红酥手,黄縢酒"仿若横空出世般地成了那块敲门砖,而这敲门人,却是那再熟悉不过的陆游。

说他熟悉也只是熟悉他所作的那些诗句,说起南宋爱国诗人,谁不是第一个想到他呢？那句"王师北定中原日,家祭无忘告乃翁"是多少人幼时背诗的回忆,如今再听到,也可轻笑"容易容易,好背好背"。可那以诗为引走进我心中的不是这些诗作,也绝非这时代与坎坷,而仅仅是陆游这个人。

有人会说:"陆游的诗有何好？不过弯绕难懂,哪比得上东坡先生激烈爽快的模样！"不错,陆游的诗多曲折,的确没有苏轼那样是喜是忧,可偏偏我以为,这婉转不直言的性子更像我以为的古人模样,爱国所以多忧,虑多所以难言。可偏偏这样一个为那时代条条框框所束缚的人却能将爱国之深、报国之切深深刻入自己的血液里，贯穿自己短暂的一生。

仿佛一花一木，一瞬的风吹草动，都能让这位热血却古板的诗人激起一片爱国壮志。

那陆放翁便是如此这般地漫步在那条通往我心中的路。"春如旧，人空瘦，泪痕红浥鲛绡透。"字字如呢喃如回响如低吟，令我对陆游这一位单单是以诗人身份闯入我心中的"客人"愈探愈出，愈研愈入，愈往而不知其所穷。

南宋，离我远吗？

远，很遥远，因为那是一个多少词作都无法带你回去的坎坷朝代。

可陆游，离我远吗？

远。但你如果用心去悟，自会发现这些看似遥不可及的文人正凭着那鲜明的人格魅力一步步走进你心里。

闭上眼睛，轻念那《示儿》，满心是国、满腔热血的诗人临终托付嘱咐的都是那为之奉献了一生的国啊！

从南宋回望如今，这相似的天、相似的云下，有多少相似的人怀着那相似的心呢？

"山盟虽在，锦书难托，莫，莫，莫！"一阕《钗头凤》和一腔热血情，陆放翁便这般将爱国情怀全盘托出，那爽快豪情，岂输东坡？

故古往今来，词难懂曲难通，唯这人与情最是入人心。

北 京 的 冬 天

刘圣豪

北京市第一七一中学　初三(8)班

北风呼啸,黄叶落地,又是一年北京的冬天。

冬天对于北京,就像是一个惊喜,从天而至。

北京的冬天,风猛烈无比,有着一份难以琢磨的豪放气概。在美丽的三秋过后,它就来了,来的是如此之快,让人还未缓过神儿来。陶然的芦花,香山的红叶,郊野的虫鸣,在尚未被游人品得够的时候,都被冬风吹跑了,吹得无影无踪,不留下一些痕迹。的确,冬风的迅猛宛如那达慕大会上比试摔跤的蒙古族小伙,一眨眼的工夫,就让你知道它的威力了。

不过,北京冬天的风所拥有的不光是迅猛,它还有声响。"呜"的一声,北风起。那树上摇曳着的枯叶,仿佛听话的孩子似的,簌簌地掉落下来,踩上去"吱吱"作响。

风的声响,除了带来"吱吱"作响的天籁之音,还带来了古老的吆喝声。每当你行走在大街小巷,便会听到"葫芦儿——冰糖葫芦儿哎""馄饨喂——开锅!"的叫卖声,这种声音此起彼伏,不绝于耳。这些小商小贩为了一年的生计,做出了最后的冲刺。他们的叫卖声与冬天风的声响交替发出,形成了一首难得一闻的交响乐。

儿时的冬天,时常见到父母购买冬储白菜,近百斤的白菜他们一搬就是小半天,大汗淋漓却不亦乐乎。冬天取暖,火炉子的"四大件"也让我十分好奇。每每看到火筷子、火钩子、火铲子、火夹子在父母手上轮番上阵,我都会跃跃欲试。胡同里家家房檐都挂满了冰溜子,跟一把把匕首似的,挑一根又长又尖的折下来,攥在手里特凉,却不忍丢掉,拿在手里玩了半天,比划来比划去的。最盼望的,还是冬天的雪。也不管是手冻得通红,还是脸吹得生疼,与街坊四邻的伙伴们都玩得不亦乐乎。冬天的风吹动得更猛烈些了,它吹来了祭灶的小年,吹来了守岁的除夕,吹来了上元的灯节。在北京的冬天里,我们又将迎来新的一年,迎来一个崭新的开始。

　　北京的冬天虽然不如南国的冬天那样柔情,即使夹杂着些许的寒冷,这里却蕴含着古都的文化,珍藏着我童年美好的回忆。如今的人们大都已经忘却了那些最传统的文化,追逐着时尚的潮流,但是那些老北京的文化和"理儿"却很少有人提及。

　　北京正在飞速地变化着,我们也在变化着……

最美的时光

杨佳琪
复旦大学第二附属中学 初二(1)班

我的书桌前一直挂着一颗红豆杉做成的珠子,它总能让我在纷繁的都市生活中静下来,想起在云南"女儿国"——泸沽湖上度过的最美的时光。

在从丽江坐了七个小时的车后,我翻山越岭来到了隐藏在群山之中的一块"蓝宝石"——泸沽湖。若说起泸沽湖之景,一个词可以很好地概括:青翠欲滴。山的翠色与天之青、湖水之青晕在一起,仿佛水彩画中的颜料滴在画布上染开来似的。天与水,若不是夹杂着大大小小翠色的山与岛,定让人分不清究竟何为天,何为水。

到了下榻的民居,稍作准备,我踏上了环湖之旅。在散步时,更加细致地了解到泸沽湖的特色,一如在水中岛屿间穿行的云,悠闲而自在。若说大理洱海是一块未加雕琢的宝石,那泸沽湖便是一块质地晶莹的水晶,纯净透亮,让人心生平静与安宁。大部分在湖上半岛的时光,用来看日出,银河;感受微风拂面,阳光和煦;偶有兴致,采把水性杨花,问渔人讨几条鲜鱼,一阵香气,从厨房就弥漫到了餐桌上;放张唱片,在摇椅上或闭目养神,或阅读书籍,都是极好的选择。

但仅仅是悠闲的生活不足以让这段时光在我的记忆中留下

那样深刻的印迹。也许那记忆中的一抹亮色来源于我真正融入当地文化特色的一天。

  我早早起床，穿上土家族颜色跳跃的服装，盘起的头发上插着几把银梳，开始了对泸沽湖土家族风俗的学习。在《西游记》中，泸沽湖一带就是其中第五十四回"法性西来逢女国，心猿定计脱烟花"的女儿国所在地。在泸沽湖的帆板上用手捧一口湖水，一饮而尽。这里的湖水之清，都达到了饮水的标准，可喝了不会怀孕就是了。再去狮子峰——当地人称的神女峰，又叫少女峰，拜一拜那天然形成的神女，喝下"神女泉"中打回来的一杯清甜泉水，和当地的哥哥姐姐们一起吃烤鸡、烤土豆，参加风雨无阻的篝火晚会。那里的人，真心把我当作他们的一员来招待。民风之纯朴、自然，一如泸沽湖水般清澈透亮，不带一丝杂质。这里的文化多因依泸沽湖水一带而成，造就了独一无二的清澈与悠闲。忠心保护着泸沽湖水的人们，心底都不染纤尘，因为他们所信奉和延续的，就是一种泸沽湖水一样的文化，精神上的通透、自然之美。

  红豆杉，又称"泣血之杉"，我虽不致因思念而"泣血"，却十分怀念在泸沽湖上的时光：轻舟漫歌，悠然自得，心灵通透纯洁，不染纤尘，犹如桃花源一般。在我十三年的生命中，最美不过在泸沽湖畔的时光了。

掌　　声

刘禹涵

福建省永春第二中学　初一(7)班

"掌声响起来……"这首歌常常萦绕在我耳边,歌声高昂,总有一种无形的力量推人前进。

那次在班上,一次演讲比赛的淘汰赛,原本只是"重在参与"的我脱颖而出,代表班级参加学校比赛。

在决赛前,一向参加竞赛不会紧张的我胆怯了。尽管之前天天苦练,可临场的危机感像巨浪似地拍打我的心脏。

我抽签抽到的是三号,而二号已经快讲完了。细小的汗珠自发梢滴于脖颈,无数滴汗珠如此地流动。

当二号讲出"谢谢大家"的时候,"轰",我竟觉得天旋地转。我使劲甩甩头,不能给班级丢脸,我下定决心地走向舞台,那洁白的灯光是那么刺眼。

我咽了口口水,艰难地讲出"老师,同学们,大家下午好",我暗一捏大腿,用我看来还不错的声音讲述着我的稿子。不过,我的动作有些僵硬,这样不行,我暗暗着急。有了!

我把目光移到天花板,渐渐,我不紧张了,好像全场只有我一个人,我像在家里一样,很自然地演讲,动作也变得流畅起来。我在自言自语吗?不……呃,对,现在,我就是我唯一的听众。

我把演讲当成了享受,怡然地讲我的,把所有的负面情绪全都驱走。"谢谢大家!"最后一句话出来时,"啪啪啪……"雷鸣般的掌声回荡在整个多媒体教室,也回荡在我心里。我不由得一愣,随即,昂首挺胸地走下台。

我松了一口气,那掌声充满了我心中每一个角落。

虽然我只得了三等奖,但这次尝试让我开始接触演讲,《国旗下讲话》也进行了数次。

我清晰地记得那次比赛完,放了一首歌"掌声响起来,我心更明白……"是的,我明白了,"你的爱会与我同在",那无形的力量是什么,就是这鼓励的掌声,爱的掌声!

打开一扇窗

卢学鹏

河北省涉县天铁集团第一中学 七(5)班

小时候,我的性格非常内向,后来,又因为不小心把腿摔了,我就变得更加沉默寡言了。

在班上,我属于那种"零存在感"的,上课老师想叫我回答问题却忘了我叫什么;考试不管考好考坏,老师同学都从不过问;记得有一次我没有去上音乐课,老师都没发觉……我就经常这样一个人坐在教室的后面,看书或望着远山发呆。有时,我也希望同学们关注我,并故意发出一两声怪调,然而终究还是没有人感觉到我的存在。

就这样,本以为我的小学就这样平平庸庸地过去了,可是谁知,在我六年级那年,却遇到了她。她姓陈,是我们的新班主任,高个子,大眼睛,非常美丽。她刚来的时候,同学们对她议论纷纷,有的说她长得像范冰冰,有的说她像自己的姐姐,还有的说她一定特别温柔……然而,对于我来说,什么样的老师都是一样的,都不会注意到我,我心灵的窗户早因为自卑和内向而关闭了。

然而出乎我的预料,开学没有多长时间,她忽然找到了我:"孩子,我带你去个地方。"她的话似乎有一种不可抗拒的力量,我跟着她穿过操场,来到一个陌生的小屋子里,屋子里堆满了废旧的器材,可能很久没人来的缘故,乐器上布满了灰尘,墙角上还挂着一些蜘蛛网,破旧的门也发出"吱呀、吱呀"的声音。我下意识地缩了缩脖子,赶上老师。终于,我们在一扇窗户前停了下来。她拍拍我的肩膀说:"我数三二一,你再睁开眼。"我点点头,然后闭上眼睛,心里想:"等待我的是什么呢?一大把一大把甜美的糖果,还是一个个精致的小玩具?猜不透……""三——二——一。"我急忙睁开眼睛,一大片姹紫嫣红的花朵出现在窗外,红的、白的、紫的,五彩缤纷。就在我惊讶地张大了嘴巴时,老师指指那些花朵说:"你看,不管屋里面是多么的脏乱,可是,窗外却是另一番景象,人生就像这些花儿,当你打开心窗的时候,会有意想不到的风景。"

从这以后,每当我想"封闭"自己时,便会想起陈老师带我去的那个屋子窗外的花朵,我的眼前就充满了阳光。

舞龙灯,中国情

张业萌

上海市枫叶国际学校　九(4)班

转眼一年又要过去了。记得读小学的时候,每一年春节,我和父母都会回湖北老家过年。

我父亲的老家在云梦县的张家坡。那是一个很大的村庄,一千多户人家,都姓张。翻开发黄的族谱,你会发现,这些人家都是沾亲带故,祖祖辈辈原来都是一家人,后来树大分叉,人口不断增加,就分成了一个个小家。虽然分家了,但每一家人的客厅中堂上,祭拜的都是同一个祖先牌位,上面写着张七相公、麻城土主。听我爸爸说,张七相公是麻城人,后来因为战乱,搬到了云梦,在这里安家落户,繁衍子孙,直到如今。

乡下过年,最热闹的是三十晚上和初一,还有正月十五。三十是因为吃年夜饭,放烟火和鞭炮,到初一了,大家都要按照传统礼数,相互拜年,热情款待客人。让我最高兴的,就是看舞龙灯和狮子的表演。舞狮子通常是在白天,舞龙灯则分两种,一种是白天表演,一种是夜晚表演的火龙。

夜幕降临,每一家都是灯火辉煌,在客厅里围着餐桌吃饭。当听见远去的锣鼓声和鞭炮声响起,我就知道,舞龙灯的表演要开始了。各家的小孩就搁下饭碗,抓了糖块或者口袋里装满了鞭炮,从家里跑出来。

到了舞龙灯表演的场地，四周已经围满了人。一条长达三四十米的火红色巨龙，在十几个小伙子的手里，巨大的龙头，神气昂扬，气势汹汹，看上去很是威严。长长的身躯，绕了几个大大的圆圈，不停地舞动，仿佛就要飞起来。暖场的锣鼓不停地敲，顽皮的小孩已经开始手痒，点响口袋里的爆竹了，看谁的鞭炮声更响。

举龙头的小伙子，是村里最高大最强壮的小伙子。在他的舞弄下，这条火龙一会儿张开大嘴，去抢夺前面穿红色旗袍的小姐姐手上木杆上的龙珠；一会儿眼睛忽闪，闭嘴微笑，抖动两只大角，装出可爱调皮的神情。后面的十几个小伙子，包着头布，穿着金黄色的传统中式布衫，他们紧跟着龙头走，脚步沉稳，每人手里的木杆左右晃动，道道耀红流影左闪右突，制造出长龙翻滚、张牙舞爪、上天入地的场面来。

这是农村一年四季最热闹的时候。全村的男女老少都跑来观看，表演半个小时后，长龙巡游开始了。按照规矩，舞龙队要经过村里每一户人家。而每户人家的长者，都在家门口挂好长长的鞭炮，准备好烟火，等着长龙一到家门口就点燃。远远望去，一条发光的金红色的巨龙，在村里的房前屋后穿梭，在夜色中闪亮耀眼，反射出来的光晕五颜六色，让乡村的夜晚变得五色斑斓，有了亮丽的色彩。

今年春节，我和父母去了美国纽约，大年初一，没想到在唐人街看到了当地华人舞龙的表演。

纽约的唐人街，地处纽约市曼哈顿南端下城，以勿街为中心，面积超过四平方公里，住了十六万华人，占整个纽约华人的四分之一，是西半球海外华人的最大居住地和商业区。

放眼望去，唐人街上，都是黑头发黄皮肤的华人。街道两旁，张灯结彩。除了大大小小的商店招牌外，插满了鲜艳的五星红旗。如果不是街道上执勤的美国警察，还有一些金发碧眼的看热闹的外国人，你会以为身处中国。

在如潮水出没的人海里，两条长龙——一条绿色的龙和一条金黄色的龙，在十几个敲锣打鼓、身穿红色中式传统衣服的少女方阵引领下，喜气洋洋，扑闪着圆圆的眼睛，张牙舞爪，在大街上你追我赶，相互嬉戏，翻来覆去，不停地盘旋着，抖动着长长的身躯，在人海中扑棱。我注意到，舞龙的小伙子，大部分是中国人，还有两个黑发碧眼的白皮肤的混血儿。

和国内不同，受到当地法律限制，唐人街禁止燃放烟花爆竹，但大街上聪明的商店老板，在商店门口，用大音箱放出烟花鞭炮的巨大声响，给舞龙舞狮子的表演队配乐，倒也显得热闹非凡。大街两旁除了黑头发黄皮肤的华人外，还有许多金发碧眼的白人和一头卷发的黑人在一旁观看。场面和阵势，竟比我在国内看过的舞龙灯还要大。

陪同我们游玩的导游说，每年春节，在唐人街都会有舞龙灯、舞狮子和采莲船等文化民俗表演，而且随着华人数量的增加，唐人街过年的气氛是越来越浓，像是狂欢节和嘉年华，规模越来越大，参与的人越来越多，也吸引了住在纽约的大量外国人前来参加春节巡游。

一位学者说，作为传统民俗，舞龙灯是中国人创造、传承的生活文化，是中华民族的性格、精神和情感的重要载体，是历史悠久的中华文明的源头、根基、底层，激发中国人的文化自觉和自我认识，更是中华民族的鲜明标志。

我突然明白了，在全球化的今天，因为科技的发达，地球变成一个村庄，很多地方的民俗文化都在消亡中。唐人街的华人，几百年里坚持过传统的中国节日，舞龙灯耍狮子等民俗，就是想顽强地保留原汁原味的中国文化，还有中国人的身份自我确认。

碎片化的日常生活

梁炘昊

上海市复旦中学　初二(4)班

随着互联网和智能手机的不断发展，我们的日常生活逐渐被智能化了，现如今多数人已养成了"手不离机"的习惯。

我认为，虽然手机给了我们很多方便和乐趣，但它也无时无刻不在将平素的生活日益碎片化，并且无时无刻不在影响着我们的认知和习性。这让我看到了智能化给日常起居带来某些意想不到的后果。

在智能化生活中，所有事情似乎只要在手机上一点、电脑上一按，便可以手到擒来，立马完成。比如，现在商场里购物的人越来越少，取而代之的是网上购物。虽说网购快捷便宜，但我们却失去了一种乐趣——在商店里边逛边买东西的乐趣。显然，智能化的生活将在商店闲逛购物、优哉游哉的乐趣碎片化了。

有时候我会在作业上遇到难题，往往不假思索地打开手机，上百度搜题。虽然百度给出的解题过程十分齐全，但也让我失去了另一种乐趣——研究题目、勤于思考的乐趣。怪只怪智能化的生活将攻克难题、钻研知识的乐趣碎片化了。

做完作业后，我会犒劳一下自己——玩会儿电子游戏。

但在这过程中，心无旁骛、十分投入的我，又失去了另一种乐趣——和父母交谈的乐趣。纵然手机中的游戏画质高、设计好,却无形中成了阻碍我和父母交流的一道屏障。如此一来,智能化的生活将我和父母交流谈心、情真意切的乐趣碎片化了。

  我经常会和朋友们在社交平台上聊天,这种交流一下子拉近了我和朋友间的距离,使彼此虽然貌似"远在天边",却又仿佛"近在眼前"。这种快捷的聊天方式之所以成了不少人的钟爱,是因为不仅节省了话费,还可以随时随地随心,不受外界干扰。但是这也让我失去了一种乐趣——和朋友面对面畅谈的乐趣。虽然手机里表情符号特多,但未必能表达此时此刻最贴切真实的心情。这是智能化生活将我和朋友们面对面海阔天空、无所不谈的乐趣碎片化了……

  总之,在智能化的常态下,我们的生活不经意间被逐一碎片化了。手机确实会让我们的言行举止发生极大的改变,但不可否认它同时也带来了一些副作用。所以,我们不能一味地受手机的羁绊与束缚,而应该把不慎被手机碎片化了的东西重新衔接、串联、揑合起来,让美好的生活绽放出本该有的光彩!

我的"乡关"在哪里

戚陈诺

上海市民办明珠中学 七(3)班

最爱崔颢的《黄鹤楼》,那句"日暮乡关何处是,烟波江上使人愁",常常引发我的怀想,我的"乡关"在哪里?

我去问我的父辈、祖辈,我的根在哪里?他们的回答令我遗憾:我们的老家在武汉,由于一些历史原因,上几代就举家到了上海松江定居。我们的根,寻不着了。

回不去的故乡,寻不着的根。太爷爷在我出生前就已作古,我的乡愁和寻根的答案,藏在他留下的发黄的随笔和诗集里。

太爷爷的随笔里,有被迫离开自己的根,带着未知的惶惑,隐姓埋名去逃难谋生的苦楚和心酸。他多少次梦回故乡,那个武汉长江边有着悠悠白云、萋萋芳草的所在。他用悲愁的泪眼凝视着远方,而故乡再也不得回。

背井离乡失去了根,是一种无奈和痛苦,但在太爷爷后来定居松江的生活中,尤其是改革开放之后,我分明看到了他对生活的稳定富足、不再颠沛流离的喜悦和赞颂。太爷爷加入了"云间诗社",在当时日记和诗作中他多次提到"安居自是云间福"。

云间,是松江的旧称,也称"上海之根",是个钟灵毓秀、人文荟萃的所在。因有着"玉出昆冈"的云间二陆、"书画双绝"的董其昌,而让我太爷爷断掉武汉的根前来投奔之地,如今更是焕发新姿,充满生机,也让我的乡愁有了依托,我爱这新生出的根。

我爱古朴的"醉白池",爱古香古色的"云间第一楼",也爱沉默千古的"广富林遗址",但我更爱松江灿若星河的文人们。你看,元末的文坛领袖诸暨杨维桢来了,他的好友钱塘钱惟善来了,黄公望来了,黄岩陶宗仪来了;施蛰存先生也来了,在乱世他曾发出了"闻道王师回濮上,却教倭寇逼云间。……忍下新亭闲涕泪,夕阳明处乱鸦翻"的叹息。

多少代多少人就这样落地生根,和施蛰存先生一样,"遂为松江人"。他们都曾流离失所,但和我太爷爷相同的是,他们都向往国家富强,都在期盼美好、安定、温暖、祥和的心灵栖息地。

我想,我不用去武汉苦苦追寻我的根了。

"此心安处是吾乡。"我对根和家乡的寻找,是找那个可以歇脚的精神故园。我不用再像先辈一样用遗憾和哀伤的眼去眺望远方,我生活在他们毕生苦苦追求的那个太平盛世,生活在一个美好、和平、进步、繁荣的时代,我何其幸运。

我的血液里浸润着先辈热爱和平、渴望富强、勤劳奉献、锐意进步的基因。我的根,在这片不断与时俱进、日新月异的土地上,在云间,在大地!

指导老师满晓晗点评:欣赏小作者的视野、胸怀和见识!从家乡故土写起,引人惆怅,但并不悲戚消沉,宕开一笔,来到人杰地灵的新故乡——松江。这个可以"歇脚的精神故园"使作者对故土的认识上升到一个新境界,作者的胸襟、眼光于此可见一斑。

春自冬来

尹璎

上海市莘松中学春申校区 七(7)班

"春"是希望,是辉煌——又是历尽艰难困苦后的磨砺。

春、夏、秋、冬,四季之轮不停地旋转着,冬之后,又是一季春光。在人生的道路上,也有那一场又一场的寒冬,但我相信春自冬来。

前年十月,我在老师与妈妈的双重鼓励下,报名参加了学校里的"校园之星大赛",这个比赛可是非常严格的!先要在班级里选出一名同学参加年级表演,然后在整个年级中挑选出五人进入半决赛,最后决出十大校园之星!要从偌大一个校园中选出十人,这概率连五十分之一都不到!我……可以吗?

经过考虑,我还是报了我最擅长但表演人数也最多的钢琴项目。虽然我对自己的琴艺很有信心,但还是十分紧张,毕竟——"人外有人,天外有天"嘛!

我请钢琴老师为我选了一首曲子,然后开始像考级前那样拼命练习。一个星期过去,我已经能够把那首《雨竹林》流畅地弹奏下来,可就是觉得缺少了些什么,不够完美。我上网查了一下这首曲子,却发现这原来是一首舞曲!优雅的乐声之中,一位少女身着水蓝色长裙翩翩起舞,跳出了我所缺少的那种东西。那就是情感,是乐曲之魂!

无情之曲,无论怎样都不能打动人心。我又抚上了琴键,一遍遍地想象那支舞中的少女,一次一次地调整情感,让自己更与乐曲融合为一体。又练了一个星期,连一向严厉的钢琴老师都夸我弹得好了,有乐感了!但我还是不放松,仍每日练琴直至比赛。

班级的比赛,我让他们输得心服口服;年级的选拔,我也顺利通过,一路凭着这首曲子过关斩将,我终于迎来了最后的决赛。我做了几次深呼吸,一步一步自信地走上了舞台。

台下很安静,我的琴键上又出现了舞动的少女,一串串乐符如水倾泻,那片竹林,那场童话,一点点随之而现。优美的旋律,欢快的节奏,鲜明的主题,轻柔的乐感——余音绕梁。一曲完毕,台下掌声雷动,我回到后台等候结果。终于,主持人说:"五(3)班,尹璎,第八名!"

我喜极而泣!想到这么久的练习,想到一路的胜利,我真切地体会到了那句诗:"宝剑锋从磨砺出,梅花香自苦寒来!"

欲速则不达

江雨桐

北京市和平里第四小学　五(5)班

"欲速则不达"的意思是做事的时候过于性急图快,不够认真仔细,结果出了问题,不但没有更快反而要花更多的时间。那次倒蜂蜜事件就让我深刻地理解了这个道理。

"你的蜂蜜水准备好了吗?"爸爸的声音突然传来,把沉浸在书本中的我拉回了现实。我这才想起今天要出去玩,爸爸让我准备的蜂蜜水我却还没有准备好。

我急忙放下书站起身,快步走到桌子旁,拿起水壶,打开瓶盖,飞快地倒了一杯水,又迅速地抓起蜂蜜罐,拧开盖子,直接把罐子倒过来往水杯里倒蜂蜜。我想这样可以更快一点,节省一些时间。但是由于太着急,手一抖,那些蜂蜜便像瀑布一样流到了杯子上,勺子上,桌子上,到处都是,一片狼藉。我心里非常懊悔,以前一勺一勺慢慢地舀蜂蜜的时候从来没有洒过,这次想快一点,结果却……

我抽了几张纸,想用它来把桌子上的蜂蜜擦掉,却被黏住了。没有办法,只好从厨房拿来湿抹布,一点一点把它擦干净,又把杯子里的水倒掉,把杯子和勺子拿到水龙头下把黏在上面的蜂蜜一点点搓干净,然后再次调兑蜂蜜水……

当我再次把蜂蜜水兑好,看看表,已经过去十多分钟了,爸爸等得都有些急了。

　　这件事引发了我的思考,为什么本来两分钟就能完成的事最后却花了十多分钟呢？我想就是因为我做事太着急了,只图快,没有认认真真一丝不苟地去做,结果出了问题,只好花更多的时间去弥补。这就是"欲速则不达"的道理啊。这次事件后,我想,我做事再也不会这样只图快了。

神奇的手帕

杨欣晨

江苏省南通市小海小学 六(1)班

又是一节语文课,只见张老师神秘地走进教室,怀里还揣着瓶瓶罐罐。同学们不由得疑惑起来,语文课为什么要带这些?

张老师如魔术师般从身后掏出一方印着熊二的手帕,放在讲台上。同学们疑云骤起,不知张老师葫芦里卖的什么药。

老师笑嘻嘻地把手帕放入一个盛有未知液体的玻璃罐里,风趣地说:"我现在要给熊二泡个澡。"同学们哄堂大笑。

张老师将手帕从液体中捞出来,挤干后对我们说:"我这方手帕是烧不掉的!""怎么可能!张老师你吹牛!"同学们不屑一顾。

老师继续说:"我请一个同学用打火机来点燃它。"同学们个个跃跃欲试,手臂恨不得要伸到张老师眼皮底下。

老师选了季宇杰,把手帕放在金属管上。季宇杰有些害怕地按下了打火机,"呲"的一声,打火机开出了一朵小红花。火苗一点一点地靠近手帕,我们不禁屏气凝神,担心起熊二的命运。

火苗一点点地爬上手帕,手帕外笼罩起一层火焰,橙红色的火焰边缘还泛起了一圈幽蓝的火苗,像件铠甲一般。

奇怪的事情发生了,火苗一点点小了下去,化作一缕白烟,腾升上去,而手帕并没有像想象中燃为灰烬,依然完好无损。我们不禁"咦"了一声,好奇熊二为什么在火焰的包围圈中存活了下来。

老师又让我们摸一摸手帕,我摸了一下,温热的,还有些潮湿。同学们不禁七嘴八舌地讨论起那神奇的液体。

看我们还是一头雾水,老师便揭开了这层神秘的面纱。原来,这液体是按70%的酒精和30%的水混合而成。手帕之所以烧不着,是因为在燃烧时,水保护着手帕,燃烧了酒精,散发的热量蒸发了一部分水,只要水不干,手帕就不会烧着。

大千世界无奇不有,"纸上得来终觉浅,绝知此事要躬行"。只要我们善于实践,多去思考,就一定会发现更多的奥秘!

走在山阴路

叶芷君

上海市闸北实验小学 三(3)班

一个阳光明媚的午后,妈妈带我来到了山阴路——一条清静幽深、优雅恬静的马路。这里来往的行人与车流不多,道路在两旁一棵棵高大的法国梧桐中间,静静地向前延伸着,一幢幢复古的石库门老建筑散发着浓郁的文化气息。

走着走着,我们被街边矗立着的一块醒目的指示牌所吸引,定睛一看,原来上面写着"鲁迅故居"。难道这就是那位我们学过的课文《猫是老虎的先生》的作者住过的地方吗?这位著名的文学家、思想家的故居会是什么样子?怀着对鲁迅先生的敬仰,我和妈妈一起走进了鲁迅故居。这是一幢单开间式红砖红瓦砖木结构的三层新式里弄房屋,在二楼鲁迅先生的卧室里,我看到了一张临窗而放的硕大的写字桌,透过桌上的笔墨纸砚,我仿佛看到了先生彻夜而作的身影。就是在这张写字桌上,鲁迅先生完成了《故事新编》和《且介亭杂文》等多部精彩的小说和文集。记得在"走近名家"中我学到,毛主席曾评价:"鲁迅的方向,就是中华民族新文化的方向。"虽然现在我还不能理解这句话的深远意义,但是通过参观,我对鲁迅先生又有了新的了解,相信随着我慢慢长大,我一定能理解这句话的真正含义。

离开鲁迅故居后,一路上我们又参观了茅盾故居、瞿秋白寓所和郭沫若旧居等一处处优秀历史建筑。那里的每一块砖都是一段历史,每一层楼、每一个阳台、每一扇窗户都诉说着一个个岁月的小故事。

走着、看着,不经意间我们从山阴路踏进了相邻的四川北路,气氛瞬间变得喧闹,恬静的小道、稀少的行人被眼前车水马龙的景象所取代。妈妈对我说:"这就像上海的变化,由一个小渔村一步步地发展,直至今日成了如此繁忙又现代化的国际大都市。"

时代的步伐,穿梭过上海;历史的积淀,依旧留在山阴路中。

眼　　神

俞奇锋

上海市燎原双语学校　　IEP 班

　　浴室里传来哗哗的水声。

　　我站在浴缸中,双目无神,四肢呆板,就这么直挺挺地站着。

　　我被一所双语学校录取了,当时十分高兴,但我随即身子一僵,笑容霎时凝固。自己走了,薛子健怎么办?

　　薛子健和我是无话不谈的好朋友。我们一起笑,一起闹,形影不离两年多。

　　我邀请他来家中做客。他十分兴奋,满面红光。我心情复杂,最终告诉了他此事。他的眼神迅速暗淡下来:"那以后我就只能一个人吃饭,下课一个人玩了……"我欲言又止,他沉默不语。我俩最终选择疯玩一通,晚上还睡在一个被窝,一直聊到半夜。我聊不动了,昏昏欲睡。突然,他的一声嘟囔让我打了个激灵:"唉,你为什么要走啊?"这一声叹息,犹如黑暗里的一个巨锤,捶打在我的心口。

　　又过了一天,我来到学校。这是我在这所学校最后一天的时光。进了教室,我坐在座位上,回头望向薛子健,他果然也心领神会地和我对视一眼,勉强笑了笑。曾经我们之间对过多少个眼神,从没有像这一次那么死寂。

　　下课了,他招呼我玩,脸上又艰难地挤出一个笑容。

我也无奈地笑笑,心情复杂。

放学了,我们一起走到校门口。分别时,我站定目送他。他回头看我,说:"以后见面机会就少了呀。"这是他第一次回头,那是失落的眼神。

第二次回头,那是回忆的眼神。

第三次回头,那是不甘的眼神。

第四次回头,那是不舍的眼神。

第五次回头,那是失望的眼神。

第六次回头,那是无奈的眼神。

第七次回头,那是茫然的眼神。

我坐上车,向窗外看去,他再次回头看我。他的第八次回头,我看到一种想要把人深深记住一辈子的眼神……

浴室里的水划过我的面颊。我在回忆这一切,认真到每一根血管,每一个细胞。

我从浴室里出来,摆出了招牌笑脸。没有人知道,我脸颊上的水珠,有一部分是咸的。那些咸的水珠,代表着青涩的过去,代表着成长与友谊,更代表着一次巨大的蜕变。

茶 与 戏

朱羽晨

上海外国语大学附属中学　初二(1)班

中国茶道,博大精深。有不少人品茶、赏茶,并尝试用语言表达出来。当然,这绝非易事,因为一个"品"字,意韵全在意会。我爱唱京剧,若把茶味的无形意会与京剧角色的真实演绎结合起来诉说,倒也是件趣事乐事呢。

绿茶·花旦

清明前后,在种茶的村子里,随处可见采茶少女。她们纤细的手指把一片片翠绿的茶叶摘下,放入箩筐中。无需发酵,只需经过杀青、干燥即可。绿茶青翠,被水一冲,那片片茶叶就这么漂浮起来,又沉下。轻抿一口,满嘴的清香,回味之时又略带些苦涩。正如尚派的旦角,天真无邪、活泼伶俐,花旦的头饰和服装不像青衣那么繁杂富丽,因为少女本身就无需多加修饰,她们有着白里透红的脸,乌黑亮丽的秀发,脉脉含情的双眼,以及欲语还休的满腹心事……少女时期是美好而又苦涩的,也是短暂的,这点在绿茶上很好地体现出来了——绿茶三饮过后,味就淡了。

红茶·青衣

青衣是指端庄大气、成熟高雅的女子,她们具有浓郁的女性韵味,一举一动、一颦一笑,都让人赞叹不已。红茶的清香也许不及绿茶,但它的留香绝对比绿茶要持久隽永。红茶是经过揉捻、发酵、烘干等重重磨炼,才打磨出如此丰富的味道。青衣与花旦的区别,在我看来,不光是年龄,她们所经历的事情也是不同的。绿茶的清香是天然的,不持久却散发着一种来自自己的味道;而红茶的味道虽然不再是茶叶原初的香味了,但它回甘中温柔大气、绵长幽远的味道确是深刻而触动人心的,让人很难忘却。

岩茶·武生

武夷岩茶是一种爆发性极其强烈的茶。之所以把岩茶比做武生,是因为我总能在岩茶中找到与武生共舞的感觉,那种气势,那种激荡。岩茶就像是沉默的火山,第一泡时尚且平静,但在第二、第三泡时——火山爆发了。香味压抑的过久,在水滑落进杯子时,满壶的香气就这么溅溢出来,满室飞香。武生在一开始被人打压时,也不动声色,等积累到了一定程度时,才来个绝地反击,气动山河。

普洱·老旦

返璞归真——这个词用来形容普洱与老旦是再适合不过的。老旦仿佛已经被海水磨的圆润,她们经历过世间百态,不论发生什么都可以沉下心来从容面对。由于发酵的时间比红茶还要长,普洱茶的回甘比红茶更持久,也更显淡泊。如果没有几分品茶的功力,你简直喝不出普洱的好来,就像没有几分赏戏的功力,观众也很难喜欢老旦啊,扮相不美、声音不润。但真正的戏骨正是突破了这些缺陷,创造出深入灵魂的大美。因此,普洱的沉香里暗含的那股子安稳与喜悦,如果让饮者捕捉到了,那种感觉真是太棒了。

附 录

个性化创意作文教学案例及反思

叶 玲

上海市曹杨中学

一、背景及说明

语文核心素养涉及四个方面,语言、思维、文化、审美。作文,无疑是语文学科中最能够体现学生语文综合素养的一种表现形式。作为语文综合能力的训练,写作本应是培养和体现学生创新精神的有效方式,是学生生命力、创造力的文字外化,因此,作为个体生命之表现形式的作文本应是丰富多彩的,字里行间应蕴含着多元的生命气息。但是,长期以来,应试教育使作文教学一直被圈定在模式化的套路中,致使学生的作文水平也不容乐观:学生的作文大多是雷同的构思、空洞教条的说理、淡而无味的语言,甚至连举例子也不外乎爱迪生研制电灯泡、牛顿发现万有引力之类。于是,如何引导学生突破定势思维,写出个性鲜明、富有创造力的作文,也就成了笔者经常思考的问题。

二、案例描述

1. 巧设情境,激发兴趣

兴趣是创造的动力、成功的先导。要帮助学生打破长久以来形成的思维惰性,迅速激发思维活力,就要求教师首先必须打破常规,巧设情境,找到一个强烈而新鲜的刺激物。一次,一位学生在随笔中提及了时下的广告,他写道:"一则成功的广告也就和一篇好作文一样,需要新颖精巧的构思、不落俗套的内容,在让人眼亮的那一刻,产品就已经深入人心了。"这几句话使我颇受启发。既然学生对广告感兴趣,而广告又的确与作文存在着某些相通之处,那么,何不通过谈论广告进而指导学生进行创新思维的训练呢?

"大家平时都爱看什么样的广告?"我这样开始了这堂作文课。学生纷纷把头从课本中抬了起来,眼中充满着好奇与激动。"我为大家准备了几则优秀的广告,请大家一起欣赏,并请大家思考这些广告为什么会吸引人?"

学生们专注地观看着广告,接着争相评论起来。有的说:"那个打印机广告用大家喜爱的猫和狗作为故事主角,一下子吸引了人的注意力。"另一位学生补充说:"这则广告不仅运用了人们喜闻乐见的表现形式,非常幽默,而且还注意突出打印机打印逼真的功能,让小狗误将打印纸上印的门当作真门,一头撞上去,让人哈哈大笑之时对产品留下了深刻印象。"有的说:"那则汽车的广告构思也很精巧,它运用反衬对比的手法,将疾驰的汽车与路边的鸣蛙做对比,汽车'静'的特点被表现得淋漓尽致。"还有些同学被一则公益广告深深打动,其中一位说:"这则广告讲述的故事很朴素,一个身患白血病的小男孩去上学,当他走进教室时发现所有的男孩都和他一样剃了光头,教室里充满了欢迎他回来的笑声与掌声。这个结尾太令人感动了,它用一个充满真情的故事,告诉我们要懂得去关爱他人。"他们你一句、我一句地评论着,而且大多都能准确地指出广告之所以成功的主要因素。

2. 授之以法,互动交流

经过短暂而热烈的讨论,大家开始深入思考"创意"本身,开始透过广告思索创意的基本要素及其表现手法。学生们经过一番分析和讨论之后,总结出了在构思创意时必须把握的四方面要素:一是紧紧抓住事物特点,二是选择独特的视角去观察和思考,三是要善于运用独具匠心的表现手法,四是要有真情实感。

我趁势说:"现在就让我们开动脑筋,充分发挥想象力和创新精神,以保护树木为主题构思一则具有个性的公益广告,怎么样?"我的提议引起了热烈的回应。在五分钟的小组讨论后,大家开始了自己的构思交流。

一个学生侃侃而谈:"在一片风和日丽、百鸟齐鸣的树林里,有一棵被砍掉树干的粗大树桩,镜头渐渐推近,树桩上一圈圈年轮清晰地展现在人们眼前,最里面的一圈年轮,旁边用字幕注上'这是拿破仑时代',中间一圈年轮旁注上'这是爱因斯坦时代',而最外圈注上的是'这正是那个该死的砍树人的时代'。"

"树木的年轮本可以随着人类历史的演进而日积月累,但却由于某些人乱砍乱伐而停止了生命。这位同学懂得选择独特的视角和运用恰当的表现手法来创作,这就迈出了创新的关键一步。"我对这则构思赞许有加,学生们也叫起好来。

另一爱画画的学生兴奋地举起手,大声问:"那么,我能不能借助漫画来表现?"我点点头。他立刻大步走上讲台,在黑板上即兴画了起来。寥寥数笔,一幅令人深思的画面出现了:画面上众多的树木就像多米诺骨牌一样依次倒下,而最后倒下的那棵树,砸向的正是拿着斧子的人类自己。这一幅充满了想象力和创造力的画,使所有的同学都忍不住鼓起掌来。

此时,学生们的思维已经被激活了,课堂涌动着富于激情的创新活力,闪烁着智慧的火花。大家你一言、我一语,就连平时不太爱动脑筋的学生也热情地投入讨论和交流中,享受着创新的乐趣。

我试着引导说:"一则好的广告创意要有新颖的构思,那么,一篇好作文是否也同样如此呢?"

教室里响起了一片"是"的回答。

3. 拓展思维,创新实践

紧接着,我布置了一个话题作文:请为二〇二〇年我校在世界名校展示会上的展示确定一个宣传主题,并进行一部宣传片的构思。此时,学生的创作热情完全被点燃了。不一会儿,一只只手又高高举起,一个平时口齿伶俐的男生抢先说:"我的宣传主题是'曹杨——学术的圣殿',可以先展现一些世人皆知的地方:梵蒂冈,基督徒虔诚地向上帝祈祷;麦加,伊斯兰教徒默念经文;西藏,布达拉宫前,信徒们跪拜前行……最后,曹杨中学出现了,学生们在各个学科领域中埋头钻研、勤奋探索,画面上打出字幕:你能在这里找到学习的乐趣。"

这时,我注意到一个平时对写作不太感兴趣的女孩也举起了手,她富有感情地说:"我的主题是'曹杨——世界人才的输送地',在世界精英交流会上,精英们一个接一个走上台发表演说。请大家猜这些精英们有什么共同点?原来他们都是曹杨中学毕业的。"她的话引来了一片欢笑声。就这样,学生们交流着一个个具有鲜明个性的创意,与平时写作时文思枯竭的样子判若两人。最后,一堂课在前所未有的热烈气氛中结束。

三、收获与反思

一位学生在课后对我说:"我真喜欢上这样的作文课,您给我们看的广告精彩有趣,一下吸引了我们,让我们打开了思路。作文题没有太多的限制,能让我们自由发挥。"学生的话让我反思自己以往的教学。我常将学生作文缺乏新意归结为他们本身缺乏创造力,但这堂课的经历使我明白:学生们并不缺乏创新的意识和创作的灵气,相反,当他们被激起了创造的活力,他们的思维所迸发出的火花是如此耀眼夺目。

那么,紧接着的问题就是:为什么学生在平时的写作中却常常一成不变地写着一些毫无生气的内容呢?这与我们平时写作训练中的弊端恐怕有很大关系。写作课上鲜有新鲜活泼的刺激物激发学生的思维;作文选题缺乏新意,无法与学生产生情感共鸣;作文结构过分强调"起承转合",缩小了学生的创作空间;教师评价尺度的陈旧单一,制约了学生充满个性的思维。

在平时的作文训练中,如果能寻找相应的思维刺激物,而不再是就事论事地仅仅讲解立意构思,如果能选择一些较贴近学生生活或者有广阔思维空间的题目,而不是事先给学生的思想加上了许多条条框框,那么,学生所写的作文也许会呈现出另一番风貌。

语文学习从某种意义上讲,就是一种创造活动。学生在接受知识的同时,必有所思、有所问,必然会注入现代意识,表现出时代意识和创新精神。在立足教学常规,对学生进行认识事物发展规律的求同教育的同时,也应大力鼓励学生多元思维,允许学生标新立异,大胆创新,要善于激发和保护学生丰富的想象力。

基于思维发展的初中生语言素养培育撷谈

张明友

上海市洵阳中学

当前教育界非常注重学生核心素养的培育,而语言素养是学生的核心素养之一,包括语言能力、文化修养及蕴含其中的审美情趣等。其中,语言能力是语言素养的核心要素,而语言能力的核心是思维。有的学者甚至提出立足于思维发展的语言素养培育是语文学科的主要目的。

因此,笔者尝试了一些基于思维发展的初中生语言素养培育措施。

一、语文媒介法

这里的"语"指口语,"文"指诗词中的文字。具体的操作是:在教学古诗词时,先让学生以诗词中的文字为线索,在脑海中想象再造出人物、事物的形象或者描述性的画面,然后再让学生以口语为媒介进行口头描述。例如,笔者在教学唐代杜牧的《江南春》("千里莺啼绿映红,水村山郭酒旗风。南朝四百八十寺,多少楼台烟雨中。"新部编教材六年级上册第12课)时,就运用了此种方法。先让学生根据诗中的文字想象再造出诗歌所描绘的画面与抒情主人公的形象,然后用口语描述出来:千里的江南到处莺歌燕舞,绿树红花相互映衬,临水的村庄,依山的城郭,到处酒旗迎风招展。南朝遗留下的四百八十多座古寺,如今有多少笼罩在这朦胧的烟雨之中呢?抒情主人公——一位忧国忧民的诗人,面对如此的江南春景,联想到当时的统治者大兴土木滥修佛寺,造成民生凋敝的情况,不禁充满了惆怅与担忧。

学生以诗中的文字为媒介,通过对诗中文字信息的重新输入、编码、加工,在脑海中创造出鲜活的画面,以及有血有肉有感情、不再是文字里"纸中人"的抒情主人公形象,不仅发展了创新思维,而且还在其后的口语描述中提升了口语表达能力,培育了语言素养。

二、寻章摘句法

寻章摘句法,就是学生根据老师的提问在文章中寻找相应的语句段落信息。这种方法既可以为后续教学环节做铺垫,也可以根据学习对象,辅优托底分层教学。例如,在上《狼》(新部编教材七年级上册第18课)时,笔者提问:"从哪些地方可以看出狼的狡黠?请找出相关语句。"

学生按照笔者的提问,积极思考,寻找相关语句。根据后面的语句"一狼洞其中,意将隧入以攻其后也",知道一只狼离开原来是为了打洞来攻击屠夫的后面,真是太狡猾了!从而找到了前面的语句:"少时,一狼径去。"根据后面的"乃悟前狼假寐,盖以诱敌",明白了前面的狼假装睡觉原来是为了诱骗屠夫,麻痹屠夫。根据这一语言信息,便比较容易找到相关的语句:"其一犬坐于前。久之,目似瞑,意暇甚。"把前后相关的语句综合起来便是:"少时,一狼径去,其一犬坐于前。久之,目似瞑,意暇甚。"

学生在针对性地、定向式地寻找语句中,加深了对文章的理解,训练了思维,也在寻章摘句中领悟了前后照应的写作技巧,提升了语言素养。

三、比较分析法

又称为"替换分析法",这种方法是:教师找出文章中运用精妙的词语,然后引导学生尝试替换成其他的词语,通过原词与替换词效果的比较,让学生在"咬文嚼字"中,领会语言的精妙,也让学生获得了一种"比较式"的思维方法。实践中教师需要给学生以指导和示范。例如,笔者在教学史铁生的《秋天的怀念》(新部编教材七年级上册第5课)时,让学生联系上下文思考:句一中的加点词可否替换成句二中的加点词?并简述其理由。

句一:"望着望着天上北归的雁阵,我会突然把面前的玻璃砸碎;听着听着李谷一甜美的歌声,我会猛地把手边的东西摔向四周的墙壁。"

句二:"望着天上北归的雁阵,我会突然把面前的玻璃砸碎;听着李谷一甜美的歌声,我会猛地把手边的东西摔向四周的墙壁。"

答:不可以。句一中,雁阵北归,歌声甜美,意味着自然和社会的春天已经来临,而"我"感到这份美好并不属于自己,反而刺激着自己的无奈痛苦。"望着望着""听着听着"叠词的使用,正好表现了"我"视听感受上的突然变化,揭示了作者在双腿瘫痪后脾气暴怒无常的原因,与句中"突然""猛地"等词语形成呼应。而句二中,仅有"望着""听着",就不能表现出作者视听感受上的变化过程。

这种方法立足于语言文字本身,让学生在词语效果的对比品味中,加深对人物情感的理解,提升语言鉴赏能力,培育语言素养。

四、以写促思法

语言是习得的,实践性是语文学科的重要学科特点。因而培育学生语言素养的关键在于"用",可以运用"以写促思法":在阅读教学中进行与阅读教学有关的写作练习,把阅读与写作融合起来。例如,新部编教材八年级上册第一单元主要是新闻教学,涉及新闻阅读、新闻采访、新闻写作等,实践性非常强。笔者在引导学生阅读《消息二则》(新部编教材八年级上册第1课)并进行一定的消息写作技巧指导后,便布置每个学生写一则消息。

这一练习既训练了学生的消息写作能力,培育了语言素养,也让学生在组织语言的写作中训练了思维。

学生语言素养的培育涉及语文教学的多个方面,是需要教师开展全方位引导的"综合战";语言素养的培育不可能一蹴而就,必须树立打"持久战"的观点;每个学生的个性都不一样,必须从尊重与引导的角度,制定"个性战"方案。

总之,在初中语文教学实践中,我们必须树立"三大战役"的观念,把思维发展作为着力点,才能真正培育学生的语言素养。

【主要参考文献】

1. 王云峰:《在语言运用中提升语文素养》,《中国教育报》2017年4月12日第9版。
2. 钱梦龙:《钱梦龙经典课例品读》,华东师大出版社,2015年。

后　记

　　《新民晚报》"星期天夜光杯/快乐作文"栏目是一个面向中小学生的写作园地。自每周日出版以来,既发扬栏目的传统,又更侧重于中小学生,发表中小学生创作的优秀作文作品,引导他们体会作文之美。栏目开办以来,日益受到广大中小学生以及老师、家长的喜爱。许多中小学生用心用情,自由写作、愉快写作、踊跃投稿,激发了写作积极性和主动性,写出了许多饱含真情、率真灵动的好作文。现在"快乐作文"已然成了孩子们相互学习、交流、提高写作水平的平台,受到学生、老师和家长的欢迎。里面的小作者从小学到高中都有,每每看到邮件和来信中对我们栏目喜爱有加的话语,编者心中也有点小激动。

　　每一期,我都会收到大量投稿,有上海的,也有来自外地的,都是中小学生们用心灵创作的结晶。其中不少作品饱含深情、率真灵动,思想内涵和艺术水平都达到相当高度。每当发现一篇好稿子,编辑就非常高兴,仿佛寻到稀世珍宝。看着一篇篇优秀作文通过"快乐作文"和广大读者见面,编辑和学生、老师、家长一样,充满了成就感。因为这个栏目通过推出新作、发现人才,激发了孩子们的写作兴趣,让更多的人体会到了作文之美、语文之美、汉语之美。

　　中小学生们不仅踊跃投稿,还有小读者给我们写信。一位小学生来信说,他是栏目忠实的小读者,一周就盼星期天的《新民晚报》，因为里面有"快乐作文"。最喜欢做的事情，就是仔细认真地阅读每一篇作文，角角落落都不放过。读完，才能心满意足地去睡觉。孩子这真挚纯洁朴实的语言，让编辑非常感动。

作文能登上"快乐作文"，更是许多中小学生的梦想，大家说，看到自己的作文出现在"快乐作文"栏目，比考了满分还要高兴，家长更是无比自豪。还有不少老师，把自己学生中的好作文发来报社，还配上点评，和编辑交流。

报纸传播范围很广，但每天一报，保存不易，内容也多。有读者提议，将"快乐作文"单独编辑成书，供大家学习参考，岂不很好?！这里要感谢王荣华先生百忙之中为本书写序，感谢报社领导和上海市教育发展基金会英盛教育基金的支持。现在喜欢"快乐作文"的学生可以一本在手，尽览既往佳作，掩卷思考，学习借鉴，一定能够写出更加精彩的作品。

在这个不平凡的二〇二〇年出这么一本书也是想更好地发挥"快乐作文"的作用，让更多宅在家里、陆续复课的孩子们爱上写作，感受到写作并不枯燥，而是快乐的，这样也有益于他们的健康成长。"快乐作文"是孩子们自己的园地，让我们共同浇灌，使之鲜花盛开，美丽成长！

金　晖

图书在版编目(CIP)数据

快乐作文/金晖主编. —上海:复旦大学出版社,2020.7
ISBN 978-7-309-14975-3

Ⅰ.①快… Ⅱ.①金… Ⅲ.①作文课-中小学-教学参考资料 Ⅳ.①G634.343

中国版本图书馆 CIP 数据核字(2020)第 053213 号

快乐作文
金　晖　主编
责任编辑/陈　军　王　艳
复旦大学出版社有限公司出版发行
上海市国权路 579 号　邮编:200433
网址:fupnet@fudanpress.com　http://www.fudanpress.com
门市零售:86-21-65102580　团体订购:86-21-65104505
外埠邮购:86-21-65642846　出版部电话:86-21-65642845
上海崇明裕安印刷厂

开本 890×1240　1/32　印张 13.125　字数 306 千
2020 年 7 月第 1 版第 1 次印刷

ISBN 978-7-309-14975-3/G·2097
定价:68.00 元

如有印装质量问题,请向复旦大学出版社有限公司出版部调换。
版权所有　　侵权必究